가치관으로 경영하라

VALUE

가치관으로 경영하라

어떻게 해야 **일 잘**하는 **즐**거운 일**터**를 만들 수 있을까

정진호 · 기민경 지음

생각지도

추천사

인간은 타인으로부터 자기의 존재가치를 인정받아야 삶이 행복해질 수 있다. 가족이나 동료로부터 존재가치를 인정받지 못하는 사람은 우울증에 빠지거나 불행해질 수 있다. 개인이 자기 존재가치를 인정받지 못하면 우울증에 걸리듯이, 기업조직과 정부조직도 존재가치를 인정받지 못하면 조직우울증에 걸리지만 잘 알아채지 못한다.

기업은 고객으로부터 기업의 존재가치를 인정받아야 생존이 가능하고 지속적인 성장을 할 수 있다. 존재가치를 인정받지 못해 고객이 외면하는 기업은 시장에서 도태될 수밖에 없다. 정부조직은 국민으로부터 존재가치를 인정받아야 존립이 가능하다. 존재가치를 인정받지 못하면 지탄을 받거나 결국 선거에 의해 정부 권력이 바뀌기도 한다.

조직이 존재가치를 발휘하려면 조직이 추구하는 미션과 비전, 핵심가치를 조직구성원이 공유해야 하지만, 조직책임자들이 가치관경영 노하우를 모르면 불가능하다. 이 책에는 기업조직과 정부조직의 책임자들이라면 읽고 실천해야 할 가치관경영의 핵심적인 노하우가 담겨 있다.

– 권대봉, 고려대 명예교수 · 한국직업능력개발원 제5대 원장

'가치관경영이 굳이 왜 필요한가?'라는 질문에 나는 '생존'하기 위해서라 믿고 있다. 우리 조직의 존재이유를, 우리 조직의 우선순위 가치를 잘 알지 못하고 또는 함부로 예단하고 그저 열심히 일하면서 서서히 어려워지는 기업을 많이 보아왔다. 조직의 생존과 지속경영을 위하여 반드시 필요한 가치관경영을 쉽고 실질적으로 이끌어줄 전략적 'manual Book'을 기쁜 마음으로 추천한다.

– 한철환, HSG 성과관리연구소장

조직은 끊임없이 변화해야 하지만 CEO라고 해서 조직을 마음대로 변화시킬 수는 없었다. 조직의 변화라는 것은 구성원 모두가 하고자 하는 마음이 있어야 하는데,

명확하고 올바른 가치관만큼 구성원의 행동을 변화하게 한 것은 없었다. 우리는 가치관 수립을 통해 기업에 경영성과를 향상시킬 수 있는 중대한 변화관리를 시작할 수 있었고, 수립된 가치관은 끊임없는 변화의 엔진 역할을 톡톡히 해내고 있다. 물론 조직의 가치관은 리더가 솔선수범해야 조직에 뿌리내릴 수 있다. 리더십의 출발점을 고민하고 있는 모든 CEO에게 이 책을 권한다.

– 이철, 커커(이철헤어커커) 대표

조직의 미션과 비전, 핵심가치는 그 조직의 차별화된 존재이유와 구성원 한 사람 한 사람에게 일하는 의미를 만들어준다. 그러기에 세상을 변화시키는 원대한 포부와 가치를 두고 운영하는 비영리기관에서는 가치관경영이 더욱 중요한 요소일 수 밖에 없다. 이 책은 가치관경영의 로드맵과 구체적인 실행전략을 제시해주고 있고, 무엇보다도 구성원들의 참여과정이 중요함을 일깨워준다. 변화하는 시대에 가치관경영은 미래 준비의 필수 과정이 될 것이고, 모든 구성원들에게 특별한 자부심과 일하는 즐거움을 선물해줄 것이다.

– 양진옥, 굿네이버스 회장

운전을 하는데 신호등이 없다면? 등산을 하는데 노를 가져왔다면? 여러 명이 함께 일할 때 무엇보다 기업에 가치관이 없을 때 발생할 수 있는 상황이다. 이 책은 그러한 일들을 미연에 방지해줄 것이다.

– 정명천, 대원CTS 대표

이 책은 기업의 임직원이 스스로 비전을 만들 수 있는 확실한 가이드가 되어줄 것이다. 이 책을 읽는 독자 모두 자신의 비전을 수립할 수 있기를 기대한다.

– 권치중, 안랩 사장

주52시간의 핵심 키워드는 '관리'가 아니라 '자율'이다. 업의 본질을 깨닫고 일하게 하는 가치관경영은 조직의 구성원들로 하여금 적극적 몰입은 말할 것도 없고 '가치적 몰입'을 가능하게 하여 자율적으로 일하도록 하고 기업과 개인의 지속가능한 동반성과를 창출하게 할 것이다. 이 책은 가치관경영을 어떻게 실질적으로 현장에서 적용할 수 있는지 자세하게 매뉴얼처럼 안내하고 있어서 가치관경영에 대해 잘 모르는 사람들도 저자가 안내하는 대로 실행하면 충분히 제대로 적용할 수 있다. 외부환경이 어렵다고만 하지 말고 해법을 찾는 기업들은 반드시 일독을 권해드리고 싶다.

– 류랑도, 《딥 이노베이션》 저자

하버드 경영대학원의 존 코터 교수는 "변화의 일정 지점까지는 추가하고 개선하는 것을 통해 경영의 근본적인 방법론들이 여전히 유효할 수 있지만 변화가 특정 지점에 도달하면 경영의 근본적인 방법론들은 아무리 많은 자원과 노력을 투입해도 더 이상 유효하지 않게 된다"라고 말한다. 우리는 바로 그 특정 지점을 통과하고 있는 시대에 살고 있는지도 모른다. 가치를 기반으로 하는 경영, 즉 조직문화는 변화가 일상인 시대에 새로운 경영의 대안이 된다. 이 책은 조직문화를 고민하는 기업과 개인들이 스스로 변화를 시작해볼 수 있는 좋은 가이드가 될 것이다.

– 유준희, 조직문화공작소 대표 컨설턴트

매주 정진호 소장이 보내주는 '가치관경영 월요편지'는 기업현장에서 당면하는 나의 고민거리에 많은 도움을 주고 있다. 이 책을 추천하는 이유는 현장의 상황과 문제점을 꿰뚫어 보고 가장 현실적인 방법을 알려주기 때문이다. 요즘 '어떻게 해야 열린 조직문화를 만들 수 있을까'에 대한 현실적인 고민이 깊어지고 있다. 가뭄을 해갈하는 단비처럼 이 책이 찾아왔다. 경영과 리더십에 대해 고민하며 해결책을 찾는 모든 이들에게 이 책을 권한다.

– 양재식, 한진중공업 상무

지금 모든 기업의 경영 화두는 급격한 기업환경 변화 속에서 어떻게 조직원들을 몰입하게 만들어 성과를 만들어낼 수 있느냐다. 이 질문에 대한 답을 저자는 일상적으로 지속하는 '가치적 몰입'이란 개념을 통해 쉽고 구체적인 방법을 제시하고 있다. 그가 강조하는 '가치관경영'은 가장 쉽고 확실하게 가치적 몰입을 이끌어내는 비법이다.

– 문달주, 서울과학종합대학원 교수

양서농협이 지난 10여 년 동안 지속적인 성장을 통한 명실상부한 1등 농협을 달성하고 유지할 수 있었던 힘은 바로 '가치관경영'이라 단언한다. 성공적인 조직을 진정 원한다면 당장 가치관경영 도입을 강력 추천한다. 이 책은 가치관경영의 구체적인 실천 방법을 제시하는 최고의 역작이다.

– 이충수, 양서농협 상임이사

올바른 가치관을 수립하고 공유하는 일은 경영의 시작점이자 기업 생존과 성장을 위한 가장 중요한 과업이다. 4차 산업혁명의 파도가 몰아치는 대분기점에서 제대로 된 가치관은 기업에게는 등대와도 같은 역할을 수행한다. 이 책은 저자가 수년 동안 민간기업, 공공기관 등 다양한 조직의 가치관 수립을 컨설팅하면서 체득한 현장의 생생한 목소리를 담고 있다. 일의 의미를 공유하려는 경영자에게 일독을 권한다.

– 차영태, 한국경영혁신중소기업협회 본부장

프롤로그

왜 일이 재미없고 성과가 나지 않을까

섬으로 간 사장님들

나는 1년에 4번씩 죽도에 간다. 죽도는 통영여객터미널에서 배로 1시간 거리에 위치한 작은 섬이다. 2014년부터 한 해도 빠지지 않고 그곳을 찾는 이유는 사업에 실패한 사장님들을 만나기 위해서다. 그들은 사업 실패로 실의에 빠졌다가 마음을 다잡고 재기를 꿈꾸는 이들이다. 한 달간 섬에 머무르는 그들은 자신의 삶을 돌아보고 상처를 치유하면서 참된 나를 찾아가는 재기힐링캠프 프로그램에 참여한다.

그곳에서 지금까지 400여 명의 사장님들을 만났다. 돈을 받는 것도, 상을 받는 것도 아니다. 하지만 재능기부 강사로 그들을 만나면서 실패한 경영자를 다시 일으켜 세워야 한다는 사명감과 그들이 다시 재기하면 세상에 도움이 되는 새로운 기업이 만들어진다는 자부심이 생긴다.

가치관경영 강의는 이 프로그램에서 마지막에 열리는 유일한 경영 강의다. “사업이 실패한 가장 결정적인 문제는 무엇이었습니까?” 강의를 시작하면서 이 질문을 가장 먼저 던진다. 이 질문에 한 사장님이 “최선을 다했다고 생각했지만, 이루고 싶은 목표도 없이 달리다 보니 결국 사업의 의미도 찾지 못하고 직원들의 신뢰도 얻지 못했던 것 같습니다. 오로지 생존을 위해 일하다 보니 나중에는 재미도 없고 힘들고 성과도 거두지 못했습니다”라고 답했다. 여러 가지 답변 중에서 그의 말이 예사롭게 들리지 않은 것은 여기에 답이 있기 때문이었다.

‘회사가 추구하는 가치관이 무엇인지를 직원들과 공유하고 생각을 하나로 모으는 것’, 이것이 바로 ‘가치관경영’이다. 그리고 가치관경영은 조직이 성장하고 발전하는 데 없어서는 안 될 중요한 메시지다. 프로그램에 참여한 사장님들도 “경영하는 동안 어느 누구도 이런 이야기를 해주지 않았습니다. 지금이라도 알게 된 것이 행운입니다”라고 강하게 공감했고, 그들 중 절반은 다시 경영자의 길에 들어섰다는 소식을 들었다. 재기힐링캠프 프로그램에 참여하면서 가장 보람을 느끼는 순간이다. 그러면서 ‘일이 재미없고 힘만 들고 성과도 없다’는 사장님들이 더 이상 생기지 않게 가치관경영을 더 많이 알려야겠다고 다짐하게 된다.

고물상부터 글로벌기업까지 아우르는 경영방법론

글로벌기업, 대기업, 혁신기업에게 가치관경영은 새롭지 않을 수 있다. 인터넷에 미션, 경영목표, 비전선포식, 핵심가치 내재화를 검색해보면 많은 기업들이 가치관경영 활동을 하고 있음을 알 수 있다. 그럼에도 대부분의 중소기업이나 중견기업, 그리고 대기업조차도 이런 경영방법론이 있다는 사실을 아직 모르는 경우가 있다. 알고는 있지만 흉내만 낼 뿐 제대로 적용하지 못하는 경우들도 있다. 그 결과 무엇을 위해 일하는지, 회사가 나락으로 떨어지고 있는지도 모른 채 죽도록 일에만 매달리는 경영자와 직원들이 생긴다. 내가 책임감을 느끼면서 가치관경영을 전파하고 이 책을 쓴 이유다.

가치관경영이 필요하고 중요하다고 말하는 이들은 많다. 하지만 정작 가치관경영이 경영에 어떤 도움을 주고, 어떻게 적용하는지, 얼마나 쉬운지 구체적인 방법까지 설명해준 사람은 많지 않다. 가치관 수립이나 가치관을 신념으로 받아들이도록 내재화하는 것도 마찬가지다. 실제적인 사례와 구체적인 방법이 알려지지 않은 이유는 개별 기업이 가진 '우리끼리 잘하면 되지 남들에게 알리고 설명해줄 필요가 있을까?' 하는 생각 때문이다. 결국 모르는 회사는 계속 모르기 때문에 벤치마킹을 못 하고, 잘하고 있는 회사도 자신들이 무엇을 잘하는지 점검하지 못하고 어떻게 발전시켜야 하는지 모른다.

가치관경영은 언론에 보도되는 특정 기업에만 적용할 수 있는 경영방법론이 아니다. 규모나 매출에 상관없이 모든 기업이 '일하기 좋은 회사', '직원이 행복한 회사', '즐거운 일터'가 될 수 있다. 고철을 수거하는 고물상, 청과물을 파는 시장, 간판과 현수막을 제작하는 회사, 직원수 10명인 회사 등 나와 함께 가치관을 만들고 내재화하여 행복한 직원, 즐거운 일터를 만든 100여 개의 기업들이 그 증거다.

내가 가치관경영을 알리고 싶은 이유

지금까지 조직의 가치관 수립과 내재화 활동을 도와주면서 내가 가치관을 만들어준 적은 단 한 번도 없었다. 단지 무엇을 알아야 하는지, 무엇을 이야기해야 하는지, 어떻게 토론해야 하는지를 알려주고 함께했을 뿐이다. 글로벌기업, 국내 최고의 대기업, 혁신적이라고 소문난 중견 중소기업까지 100여 개가 넘는 기업의 가치관 수립에 참여한 사례는 국내는 물론 전 세계에서도 내가 유일할 것이다. 그만큼 이 일은 일의 의미를 넘어 즐겁고 보람된 일이다.

무엇보다 내가 가치관경영 활동을 도와주었던 기업들은 경영자와 직원들 모두가 그 과정에서 만족과 기쁨을 느껴 행복했다고 말한다. 경영자는 워크숍을 통해 직원들이 가치관에 대해 토론하고 합의하는 모습을 보고 감동을 받았다고 한다. 평소 자신의 업무에만 몰두하는 줄 알았던 직원들이 회사에 대해 책임감 있게 생각하고 진지하게 고민하는 모습이 자랑스럽고 믿음직스러웠던 것이다.

직원들의 반응도 유사하다. 지금까지는 회사의 장기 비전이나 목표 등 회사 경영의 중요한 부분은 경영자나 임원이 결정한다고 생각했다. 하지만 워크숍을 통해 회사의 미션, 비전과 목표, 직원들이 지켜야 할 핵심가치와 행동약속을 스스로 토론하고 그것이 실제로 채택되는 과정에서 회사의 미래를 결정하는 데 한몫했다는 성취감과 만족감이 컸다고 말한다.

이처럼 가치관경영 활동은 경영자와 리더, 직원들을 모두 만족시키기에 시도하지 않을 이유가 없다. 나는 기업들의 가치관경영 활동에 함께하면서 더 큰 책임감을 느낀다. 직접 보고 듣고 느낀 가치관경영의 장점과 효용성을 더 많이 알리고 구체적인 사례와 방법을 널리 전파해야 한다는 사명감 때문이다. 물론 강의와 컨설팅으로 개별 기업에 도움을 주고 있지만 그마저 힘든 기업에는 책을 통해 전파하고 싶었다. 그 결과물이 바로 이 책이다.

이윤창출이 기업의 존재목적은 아니다

이 책을 통해 기업의 존재목적에 대한 오해도 풀어주고 싶었다. 경영현장에는 '기업의 존재목적은 이윤창출이다'라는 망령이 떠돌아다닌다. 나는 이 망령을 어떻게 몰아낼 것인지를 항상 고민해왔다. 열에 아홉이 말하는 "기업의 존재목적은 이윤창출이다"라는 말은 '일이 곧 삶'이라는 의미로 들린다. 물론 '일'은 인생에서 매우 중요하고 수많은 시간을 투자하는 대상이다. 하지만 일이 곧 인생은 아니며, 아니어야 한다.

기업의 존재목적이 이윤창출이 아니라면 왜 기업은 영리조직일까? 이를 개인에게 대입해보면 쉽게 알 수 있다. 사람은 일을 하고 돈을 버는 것이 중요하다. 하지만 개인의 존재목적이 돈을 버는 것은 아니다. 이와 마찬가지로 영리조직인 기업에게는 돈을 버는 이윤창출이 중요하지만 그것이 존재목적이 될 수는 없다.

이 책에서는 기업의 이윤창출을 '기업의 중심활동'이라고 정의한다. 그리고 '기업의 존재목적'은 이윤창출이라는 중심활동을 통해 기업이 궁극적으로 이루고자 하는 것임을 명확히 한다. 여기에서 가치관경영은 '이윤창출'을 기업의 중심활동으로 명료하게 자리매김하여 올바르게 목적과 목표를 정하게 하는 데 중요한 역할을 한다. 가치관경영을 통해 이제 우리는 기업의 '존재목적'과 '중심활동'을 구분할 수 있을 것이다.

세대차이와 소통, 기업 가치관에서 답을 찾다

요즘 기업의 화두 중 하나인 '세대차이'와 '소통' 역시 가치관경영과 맞닿아 있다. 기성세대와 청년세대의 차이와 소통은 이미 많은 기업에서 고민해온 문제인데, 이는 서로 다른 가치관에서 비롯된다. 기성세대들은 청년세대가 가치관을 중요하게 생각하지 않는다고 말한다. 하지만 자세히 들여다보면 청년세대들은 가치관을 중요하게 생각하지 않는 게 아니다. 기성세대와 '가치관이 다를' 뿐이다.

가치관을 중요하게 생각하지 않는 사람을 설득하는 것은 힘들다. 하지만 가치관이 다른 사람들 사이에 생기는 문제는 해결할 수 있는 여지가 있다. 출근시간을 예로 들어보자. 기성세대들은 정규 출근시간보다 10분~30분 정도 일찍 출근한다. 반면 청년세대들은 거의 정시에 사무실에 들어온다. 그렇다고 눈에 띄게 지각하는 경우도 거의 없다.

기성세대는 정규 업무시간에 맞춰 미리 일할 준비가 되어 있는 것이 올바른 태도라고 생각한다. 반면 청년세대는 정규 업무시간에 맞춰 일을 시작하는 것이 합리적이라고 생각한다. 기성세대의 생각이 조직 지향적으로 보이지만 청년세대의 생각이 틀린 것도 아니다. 이럴 때 필요한 것이 '그라운드룰'이다. 더도 말고 덜도 말고 딱 10분만 일찍 출근해 '10분의 여유'를 두고 업무 준비를 하는 것으로 합의하면 된다.

이처럼 기업현장에는 세대 간, 직급 간, 직무 간 다양한 문제가 발생할 수 있다. 이때는 문제만 탓하지 말고 구성원이 합의해 기업 가치관을 만들고 지켜 나가면 충분히 갈등을 줄일 수 있다. 결국 세대차이와 소통의 문제 역시 기업 가치관을 합의하면 해결의 실마리가 보일 것이다. 이것이 현재 가치관경영이 강조되어야 하는 이유이기도 하다.

2013년 IGM세계경영연구원 교수로 일하면서 《가치관경영》 증보판을 출간했다. '영혼이 있는 기업은 지지 않는다'라는 메시지로 그 책이 나온 이후 5년이라는 시간 동안 기업환경은 초경쟁, 저성장 시대에 근로단축 시행까지 빠르게 변화했다. 그 변화 속에서 지지 않는 기업의 모습은 무엇일지 끊임없이 고민해왔다. 그리고 '일 잘하는 즐거운 일터'(줄여서 '일잘즐터'라 하겠다)를 만들어야 하고, 일잘즐터를 위해서는 '가치관경영'을 해야 한다는 확신이 들었다.

이 책은 '가치관경영 사용설명서'다. 이전에 나온 《가치관경영》은 이론적인 면에서는 유효하지만 적용하기 위해서는 내용과 방법이 새로 정립될 필요가 있었다. 그래서 지난 5년 동안 진행한 수많은 조직들의 가치관경영 프로젝트를 기반으로 이 책에서는 가치관 수립과 내재화, 일하는 방식 개선 방법론을 정리해 가치관경영을 어떻게 적용할지 쉽고 친절하게 설명하고 있다.

책은 총 7장으로 구성된다. 1장은 급변하는 지금 시대에 가치관경영의 의미와 중요성에 대한 내용을 담았다. 2~4장에서는 가치관의 구성요소인 미션, 비전과 목표, 핵심가치의 의미와 중요성, 그리고 구체적인 내용을 구현한 사례 중심으로 제시했다. 5장에서는 성공적인 가치관 수립의 절차와 방법(3Step, 10Action)을 실제 사례와 함께 풀어내 가치관을 수립하려는 기업들에게 실질적인 도움을 주고자 했다. 6장에서는 가치관 내재화에 대해 상세히 알려주고, 마지막으로 7장에서는 가치관경영에 기반해 어떻게 열린 조직문화를 만들 것인지를 다루었다. 일하는 방식 개선 방법론도 구체적으로 제시했다.

이 책을 꼭 내고 싶었다. 하지만 끊임없이 가치관경영을 전파하고 열린 조직문화를 만드는 일을 하다 보니 책을 정리할 시간이 없었다. 공저자인 더밸류즈 기민경 책임연구원은 이러한 과정을 항상 나와 함께 했던 동지다. 강의와 워크숍은 내가 진행했지만, 많은 내용을 기민경 책임연구원이 정리해서 책으로 세상에 나올 수 있었다. 이 책이 나올 수 있게 된 데 가장 감사할 사람이다.

책은 세상에 나오면 세상의 자산이 된다고 한다. 이 책을 읽고 토론하고 적용하면서 더 발전된 내용이 만들어지리라 믿는다.

성신호

차례

PART 1

우리 회사에 가장 필요한 것은

PART 2

어떻게 해야 자부심을 느끼며 일할 수 있을까 - 미션

PART 3

어떻게 해야 기대감을 가지고 일할 수 있을까 – 비전과 목표

PART 4

어떻게 해야 동료와 갈등 없이 일할 수 있을까 – 핵심가치

PART 5

어떻게 해야 성공적으로 가치관을 만들 수 있을까 – 가치관 수립

PART 6

어떻게 해야 회사의 가치관을 직원들이 신념화할 수 있을까 – 가치관 내재화

PART 7

어떻게 해야 열린 조직문화를 만들 수 있을까
– 조직문화

PART 1

우리 회사에 가장 필요한 것은

근로시간 단축 시대, 노동소모형 발상으로는 생존할 수 없다

2018년 7월, '일과 삶의 균형'을 의미하는 '워라밸Work and Life Balance' 시대에 맞춰 근로시간이 최대 주68시간에서 주52시간으로 단축됐다. 근로시간 단축은 기업환경을 근본적으로 바꾸어놓을 것이다. 직원들이 제대로 몰입하는 기업은 살아남고 그렇지 못하는 기업은 문을 닫을 것이다. 앞으로 2~3년 동안 한국 사회는 노동과 생산성에 대한 급격한 관점의 변화를 거쳐 새로운 기업환경이 만들어질 것이다.

근로시간 단축 시대를 맞아 이제부터 대부분의 직장인들은 하루 8시간, 주40시간을 기준으로 일하게 된다. 직장인들은 오후 6~7시 이후에는 회사를 벗어나 '저녁이 있는 삶'을 살게 된다. 24시간 불이 꺼지지 않는 사무실은 과거의 유물이 될 것이다. 근로시간 단축은 단지 일하는 시간이 줄어드는 것을 의미하지 않는다. 조직 내부에 근본적인 변화를 불러일으킬 것이다. 직원들이 가진 일에 대한 생각, 회사에 대한 생각, 동료들 간에 서로를 대하는 태도, 상사와 부하 간의 관계 등 기업환경 전반을 바꾸게 될 것이다.

이제 기업은 구글이나 넷플릭스 같은 혁신적인 회사가 될 수도 있고, 어느 날 갑자기 조용히 사라지는 회사가 될 수도 있다. 개인도 마찬가지로 저녁 있는 삶을 통해 자아실현을 이룰 수도 있지만, 지금 일하는 회사가 사라져 하루아침에 직장을 잃을 수도 있다. 우리는 이제 코앞까지 다가온 기업환경의 변화를 인지하고 미리 준비해야 한다. 그러려면 우리 앞에 놓인 3가지 변화부터 알아야 한다.

첫 번째 변화. 일이 단지 삶의 일부가 되는 시대

이제부터 일에 몰입하는 것이 더 어려운 환경이 된다. 조직을 이끌고 있는 경영자, 임원, 팀장들은 기성세대다. 이들 대부분은 직장이 삶의 전부나 다름없었다. 하루 일과시간 대부분을 직장에서 보냈다. 정규 출근시간이 오전 8시나 9시인 경우 30분 정도 일찍 오는 것은 기본이었다. 어떤 사람들은 막히는 출근길에서 시달리느니 일찍 나오는 게 낫다며 새벽에 출근하기도 했다.

대기업에서 임원이나 팀장을 하는 사람치고 정규 출근시간에 맞춰 나오는 사람은 없었다. 지금도 여전하지만 정규 퇴근시간인 오후 6시 퇴근을 '칼퇴근'이라고 부를 만큼 야근이 일상이었나. 당시엔 회사에서 저녁을 먹으면 야근을 해야 했고, 저녁 8시 이전에 퇴근하면서 회사 돈으로 밥 먹는 것도 눈치가 보였다. 야근이 아니면 직원들과 회식한 후 집에 가서 씻고 자는 것이 일상이었다. 가정은 호텔 같은 숙박

시설처럼 잠을 자는 역할이 가장 컸다.

2003년 주5일제(사실 이때 도입된 제도가 주40시간제다)가 본격 시행되면서 주말에는 회사에 가지 않아도 되는 상황이 되었다. 하지만 직장인들에게 주말은 부족한 잠을 보충하기 위해 늦잠을 자거나 미뤄둔 집안일을 하거나 아이들과 놀아주기, 부모님 뵈러 가기, 경조사 등으로 바쁜 시간이었다. 직장인에게 운동, 자기계발, 취미생활을 하는 것은 직장에서 성공을 포기한 행동처럼 보였다.

직장동료도 같이 일하는 사람 이상의 의미였다. 가족보다도 훨씬 많은 시간을 보내는 게 직장동료였다. 직장인의 삶에서 가장 많은 시간을 보내는 곳은 집이 아니라 직장이었다. 그래서 직장과 집이 전부인 사람을 '직장인'이라고 했다.

이런 식으로 회사를 다니다 보니 사람들에게 회사는 삶의 일부가 아니라 삶 그 자체였다. "회사가 어렵다"라는 말은 내 삶도, 내 가족도 힘들어진다는 이야기로 들렸다. '경영 위기'나 '위기경영'이라는 말이 나오면 사장부터 사원까지 모두 진심으로 심각해졌다. 야근은 물론이고 주말에도 자발적으로 출근했다. 지금과 달리 과거에는 '위기'라는 말이 나오면 회사에서 가장 먼저 시행하는 조치가 출근시간을 앞당기거나 퇴근시간을 늦추는 것이었다. 그럼에도 회사가 잘되면 나도 잘되는 것이고, 회사가 어려우면 나도 어렵다고 생각해 반발하는 경우가 거의 없었다. 직원들에게 주인의식을 가지라는 말을 굳이 하지 않아도 직원들은 주인 이상으로 일했다. 직원들에게 끈끈한 동료애를 강조하지 않아도 가족 이상의 의미 있는 존재가 동료들이었다. 회사의 기업정신이나 경영목표를 굳이 주입하지 않아도 직원들이 스스로 자신의 신념처럼 내재화하는 것이 어렵지 않았다. 이런 환경에서 일했던 기성세대들은 요즘 청년세대들이 일을 대하는 태도, 회사를 대하는 태도, 상사와 동료를 대하는 태도에 대해 걱정한다.

그런데 근로시간 단축 시대가 되면서 이런 상황은 단지 청년세대만의 현상이 아니라 기성세대에게도 해당된다는 것을 의미한다. 근로시간 단축 시대에는 회사의 모든 구성원이 하루 8시간, 주40시간 근무하게 된다. 부득이하게 연장근로를 하게 되더라도 일주일 기준으로 12시간을 초과할 수 없다. 이는 법률적 강제조항이다. 초과근무는 부득이한 경우 12시간 이내로 해야 하므로 주52시간 상한제는 주40시간 근무제를 정확하게 지키는 것이다. 쉽게 표현하면 오후 6시 내지는 늦어도 오후 7시가 되면 회사에서는 직원들의 모습을 찾기 어렵다는 뜻이다. 다음 날 오전 8~9시까지 직원들이 보이지 않는 회사가 일반적인 회사의 모습이 되는 것이다.

두 번째 변화. 일에만 몰입하지 않는 시대

근로시간 단축이 적용되면서 대기업 직장인들의 삶에 큰 변화가 생겼다. 과거 대기업은 높은 급여와 대우에 비례해 노동 강도는 강하다고 평가받았다. 얻는 게 있으면 잃는 것도 있는 법이라고, 누구나 대기업 임원이 되고 싶어 하지만 임원이 되려면 가정을 포기하고 회사를 선택해야 했다. 새벽같이 회사에 나오고 밤늦게 들어가는 것이 일상이었다. 경영자들은 오전 7시에 시작하는 조찬 강의에 참석하고 밤늦게까지 진행되는 경영자 교육에 참여했다. 경영자, 임원의 하루가 이렇게 바쁜데 대기업 직원이 정시출근에 정시퇴근 하는 것은 상상하기 힘들었다. 그런데 가장 먼저 주52시간 상한제 적용을 받는 대기업 환경이 바뀌었다.

2018년 7월 제도 적용 이전부터 대기업의 야근은 감소 추세를 보였다. 법 적용으로 이런 추세는 더욱 가속화되어 야근 제로 상태에 근접해 있다. 대기업의 근로시간 단축은 운영과정에서 몇 가지 문제점이 발생할 수 있겠지만 자체적으로 해결책을 찾으면서 안정적으로 정착될 것이다. 대부분의 기업들이 집중근무시간제, PC셧다운, 일하는 방식 개선 등의 조치를 취하면서 근로시간 단축에 의한 시간적 제약을 해결하고 있다. 국내 10대 기업을 비롯한 여러 대기업의 일하는 방식 개선 활동 과정에서 비효율에 의한 시간낭비 요소가 많이 드러났고, 시간낭비 요소만 제어해도 근로시간 단축으로 인한 업무 누락이나 공백은 생기지 않는 것으로 확인되었다.

그렇다면 직원들은 근로시간 단축으로 확보된 저녁시간을 어떻게 보낼까? 다양한 기업을 대상으로 설문조사를 했는데 양상은 비슷했다. 업종과 지역에 따라 사람들의 생활양식이 다를 수 있어 일반화하기가 어렵지만 세대 간의 차이는 공통적으로 드러났다.

미혼인 20대 직장인들은 퇴근 후 운동을 하는 사람들이 가장 많았다. 친구를 만나거나 모임에서 사람들과 교류하거나 자기계발을 하면서 저녁시간을 보내는 사람이 많았다. 물론 집에서 가족과 시간을 보내고 휴식을 취하는 사람도 있었다. 기혼인 30대 직장인들은 압도적으로 가족과 함께 시간을 보내는 것으로 나타났다. “저녁 먹고 집안일 하고 가족과 같이 시간을 보냅니다.” “아이들 공부도 봐주고 같이 놀아줍니다." "아내와 집밥 먹고 산책하고 장도 같이 봅니다." "시간 맞춰 아이 유치원 하원시키고 저녁시간을 같이 보냅니다." 자녀들이 유아기 또는 초등학생인 직장인들은 남녀 예외 없이 퇴근하면 집에서 가족과 함께 저녁시간을 보내는 것으로 나타났다. 자녀들이 어느 정도 성장한 4~50대 직장인들은 동호회에 참여해 취미생활을 하거나 운동, 자기계발을 하며 저녁시간을 보내고 있었다. 정리해보면 20대 운동하기, 30대 가족과 보내기, 4~50대 취미생활이다.

저녁이 있는 삶은 장시간 일에 매진하느라 잠시 접어두거나 포기했던 생활이었다. 하지만 이제 근로시간 단축으로 직장인들의 삶은 더 여유롭고 행복해지고 있다. 이러한 변화는 직원들 입장에서뿐 아니라 기업 입장에서도 환영할 만한 일이다. 기업 활동에서는 성과창출과 지속가능한 성장이 중요한데, 직원들의 행복감이 높아지면 성과도 유지될 수 있기 때문이다.

그럼에도 근로시간 단축으로 인해 낮은 수입과 생산성 저하를 걱정하는 목소리도 높다. 그렇다고 장시간 근로를 통해 생산성을 유지하는 노동소모형 발상이 해결책은 아니다. 이제 기업과 구성원들이 고민해야 할 것은 명확하다. '어떻게 생산성을 높여 성과를 창출할 것인가?' 하는 점이다.

이때 절대적으로 필요한 것이 바로 '몰입'이다. 근로시간이 단축되면서 직장인들은 조직에 소속되어 있다는 것만으로는 더 이상 회사, 일, 동료에게 몰입하지 못한다. 따라서 기업이 의식적으로 몰입할 수 있는 환경을 만들지 않으면 성과를 내는 데 문제가 생길 수 있다. 근로시간 단축으로 저녁이 있는 삶을 통해 워라밸은 실현되었다. 이제

기업과 구성원들은 직원들의 몰입을 통한 생산성 향상에 가장 큰 관심을 가져야 한다.

세 번째 변화. 적극적 몰입과 가치적 몰입

근로시간 단축으로 기업은 줄어든 업무시간을 효율화하기 위해 일하는 방식 개선에 노력을 기울이고 있다. 회사마다 대응 방안을 만들고 시행하는데 핵심은 직원들을 업무시간에 완전히 몰입하게 하는 것이다. 기업에서 근로시간 단축에 맞춰 시행하는 여러 제도는 대부분 '적극적 몰입'을 유도하고 있다. '적극적 몰입'이란 일과 업무 그 자체에 집중적으로 몰입하는 것을 말한다. 그런데 문제는 일하는 방식을 개선하고 적극적 몰입을 통해 생산성을 높이려는 이런 노력들이 성과 창출을 가로막는 결과를 낳을 수도 있다는 것이다.

'적극적 몰입'을 위해 대표적으로 내세우는 집중근무시간제를 예로 들어보자. 집중근무시간제는 보통 오전 10시부터 1시간 반 또는 2시간을 집중근무시간으로 정하고 개인 업무에만 집중하게 하는 제도다. 과거 장시간 근로가 일상화되었을 때 조사한 자료를 살펴보면 직원들이 하루 업무시간 중 업무에 제대로 몰입하는 시간은 1~2시간에 불과했다. 그래서 집중근무시간제를 도입해 회의나 직원들 간의 교류로 인해 반드시 해야 할 업무가 지연되는 것을 강제적으로 막는 환경을 만들자는 취지다.

집중근무시간제는 분명 개인의 업무 집중 면에서 필요한 제도지만 문제가 있다. 여러 기업들의 사례를 살펴보면 집중근무시간에 맞춰 음악과 안내방송이 나온다. 그러면 업무 협의를 하거나 대화를 나누던 직원들이 그 소리에 맞춰 일제히 자기 자리로 돌아간다. 그리고 집중근무시간이 끝났다는 안내가 나오면 우르르 한 곳으로 몰려가 "일도 내 마음대로 못하게 근무시간을 통제당하는 기분이네" 하며 볼멘소리를 한다. 자신의 업무시간을 통제당한다는 느낌이 드는 한 집중근무제는 실패다.

PC셧다운 제도도 보편화되고 있다. 과거에는 관행화된 야근을 줄이기 위해 선진적인 몇몇 기업에서 시행되던 것이 지금은 법 위반을 방지하기 위해 많은 기업들이 도입하고 있는 추세다. 종업시간에 맞춰 1시간 전, 30분 전, 15분 전, 10분 전, 5분 전 계속 신호를 주다가 종업시간이 되면 강제로 그룹웨어와 연결된 PC가 꺼진다. PC셧다운은 업무시간에 몰입해서 일하고 정규 업무시간 이후에는 강제적으로 업무를 하지 못하게 하는 적극적 몰입을 위한 강력한 수단이다. 물론 사전에 상사에게 연장 승인을 받으면 되지만, 회사마다 연장근무 조건이 까다로워 그마저도 쉽지 않다. 이와 함께 근태관리 시스템을 도입해 15분 내지 30분 간격으로 업무 수행 기록을 남기고, 근무시간 중에 업무 외 활동을 입력하게 함으로써 그 활동은 업무에서 제외하게 하는 조치를 취하고 있다.

일하는 방식의 개선도 대부분 적극적 몰입을 위한 활동이다. 근로시간 단축에 맞춰 많은 기업들이 회의 횟수와 시간을 절반 이하로 줄였다. 대기업의 팀 공식 회의는 주 1회, 시간은 1시간 이내다. 요즘 대기업이 추구하는 평균 회의시간은 기본 30분이 대세다. 회의실에는 벽면에 효율적 회의 지침이 게시되어 있고, 타이머와 모래시계도 구비해두고 있다. 과거처럼 회의시간에 주재자가 일과 관련 없는 얘기를 하거나 회의 관련 정보를 브리핑하는 것을 최소화하고 있다. 따라서 기본적으로 사전에 회의 주제와 내용을 공유하고 숙지한 후 참석해야 하며, 빠르고 정확한 의사결정을 해야 한다.

보고도 내용과 형식 모두 간소화되고 있다. 국제 정세나 경제 동향과 같은 정보보고형 보고서는 차츰 사라지고 있으며, 화려한 파워포인트 보고서는 근로시간 단축 최대의 적이 되었다. 1페이지 보고서도 일반화되고 있다. 종이 보고서는 지속적으로 퇴출되고 있으며, 임원이나 팀장이 보고를 받는 시간을 지정하는 회사도 있다. 결재 역시 전자결재로 끝내고, 중요한 사항이 아닌 경우 하루가 지나면 자동으로 결재되는 시스템을 갖춘 회사도 있다. 많은 기업들이 줄어든 근로시간에 맞춰 업무 효율화와 업무 스피드를 높이는 방향으로 일하는 방식을 개선하고 있다.

이런 조치들은 직원들의 적극적 몰입을 유도하는 제도들이다. 그런데 줄어든 업무시간만큼 일하는 방식을 개선해서 생산성을 이전 수준에 맞추다 보니 직원들이 일을 대하는 태도와 기준이 오로지 시간을 맞추는 데만 집중하는 부작용이 나타나고 있다. 과거 2차 산업혁명 시대로 회귀하는 듯한 경향마저 보이고 있다. 한마디로 일의 우선순위에 따라 시간을 관리하는 것이 아니라 정해진 정규 업무시간에 맞춰 일을 하도록 강제당하는 것이다. 업무는 무조건 시간을 단축해야 하고 회사가 정한 집중근무시간, PC셧다운에 맞춰 일을 끝내야 하는 심적 부담이 커지고 있는 셈이다.

일하는 방식의 개선이라는 측면에서는 긍정적이지만 과연 제대로 된 성과를 낼 수 있을지는 의문이다. 일의 의미와 목적은 온데간데없고 일의 목표도 잃어버리고 있다. 혼자 해야 하는 업무보다 동료와 부서 간에 협력하며 일해야 하는 협업의 시대에 정해진 시간에 맞춰 자기 일부터 처리해야 하는 상황이니 업무 협력과 협업에도 문제가 생기고 있다. 동료의 업무 협조 요청에 일단 거절부터 하게 되는 것이다.

리더십에도 문제가 발생하고 있다. 리더는 저성과자의 역량을 올리기 위해 노력할 시간이 부족하고, 조직의 성과만 추구하다 보니 많은 업무가 고성과자에게 몰리고 있다. 리더 입장에서 당장의 성과를 위해 업무 분배의 공정성이 지켜지지 않고 저성과자가 방치되는 현상이 벌어지는 것이다. 시간에 쫓기기는 리더나 직원들이나 마찬가지인 상황이다. 회식 문화도 바뀌었다. 근로시간 단축 영향으로 리더와 직원들이 비공식적으로 유대관계를 형성할 시간이 거의 없어 문제점이나 불편함 등에 대한 의견교환이 이루어지지 않고 있다.

현재 기업에서 진행되고 있는 일하는 방식 개선은 결국 적극적 몰입을 유도하는 활동이 대부분이다. 축구로 치면 정규경기에서 전후반 90분을 뛰고 있는 상황이라 할 수 있다. 정규경기에서 승리하려면 최대한 골을 많이 넣고 상대의 골을 많이 막아내는 적극적 몰입이 필요하다. 그런데 여기에 적극적 몰입의 함정이 있다. 축구팀의 성과는 정규경기에서 적극적으로 몰입하는 것이 전부가 아니다. 팀을 잘 조직하고 꾸준히 체력훈련과 전술훈련을 하고, 팀워크를 다지며 감독과 코치가 리더십을 발휘하는 과정이 중요하다. 정규경기는 이러한 과정의 성과가 결과로 드러나는 순간이다. 정규경기에서는 준비과정과는 또 다른 적극적 몰입이 필요하다는 뜻이다.

축구팀이 훌륭한 팀으로 좋은 성적을 내려면 평상시 코치들과 선수단이 갖춰야 할 기본이 있다. 좋은 자질의 선수들이 선발되고 유지되고 육성되며 최고 수준의 팀워크를 갖춰야 한다. 팀과 개인은 최고의 팀이 되고자 하는 목적의식과 최고의 성적을 내겠다는 목표의식이 있어야 한다. 여기에 강한 팀 문화도 갖춰야 한다. 비록 정규경기가 아니더라도 연습을 정규경기처럼 임해야 한다. 이것은 팀이 유지되는 한 변함없이 갖춰야 할 강한 팀의 요건이다.

회사도 마찬가지다. 긴급한 상황이나 특수한 상황에서는 반드시 적극적 몰입이 필요하다. 하지만 기업이 존속하는 내내 적극적 몰입을 할 수는 없다. 그렇게 하는 것이 옳다고 말할 수도 없다. 과거 장시간 근무하던 시대에는 일상적 몰입을 걱정할 필요가 없었지만 지금은 상황이 달라졌다. 주40시간 근무시간을 맞추는 데만 집중하지 말고 직원들이 1년, 5년, 10년 그 이상의 시간 동안 회사의 목적과 목표에 일상적으로 몰입할 수 있도록 해주는 것이 중요하다. 일상적으로 몰입한다는 것은 회사가 추구하는 목적, 목표, 우선순위라는 가장 중요한 '가치'에 몰입한다는 것을 뜻하는데, 이것이 바로 '적극적 몰입'과 대비되는 개념인 '가치적 몰입'이다. 근로시간 단축에 맞춰 필요한 것은 일상적으로 지속할 수 있는 '가치적 몰입'이다.

지속가능한 발전을 하려면 직원들이 가치적 몰입을 유지해야 한다. 직원들에게 적극적 몰입만 강조하다 보면 '정규 업무시간에 자신의 일에만 몰입하는 것이 전부'라고 생각하게 된다. 그러면 정규직원이 시급제로 일하는 아르바이트생과 비슷해질 수 있다. 정규직원이 아르바이트생처럼 일하게 되는 것이다. 회사가 추구하는 목적이나 목표, 우선순위에 몰입할 수 있어야 정규직원들은 일을 대하는 자세와 태도, 일하는 방식에서 아르바이트생과 다른 성과를 낼 수 있다. 따라서 기업도 이제 가치적 몰입을 어떻게 만들어낼 것인지를 깊이 고민하고 대안을 찾아야 한다.

분명한 사실은 개인의 업무성과는 적극적 몰입으로 해결할 수 있지만, 기업의 성과창출은 직원들의 가치적 몰입 없이 불가능하다. 아리스토텔레스는 "전체는 부분의 합보다 크다"라고 말했다. 직원 개개인의 합으로는 절대로 위대한 성취를 이룰 수 없다. 지시와 통제 없이 자발적으로 기업 공동의 목적과 목표, 우선순위를 인식하고 일상적으로 가치적 몰입 상태에 있어야 한다. 그렇다면 간단한 문답을 통해 나의 가치적 몰입이 어느 정도인지부터 진단해보자. 가치적 몰입을 확인하는 10가지 질문에 '예' 혹은 '아니오'로 답하면 된다.

나의 가치적 몰입도

① 나는 회사에 대해 강한 소속감을 느낀다. 예 | 아니오

② 나는 회사에 대해 감정적인 애착을 느낀다. 예 | 아니오

③ 나는 우리 회사에서 직장생활을 마친다면 행복할 것이다. 예 | 아니오

④ 나는 진정으로 회사의 문제들을 나의 문세로 느낀다. 예 | 아니오

⑤ 나는 동료나 친구들에게 우리 회사가 일하기 좋은 회사라고 이야기할 수 있다. 예 | 아니오

⑥ 나는 내가 하는 업무에 대해 자부심과 사명감을 가지고 있다. 예 | 아니오

⑦ 나는 우리 회사의 미래에 대해 기대감을 갖고 있다. 예 | 아니오

⑧ 나는 회사가 나에게 기대하는 바를 알고 있다. 예 | 아니오

⑨ 나는 우리 회사가 배울 점이 많은 조직이라고 생각한다. 예 | 아니오

⑩ 나는 회사의 성장과 발전을 위해 스스로 노력하고 있다. 예 | 아니오

'예'라는 답이 많을수록 가치적 몰입이 높은 수준이다. 지속적으로 업무에 몰입하고 있는 상태이며 회사를 오래 다닐 가능성이 높다. 반면 '아니오'라는 답이 많으면 지속적으로 업무에 몰입하기 어렵고 결국 회사를 오래 다니기 힘들다.

여기서 중요한 것은 가치적 몰입이 부족한 상태에서 회사가 적극적 몰입을 강조하면서 적극적 몰입 환경으로 압박하면 성과는 기대하기 어렵다는 점이다. 근로시간 단축 시대에 기업이 성과를 내는 올바른 방법은 가치적 몰입을 기본으로 하면서 적극적 몰입을 유도하는 것이다.

회사가 가장 중요하게 생각하는 것에 몰입하는 가치적 몰입은 어떻게 유도할 수 있을까? 그 해답이 바로 '가치관경영'이다. 그렇다면 이제부터 가치관경영이 어떻게 가치적 몰입을 유도해 성과에 도움이 되는지 하나씩 살펴보도록 하자. 이것이 가치관경영을 해야 하는 이유이기도 하다.

가치적 몰입을 원한다면 가치관경영을 시작하라

가치관경영은 가치관으로 경영한다는 말이다. 가치관경영은 어떻게 가치적 몰입을 유도하고 어떻게 성과를 낼 수 있을까?

가치관경영은 공동의 목표를 인식하게 한다

임원, 팀장 등 리더들을 위한 교육에서 "잘 나가는 팀의 특징은 무엇인가?", "강한 조직의 특징은 무엇인가?"에 대해 토론을 했다. 토론 주제와 함께 '내가 진심으로 믿는 것'에 대해서도 이야기해보라고 했다. 다양한 의견이 나올 것 같았지만 가장 많이 나온 대답은 '팀의 목표가 구체적이다', '명확한 목표를 공유하고 있다'였다. 리더들은 '명확하고 구체적인 목표를 공유해 구성원들이 목표를 아는 것'을 잘 나가는 팀, 강한 조직의 가장 중요한 특징으로 꼽았다. 이외에 '소통, 협력, 피드백 등 협업을 잘하는 것', '구성원 간에 신뢰가 높은 것', '자율적으로 일하는 것', '의욕이 높은 직원' 등의 의견이 있었다. 동일한 질문을 직원들에게 했을 때도 마찬가지의 결과가 나왔다.

공동의 목표를 아는 것은 지극히 상식적이다. 그런데도 많은 기업의 직원들은 회사가 어디로 가는지 목표를 모르는 경우가 많다. 또한 기업이 어디로 갈지 목표를 알려주는 것을 강요한다고 여기는 경우도 있다. 과연 회사가 추구하는 목표도 모른 채 자기가 하는 일에서 성과를 낼 수 있을까?

A기업은 매주 월요일 오전 10시에 전 직원이 모여 30분간 주례조회를 실시한다. 주례조회는 A기업의 2022년 비전과 목표를 제창하는 것으로 시작해 올해의 경영목표 5가지까지 제창한다. 소요 시간은 1분이 채 안 된다. 일주일에 불과 1분의 시간이지만 직원들은 회사가 정한 목표를 알고 일한다. 물론 초반에는 비전과 목표 제창에 대해 비판하는 목소리도 있었지만 이제는 자연스러워졌다. 무엇보다 분명한 사실은 A사 직원들은 회사가 어떤 목표를 가지고 있는지 알고 있다는 것이다. 그 결과 5년마다 수립한 비전을 3번이나 연속 달성했고, 매년 수립하는 5가지 경영목표도 항상 달성했다.

당신은 회사의 비전을 알고 있는가? 우리 직원들은 과연 올해의 경영목표를 알고 있을까? 이 질문에 정확히 답하지 못한다면 출근길에 어디로 가야 할지 몰라 당황하거나 엉뚱한 회사로 출근하는 사람과 크게 다르지 않다고 할 수 있다. 성과를 내는 데 중요한 것은 무엇이 성과인지를 아는 것이다. 가치관경영은 비전과 목표를 통해 구성원들이 공동의 목표를 알고 일하게 하는 것이다.

가치관경영은 우선순위를 알고 원칙과 기준에 맞춰 일하게 한다

2018년 말 국내 대형 종합병원의 조직문화 개선 교육을 진행한 적 있다. 의사를 제외한 간호사, 임상병리사, 사무관리직 등 전체 직원들을 대상으로 한 교육이었다. 교육 도중 "일 못하는 직원의 특징은 무엇인가?"를 주제로 토론을 진행했다. 다양한 직군, 직급, 나이의 직원들과 여러 차례 토론을 진행했는데 신기하게도 일관된 답변이 나왔다.

가장 많이 나온 의견은 '일의 우선순위를 모른다'는 것이었다. 일의 우선순위를 모르면 긴급한 일은 뒤로 미루고 중요하지도 않은 일에 많은 시간을 투입하게 된다. 그러면 성과는 안 나오고 일을 시키는 사람이나 하는 사람이나 답답하기만 하다. 그만큼 일의 중요도와 긴급도 등을 따져 일의 우선순위를 알고 일한다는 것은 성과를 내는 데 중요하다. 다른 의견으로는 '일하는 자세나 태도가 나쁘다', '시키는 것만 한다', '책임감이 없고 일에 대한 집중력이 낮다', '눈치가 없다', '소통 능력이 떨어진다' 등이 있었다.

그렇다면 "일 잘하는 직원의 특징은 무엇인가?"에 관한 토론 결과는 어땠을까? 가장 많은 답변은 일 못하는 직원의 특징과 반대로 '일의 우선순위를 잘 알고 있다'였다. 이외에도 '눈치가 빠르다', '센스가 있다', '상사의 요구를 잘 안다', '동료와 원만한 관계를 형성한다' 등의 의견이 있었다. 결국 '일 잘하는 직원'과 '일 못하는 직원'을 가르는 가장 대표적인 특징은 바로 '우선순위'였다.

그런데 리더에 따라 우선순위가 달라진다면 어떻게 될까? 이럴 경우 직원들은 '눈치를 봐야 하는 입장'이 된다. 결국 일에 몰입하기보다 상사의 감정을 신경 써야 하고 일이나 성과보다는 상사의 마음에 드는 게 우선순위가 된다. 그러다 또 리더가 바뀌면 우선순위를 파악하느라 일에 집중하는 데 시간이 걸린다. 우선순위를 일과 업무가 아닌 상사에게 맞추면 조직력은 떨어질 수밖에 없다.

우선순위가 바뀌면 원칙과 기준도 바뀐다. 리더에 따라 원칙과 기준이 바뀌면 직원들은 일에 몰입하기가 어렵다. 회사에 우선순위가 명확하지 않고 원칙과 기준이 없으면 리더는 자신의 원칙과 기준을 제시하고 조직을 관리할 수밖에 없다. 그런 환경에서는 직원들도 상사의 눈치를 보고 이해관계에 따라 정치적으로 움직이게 되는 불편한 조직문화가 만들어진다. 이것이 일관성 있는 회사의 원칙과 기준이 필요한 이유다.

가치관경영은 직원들에게 회사의 우선순위를 알고 원칙과 기준만 지키면 안전하다는 믿음을 준다. 이러한 믿음은 조직력을 강화시키고 직원들이 일에 몰입해 성과를 낼 수 있게 해준다.

가치관경영은 사명감과 자부심을 갖고 일하게 한다

기업은 직원들이 단지 돈을 버는 활동을 넘어 일의 의미를 알고 올바르게 일하도록 해주어야 한다. 직원들이 1차적으로 직장을 다니는 목적은 돈을 벌기 위해서다. 돈을 버는 것이 전부는 아니지만 개인에게는 매우 중요하다. 직원들이 일을 할 때 회사나 고객을 먼저 생각하지 않고 개인의 이해를 앞세운다면 문제가 발생한다. 고객을 중시하지 않는 직원은 고객에게 무시당하기 마련이다. 가치관경영은 직원들이 철저히 고객지향으로 일하도록 만든다.

기업은 고객에게 제품이나 서비스를 제공하고 고객은 돈을 지불한다. 일반적으로 직원들은 우리 회사가 제공하는 제품이나 서비스를 고객이 산다고 생각하는데 절반만 맞는 얘기다. 안경점에서 안경 가격을 지불했다고 그 고객이 '안경'을 산 건 아니다. 고객은 '밝은 눈으로 세상을 보는 것', '멋진 스타일'이라는 안경이 제공한 가치에 대가를 지불한 것이다. 따라서 안경점 직원들에게는 단순히 안경을 만들고 파는 것이 아니라 밝은 세상과 멋진 스타일을 만들고 판매한다는 믿음이 있어야 한다.

심장제세동기를 제조, 판매하는 회사가 있다. 심장이 스스로 기능을 못 하는 사람들은 인공으로 만든 심장박동기를 몸에 심어 호흡을 유지할 수 있다. 같은 회사에 근무하지만 직원들은 다른 생각을 할 수 있다. 어떤 사람은 '나는 150만 원 하는 제품을 만든다'라고 생각하고, 다른 사람은 '나는 사람의 몸속에 들어가 숨을 쉬고 생명을 유지해 건강을 돕는 일을 한다'고 생각할 수 있다. 전자의 경우 제품 불량으로 반환된 기계를 보면 '매출 150만 원을 날렸군. 손해난 매출을 어디에서 메워야 하지?' 하고 생각하지만, 후자의 경우 '불량제품이 걸러지지 않고 누군가의 몸속에 들어갔다면 큰일 날 뻔했어. 다시는 이런 불량이 나지 않도록 좀 더 철저히 만들어야겠어'라고 다짐한다.

기업은 자사의 제품과 서비스를 통해 영리활동을 하는 조직이다. 하지만 그 제품이나 서비스를 이용하는 사람들에게 우리 회사가 어떤 가치를 주는지, 그리고 내가 하는 일이 어떤 의미가 있는지 알고 있는 직원은 일을 대하는 자세와 성과가 다르다. 제조 직원이라면 제품의 목적에 더 어울리는 제품을 만들기 위해 기술과 품질 개선을 위해 노력할 것이다. 판매 직원이라면 우리가 만든 좋은 제품을 보다 많은 사람들에게 알리고 사용하게 하기 위해 더 적극적으로 판매할 것이다. 서비스 직원이라면 고객의 어려움을 생각해 조금이라도 더 빨리 정확하고 친절한 서비스를 제공할 것이다.

가치관경영은 직원들이 자신이 하는 일의 의미를 한 차원 높게 받아들일 수 있게 해준다. 일의 의미를 부여하는 것은 과장이나 속임수가 아니다. 일의 본질을 알게 하는 것이다. 미션은 직원들에게 사명감과 자부심을 갖게 해준다. 사명감과 자부심이 가득한 직원들이 일하는 회사는 고객으로부터 신뢰를 얻고, 이런 회사는 더 많은 성과를 낸다.

가치관경영은 경영의 출발점이자 변화관리의 연결고리다

기업은 돈을 버는 활동을 한다. 그렇다면 가치관경영으로 성공한 회사가 있느냐고 묻는다. 소위 '대박을 낸' 회사가 있느냐고 따져 묻는다. 결론적으로 말하면 있는 것은 맞지만 정확히 어떤 회사라고 지목하기는 애매하다. 가치관경영은 경영의 출발점이자 변화관리의 연결고리 역할을 하기 때문이다. 경영의 출발점으로서 성과에 기여한 것은 맞지만 가치관경영만으로 성과가 났다고 장담할 수는 없다. 그렇다면 가치관경영이 기업이 돈을 버는 영리활동에 어떤 영향을 주는지 살펴보자.

돈을 버는 것은 기업의 가장 중심이 되는 활동이다. 하지만 그것이 목적은 아니다. 기업이 돈을 버는 데는 '목적'이 있어야 한다. 기업이 돈을 버는 목적이 기업의 존재목적인 '미션'이다.

다음으로 기업은 돈을 얼마만큼 벌어서 어떻게 쓸 것인지 '목표'가 있어야 한다. 지금보다 더 성장하기 위해 투자를 할 수도 있고, 직원들에게 인센티브를 더 줄 수도 있으며, 사회에 환원을 할 수도 있다. 얼마나 벌어서 어떻게 쓸 것인지가 '비전과 목표'다.

마지막으로 어떻게 돈을 벌 것인지 '우선순위, 원칙과 기준'이 있어야 한다. 거짓말과 눈속임으로 남을 속여서 돈을 벌지 않는다는 원칙이 있다면 그 수준은 어느 정도인지 원칙과 기준이 있어야 한다.

영리조직이 돈을 버는 활동을 할 때는 올바른 출발점이 필요하다. 돈을 버는 목적, 돈을 버는 목표, 돈을 버는 우선순위, 원칙과 기준이 있어야 한다. 그것을 정의하는 것이 바로 '가치관'이다. 그래서 가치관경영을 경영의 출발점이라고 한다.

'일단 벌고 보자'라는 마음이라면 굳이 가치관경영이 필요 없겠지만 그렇게 잘 벌기는 어렵다. 설령 운이 좋아 잘 번다고 하더라도 무조건 돈을 버는 것은 의미나 가치가 없다. 벌면 벌수록 재미도 없고 무의미하다는 생각만 든다. 그런데 돈을 버는 의미와 가치를 알게 해주는 가치관경영을 경영의 출발점으로 하는 회사라면 분명 다른 회사보다 앞서 나가고 있을 것이다. '시작이 반'이라고 가치관경영을 하는 기업은 그렇지 않은 기업보다 절반은 앞서 나간 것이라 해도 과장이 아니다.

기업의 여러 개선과 혁신 활동을 변화관리라고 하는데, 변화관리에 성공해야 기업은 성과를 창출할 수 있다. 여기에서 중요한 것은 변화관리는 리더가 바뀌어도 달라지지 않아야 한다는 점이다. 일관성이 없으면 변화관리를 지속할 수 없기 때문이다. 이처럼 기업의 여러 가지 활동을 연결해 중심을 잡아주는 것이 '가치관'이다. 즉 가치관경영과 변화관리는 같은 맥락으로 이해되어야 하며, 가치관경영을 변화관리의 연결고리라고 말하는 이유도 이 때문이다. 가치관경영은 '가치관 정립'과 '가치관 내재화'로 나뉜다. 가치관 정립이 경영의 출발점이고, 가치관 내재화가 변화관리의 연결고리다.

대표적인 조직진단 모델인 맥킨지의 7S모델 구조도 가치관이 모든 변화관리의 중심이라고 말한다. 7S모델은 Strategy(전략), Structure(구조), System(운영체제), Skills(기술력), Staff(직원역량), Style(조직문화), Shared Value(가치관)의 영문 앞 글자를 따서 붙여진 이름이다. 여기에서 6가지 요소의 중심에서 모든 요소와 연결되어 있는 것이 Shared Value, 바로 가치관이다. 이처럼 기업은 가치관경영을 경영의 출발점으로 정하면 한발 앞서 나갈 수 있다. 따라서 성과를 내고 싶다면 성과를 위한 변화관리의 연결고리로 가치관경영을 지속해 나가야 한다.

가치관경영은 변화와 혁신을 손쉽게 이끈다

2003년 내가 다녔던 현대오토에버에서 성과 중시 조직문화를 만들기 위한 제도개선 프로젝트가 있었다. 당시 인사 부문에서 상당히 큰 제도 변화를 시도했는데, 내용은 이러했다.

① 고정좌석 없애기

② 급여체계를 고정급 80%, 성과급 20%로 변경/ 직원을 상 20%, 중 60%, 하 20%로 평가해 하 등급의 성과급 20%를 상 등급에게

지급

③ 복지제도를 전면 개선해 복지 포인트로 지급

④ 업무를 15분 단위로 업무관리 시스템에 기록, 업무 집중도를 높이고 데이터로 관리

제도를 도입하기 전에 직원들에게 취지를 설명하고 의견을 구한 결과 1, 2번은 폐기되었고 3, 4번은 채택되었다. 고정좌석을 없애는 것에 대해 직원들은 자기 자리가 없으면 소속감이 생기지 않을 것 같다며 거부감을 표현하며 강하게 반발했다. 또 성과급제 도입에 대해서는 80%는 동일하거나 인상되는데도 급여가 20% 줄어들면 안정성이 떨어진다며 거부했다. 성과창출을 위한 훌륭한 취지였음에도 대다수의 반대로 제도 개선은 백지화되었다. 지금 생각해보면 자연스러운 제도지만 15년 전만 해도 직원들에게 이러한 제도는 충격적이고 불합리하다고 여겨졌다.

반면 복지 포인트 전환에 대해서는 학자금 지원을 받지 못하는 대다수의 직원들이 찬성했고, 업무관리 시스템에 15분 단위로 기록을 남기는 것은 귀찮고 번거로운 일이었지만 반대할 명분이 없었다. 결국 제도개선 프로젝트는 성과창출을 위해 도입하고자 했던 내용은 반영하지 못한 채 복지제도와 근태관리만 적용하는 어이없는 결과로 막을 내렸다.

이 사례에서 볼 수 있듯이 기업이 직원들의 동의와 지지를 통해 변화를 시도하는 것은 매우 힘든 일이다. 그런데 가치관경영은 이러한 변화관리를 용이하게 해준다. 직원들이 공감, 참여, 합의로 비전과 목

표를 만들면 기업이 나아갈 방향과 목표를 합의한 것과 같은 효과가 나타난다. 그리고 비전과 목표를 이루기 위해 어떤 전략을 가지고 어떤 계획을 세워야 하는지 공감대가 형성된다. 앞의 사례에서 직원들과 함께 공감, 참여, 합의로 '성과 중시 조직문화'를 달성하겠다는 큰 방향성과 목표를 정했다고 하자. 그러면 직원들은 감정적으로 반대하는 마음은 있더라도 그 목표를 이루기 위해 어떻게 해야 하는지에 대한 방법(고정좌석을 없애고 성과급제를 도입하는 것)에 대해서는 좀 더 쉽게 동의하게 될 것이다.

기업이 성장, 발전하려면 결정적인 큰 변화를 시도해야 한다. 그 과정에서 실패할 수 있지만 실패를 비난받지 않아야 한다. 조직 구성원들이 비전과 목표를 공유하면 이를 위해 필요한 변화에 동의를 얻기가 쉬워진다. 또 'CEO 리스크'라는 말이 있듯이 경영자의 개인적 취향이나 성격에 의해 독단적으로 시도되는 잘못된 방침이 걸러지는 효과도 있다.

결국 가치관경영을 통해 구성원들이 공감, 참여, 합의로 명확하고 구체적인 비전과 목표를 만들었다는 것을 전제한다면 직원들은 조직의 크고 획기적인 변화를 받아들일 가능성이 크다. 앞으로 5년 후의 명확한 비전과 목표가 있고 그것을 달성하기 위해 올해 1년 동안 파격적인 변화 시도가 필요하다는 것이 납득된다면 직원들은 반발하거나 저항하지 않을 것이다. 이처럼 변화와 혁신은 가치관경영이라는 터널을 통과하면 좀 더 쉽고 빠르게 진행될 수 있다.

성공하는 기업들의 경영방법론 가치관경영 하라

성공하는 기업들의 경영방법론, 가치관경영

기업은 생존, 성장, 발전을 위해 시대에 따라 다양한 경영방법론을 적용해왔다. 다른 기업보다 차별화된 품질을 추구한 품질경영도 있었고, 고객을 중심에 둔 고객만족경영, 거기서 더 발전한 고객감동경영도 있었다. 윤리경영이나 사회책임경영도 있고, 그 외에 다양한 경영방법론들이 나오고 적용되고 있다. 그런데 기업에서 적용했던 다양한 경영방법론들은 근본적인 한계가 있다. 경영방법론이 전체를 포괄하지 못하고 구성원인 식원들에세 충분한 공감을 얻지 못하고 있는 것이다.

가치관은 기업의 구성원이 가진 가장 중요한 생각이다. 생각은 사람만 하는 것이므로 가치관경영은 '사람중심경영'이다. 사람들의 생각을 하나로 모아 조직을 이끌겠다는 가치관경영은 인류가 집단생활을 하면서 시작되었고 어느 시대에나 존재했다. 현대 경영학에서는 《좋은 기업을 넘어 위대한 기업으로Good to Great》의 저자 짐 콜린스가 공동으로 저술한 《성공하는 기업들의 8가지 습관Built to Last》을 통해 체계적으로 정리된 개념이다.

이 책의 저자들은 성공한 기업들의 성공 요인을 분석한 후 공통점을 발견했다. 성공한 기업은 '핵심목적'(위대한 목적), '비전화된 미래상'(대담한 큰 목표), '핵심가치'(업무와 의사결정의 우선순위)가 명확하게 정리되어 있고 구성원들이 그것을 신념화하고 있었다. 그리고 핵심목적, 비전화된 미래상, 핵심가치라는 가치를 체계화하여 '비전경영'이라고 표현했다.

이 용어들은 현재 전 세계적으로 미션, 비전, 핵심가치로 통일되어 사용되고 있다. 우리나라에서는 내가 공저자로 참여한 《가치관경영》에서 '비전경영'을 대체하는 표현으로 '가치관경영'을 사용하기 시작했다. '비전경영'이라는 표현이 가치관의 구성요소인 비전과 겹치고, '가치경영'이라고 표현하면 재무적 표현으로 사용하는 개념과 혼동을 줄 수 있어 가치value의 복수형인 가치관values으로 경영한다는 의미로 '가치관경영'으로 정의했다. 그리고 구성요소인 '미션'을 기업의 존재목적, '비전과 목표'를 기업의 꿈과 미래상, '핵심가치'를 기업의 우선순위이자 일하는 원칙과 기준으로 정의했다.

기업에서 사용하는 창업이념, 경영이념, 경영철학, 사훈, 사시, 경영목표도 표현이 다를 뿐 미션, 비전, 핵심가치와 내용적으로 유사하다. 전자의 표현은 대부분 창업자 개인의 생각으로 만들어진 반면 기업 가치관은 미션, 비전, 핵심가치를 '공유된 가치들Shared Values'로 정의한다.

가치관의 구성요소: 미션, 비전과 목표, 핵심가치

자신에게 가장 중요하다고 생각하는 것들을 그 사람의 '가치관'이라고 한다면 기업이 가장 중요하게 생각하는 것들을 '기업의 가치관'이라고 한다. 가치관은 미션, 비전과 목표, 핵심가치로 구성된다. 먼저 사람의 가치관을 살펴보자.

- 내가 살아가는 목적/세상에 존재하는 의미는 무엇인가? (삶의 목적)
- 나의 목표와 꿈은 무엇인가?/미래에 어떤 모습이 되고 싶은가? (삶의 목표)
- 나는 무엇을 가장 중요하게 생각하고 그것을 위해 어떻게 살아갈 것인가? (삶의 우선순위)

위의 3가지 질문에 대한 답을 정리하면 그 사람의 가치관이 된다. 그리고 삶의 목적, 삶의 목표, 삶의 우선순위를 전문용어로 표현하면 '미션mission', '비전vision', '핵심가치core values'가 된다.

기업도 마찬가지다. 기업을 포함한 모든 조직은 3가지의 중요한 생각, 즉 가치를 가지고 있다. 첫 번째 생각은 '우리 기업은 왜 존재하는가?'이다. 기업이 이 세상에 존재하는 데는 목적과 이유가 있다. 이를 기업의 궁극적인 목적인 '미션'이라고 한다. 두 번째 생각은 '우리 기업은 미래에 무엇이 되고 싶은가?'이다. 기업은 나아가고자 하는 꿈이나 미래상이 있다. 이를 기업의 큰 목표인 '비전'이라고 한다. 세 번째 생각은 '우리 기업은 무엇을 우선순위로 하여 어떻게 일하는가?'이다. 기업에는 기업 구성원이 지켜야 할 우선순위가 있다. 이를 일하는 원칙과 기준인 '핵심가치'라고 한다.

이 3가지 생각을 제대로 정립하지 않으면 기업의 존재목적(mission)은 단순히 '돈을 버는 것'이 된다. 세상과 인류를 더 나아지게 하거나 사람들을 행복하게 하겠다는 존재목적은 설 자리가 없어진다. 또 생각을 제대로 정립하지 않으면 기업의 꿈과 미래상(vision)도 '돈을 더 많이 버는 것'이 된다. 기업이 자신의 사업 영역에서 최대한 성장해 이루고자 하는 포부도, 세상과 인류에 기여하고자 하는 목표도, 그 속에 있는 구성원들이 행복감을 느끼고 가슴 설레게 하는 꿈도 없어진다. 생각을 제대로 정립하지 않으면 기업의 원칙과 기준(core values)도 '돈 많이 벌어라, 돈 아껴 써라'가 된다. 신뢰, 소통·협력, 열정·도전, 창의, 변화·혁신 등 시대를 개척할 수 있는 핵심가치도 사라지게 된다.

저성장과 초경쟁에 시달리는 경영자는 자칫 이윤창출에만 매달릴 우려가 있다. 구성원 역시 개인과 가족에만 초점을 맞추고, 일하는 목적이 돈을 버는 것뿐이라면 일의 의미를 찾기 어렵다. 이런 직원과 경영자들은 고객에게 피해를 주고 동료들을 괴롭힐 수 있다. 저성장, 초경쟁, 초고속 시대에서 다른 기업과 똑같이 해서는 차별화할 수 없다. 돈이 아닌 사람을 경영의 중심에 두고 구성원 모두가 같은 생각을 향해 나아가는 기업이 차별화된 기업이다.

착하고 좋은 회사를 만드는 방법, 가치관경영

가치관경영이란 가치관으로 경영하는 것이다. 기업이 가장 중요하게 생각하는 것을 구성원들이 신념으로 받아들이고 행동하는 경영을 말한다. 한마디로 기업 가치관을 신념화하는 것인데 여기에는 목적이 있다. 바로 위대한 기업이 되기 위해서다.

위대한 기업은 회사의 성장과 발전에 가장 중요한 고객과 세상에 기여하는 가치 있는 기업이다. 이를 '착한 회사'라고 표현하고 많은 기업들이 강조한 바 있다. 하지만 '착한 회사'로는 오래가지 못한다. 회사에 소속된 구성원이 행복한 기업, '좋은 회사'가 되어야 한다. 가치관경영은 외부적으로는 '착한 회사', 내부적으로는 '좋은 회사'가 되자는 것이다.

착하고 좋은 회사는 아무 회사나 될 수 없다. 기업이 중요하게 생각하는 것을 구성원들이 신념화할 때 가능하다. 사람을 경영의 중심에 두는 가치관경영은 경영자나 직원이 제대로 이해하고 공감하면 모두가 환영하는 경영방법론이다. 문제는 추상적으로 이해하고 경영 현실과 제대로 연결하지 못하는 데 있다. 하지만 따져보면 가치관경영은 기업의 목표, 전략과 긴밀히 연결된 현실적인 개념이다. 명확한 이해를 위해 상징으로 설명하겠다.

북극성을 바라보며 에베레스트산 정상에 어떻게 오를 것인가

가치관경영의 3가지 구성요소를 좀 더 쉽게 설명하면 미션은 '북극성'이고, 비전은 '에베레스트산 정상', 핵심가치는 '어떻게 올라갈 것인가'이다.

북극성은 우리 회사가 궁극적으로 목표를 삼고 있는 지향점이다. 끝내 도달할 수는 없지만 그것을 향해 나아가는 것이다. 세상에서 가장 높은 에베레스트산 꼭대기에 도달해도 북극성은 도달할 수 없을 만큼 멀고도 멀다. 예로 기업들이 내세우는 미션인 '인류의 건강, 즐거움, 행복'에 기여하고 공헌할 뿐 달성했다고 말할 수 있는 회사는 없다. 존재목적인 미션을 달성했다면 조직은 더 이상 존재목적이 없으므로 사라져야 한다.

비전은 미션과 다르다. 비록 매우 힘들고 불가능해 보이지만 도달할 수 있다. 8,848미터 에베레스트산 꼭대기는 불가능해 보이지만 열심히 준비하고 최선의 노력을 다한다면 불가능하지 않은 목표다. 직원들과 오랜 기간 철저히 준비해서 에베레스트산 정상을 정복해 깃발을 꽂고 기념사진을 찍는다고 상상해보라. 가슴 설레지 않는가. 비전은 달성할 수 있기 때문에 기대감을 준다.

비전은 반드시 목표와 함께 다뤄져야 할 개념이다. 비전만 있고 목표가 없다면 비전은 의미가 없다. 에베레스트산 꼭대기에 도달하려면 달성해야 할 지점이 있다. 보통 캠프1, 캠프2, 캠프3, 캠프4 등으로 번호를 붙이기도 하는데, 정상에 오르기 위해 반드시 도달해야 하는 지점이다. 이 지점들이 바로 '목표'다. 목표(캠프)를 달성하지 못하면 비전(에베레스트산 정상)을 이룰 수 없다.

전략은 목표를 통해 비전으로 가는 최적의 방법을 말한다. 요즘 에베레스트산 정상에 오르는 사람은 연간 수백 명에 달한다. 이렇게 많은 사람들이 에베레스트산 정상에 오를 수 있게 된 것은 베이스캠프 덕분이다. 처음에는 일반인이 호흡곤란을 느끼는 2,000미터에 만들었고, 그다음에는 산악인이 호흡곤란을 느끼는 4,000미터에 만들었다. 요즘은 고도로 훈련된 산악인들이 6,000미터 지점에도 베이스캠프를 만든다. 베이스캠프까지는 셰르파와 차량의 도움으로 올라간다.

우리나라는 1977년 9월 15일 고인이 된 고상돈 대원이 정상을 정복해 세계에서 8번째로 오른 나라가 되어 카퍼레이드를 하기도 했다. 당시 그는 "여기는 정상, 더 이상 오를 데가 없다"라는 무전을 보냈는데, 그 말은 지금도 많은 이들에게 회자되고 있다. 당시에는 1년에 채 한 명도 에베레스트산 정상을 정복하지 못했다. 베이스캠프가 없던 때 산악인들은 해발 0미터부터 산을 올랐는데, 수많은 산악인들이 꿈꾸던 에베레스트산 정상 정복을 가능하게 한 것이 바로 '베이스캠프'였다. 베이스캠프를 어디에 둘지는 철저히 산악인의 특성과 역량에 따라 달라진다. 기업 전략도 마찬가지로 그 기업이 가진 특성과 역량에 따라 달라진다. 우리 회사의 베이스캠프가 전략이다.

핵심가치는 산악대원들이 '어떻게 오르는가'다. 어떤 사람은 '신속과 스피드'를 중시하며 하루라도 빨리 정상에 도달하기 위해 수직 직벽이나 험준한 루트도 가리지 않고 오르고, 어떤 사람은 '성실과 꾸준함'을 원칙과 기준으로 삼아 하루에 300미터를 목표로 느리더라도 꾸준히 산을 오른다. 산악대의 스타일에 따라 원칙과 기준을 정하는 것이 핵심가치다.

'북극성'을 바라보며 '에베레스트산 정상'에 '어떻게' 올라갈 것인가? 이것이 기업 가치관에 대한 명료한 설명이다. (덧붙이면 비전의 개념에서

에베레스트산 정상과 그에 도달하기 위한 목표지점이 모두 중요하므로 비전이라는 표현보다는 '비전과 목표'로 표현하는 것이 명료하다. 그래서 기업 가치관은 미션, 비전과 목표, 핵심가치로 표현한다.)

가치관경영 지수

이제 우리 회사는 '북극성'을 바라보며 '에베레스트산 정상'을 '어떻게 올라갈지' 생각해보자. 기업경영은 산을 오르는 것과 같다. 지금 한창 산을 오르고 있는 직원들은 무엇을 바라보고 무엇을 목표로 어떻게 오르고 있는가? 먼저 각자 10개의 질문에 답해보고 직원들의 답변을 모아 평균을 내면 우리 회사의 가치관경영 지수가 나온다.

문항	질문('아니다' 또는 '그렇다'를 선택하세요)	아니다	그렇다	점수
1	우리 회사에는 세상과 고객에게 기여하겠다는 명확한 존재목적이 있다.	0	10	
2	우리 회사에는 장래에 사업과 직장에서 이룰 명확한 꿈과 큰 목표가 있다.	0	10	
3	우리 회사에는 업무의 우선순위와 일하는 명확한 원칙과 기준이 있다.	0	10	
4	우리 회사에는 직원이 해야 할 행동과 하지 말아야 할 행동에 관한 명확한 규범이 있다.	0	10	
5	우리 회사에는 Q1~Q4의 질문에 대한 내용이 문장으로 명문화되어 있다.	0	10	
			총점(A)	

문항	질문(0점에서 10점 사이에서 선택하세요)	전혀 아니다	보통 이다	매우 그렇다
6	나와 내 동료들은 우리 회사가 가진 가치관에 공감한다.	0	5	10
7	나와 내 동료들은 회사의 미션을 믿으며 사명감과 자부심을 가지고 일한다.	0	5	10
8	나와 내 동료들은 회사의 비전과 목표를 믿으며 미래에 대한 기대감을 가지고 일한다.	0	5	10
9	나와 내 동료들은 회사의 핵심가치를 믿으며 원칙과 기준을 가지고 일한다.	0	5	10
10	우리 회사의 채용, 육성, 평가, 보상은 회사의 가치관에 근거하여 이루어진다.	0	5	10
		총점(B)		

*** 총 점수(100점 만점): 총점(A) + 총점(B) =**

회사는 직원들이 가진 생각에 따라 4가지 회사로 구분할 수 있다. 대부분의 회사는 4가지 유형 중 하나에 해당될 것이다.

유형 1. 기업 가치관이 없거나 구성원의 인식이 부족한 회사

유형 2. 기업 가치관을 인식하고 있지만 구성원의 공감이 부족한 회사

유형 3. 기업 가치관에 대한 인식과 공감은 있으나 구성원의 실행이 부족한 회사

유형 4. 기업 가치관을 중심으로 경영하는 회사

우선 Q1~Q5 질문은 '우리 회사에 공유된 기업 가치관이 존재하는가?'와 '기업 가치관이 정립되어 있는가?'에 대한 가치관 인식에 대한 질문이다. Q1은 기업의 존재목적인 미션에 대한 인식 질문, Q2는 기업의 꿈과 미래상인 비전과 목표에 대한 인식 질문, Q3은 기업의 우선순위, 일하는 원칙과 기준에 대한 인식 질문이다. Q4는 가치관 기반의 행동규범에 대한 인식 질문이며, Q5는 미션, 비전과 목표, 핵심가치, 행동규범을 알고 있는지에 대한 질문이다. 모두가 '그렇다', '아니다'이므로 최소 0점이고 최대 50점이다.

Q6은 '기업 가치관을 중요하게 생각하는가?'의 가치관 공감에 대한 질문이다. Q7부터 Q10은 '기업 가치관이 실행되고 있는가?'의 가치관 실행에 대한 질문이다.

먼저 0~49점(유형 1)은 기업 가치관이 없거나 구성원의 인식이 부족한 회사다. 회사 경영에서 가치관에 대한 개념 자체가 없는 회사다. 경영자와 직원 모두 기업은 돈을 버는 것이 전부라고 생각하는데, 이는 경영자가 가치관의 중요성에 대해 강조한 적이 없기 때문이다. 매출, 수익, 비용 등 '재정'에 대해서만 이야기한 경영자 아래에서는 임원도 팀장도 돈 이야기만 한다.

안타깝게도 우리나라의 많은 중소기업들은 이런 환경에 놓여 있다. 중소기업에 가치관경영을 적극적으로 전파해야 하는 이유다. 정도의 차이는 있지만 직원들이 모른다면 결국 없는 것과 마찬가지다.

다음으로 50~69점(유형 2)은 기업 가치관을 인식하고 있지만 구성원의 공감이 부족한 회사다. 홈페이지와 회사 곳곳에 기업 가치관이 게시되어 있어 직원들이 인식하고 있지만 공감하지 못하는 경우다.

이 유형은 기업 가치관을 공감시키는 방법을 모르거나 내용을 직원들이 공감하지 못하는 2가지 경우로 나뉜다. 이런 유형은 대표적으로 기업 가치관을 주입식으로 반복하고 강조한다. 그러다 보니 기업 가치관 따로, 기업경영 따로인 상태다.

70~89점(유형 3)은 기업 가치관에 대한 인식과 공감은 있지만 구성원의 실행이 부족한 회사다. 대기업이 여기에 해당하는 경우가 많다. 이런 유형은 교육을 통해 직원들에게 내용을 충실히 공유하고 토론을 통해 공감대 형성도 했기 때문에 직원들의 인식은 높다. 하지만 경영자, 임원, 팀장 등 리더들이 실천하지 않아 직원들도 하지 않는 경우와 실행방법을 잘 모르는 2가지 경우가 있다. 따라서 이 유형은 기업 가치관이 성과로 이어지기 위해서는 실행력을 높여야 한다.

마지막으로 90점 이상(유형 4)은 가치관경영을 하는 회사가 지향하는 기업 가치관을 중심으로 경영하는 이상적인 상태다. 알리바바의 마윈 회장이 했던 인터뷰를 소개한다. "알리바바에는 3가지의 중요한 생각이 있다. 첫째, 알리바바의 핵심 역량은 기술이 아니라 회사의 문화다. 둘째, 알리바바는 주주들을 가장 나중에 챙긴다. 가장 중요한 그룹은 고객과 직원이다. 셋째, 알리바바에서는 작은 기업, 작은 제품, 작은 비즈니스가 우선이다. 알리바바에서는 작은 것이 아름답다. 알리바바의 이러한 가치관은 우리에게는 '종교'다." 마윈 회장은 '기업의 가치관'을 '종교'처럼 신념화한다고 했다. 마윈 회장이 이끄는 알리바바는 유형 4를 추구하는 대표적인 회사다.

위에서 소개한 가치관경영 지수는 정교하지 않다. 다만 우리 회사의 현황을 수치적으로 파악하기 위한 목적이었다. 가장 효과적인 방법은 경영자가 진단한 결과와 직원들이 진단한 결과를 비교해보는 것이다. 결과가 비슷하다면 부족한 부분을 찾아 해결하면 된다. 문제는 경영자와 직원들의 진단이 다른 경우다. 이 경우 무엇이 다른지부터 파악하고 해결책을 찾아야 한다.

그렇다면 우리나라 기업들은 4가지 중 어떤 유형이 가장 많을까? 바로 유형 1이다. 우리나라 기업들 중 대부분은 가치관에 대한 개념이 없거나 부족하다. 이것이 이 책을 쓴 목적이기도 하다. 우리 회사의 가치관경영의 현 주소는 어디일까? 유형 4와 같은 회사가 되려면 어떻게 해야 할까? 책을 통해 하나씩 풀어 나가야 할 문제다.

가치관경영에 관한 오해와 진실

가치관경영은 경영자, 주주, 직원들 어느 누구도 반대할 이유가 없다. 구성원들이 미션, 비전과 목표, 핵심가치를 가지고 일에 몰입하자는 사람중심경영이자 글로벌기업과 대기업에서도 이미 검증된 경영 방법론이기 때문이다. 하지만 가치관경영을 처음 도입하려는 기업들은 여전히 가치관경영에 대해 고민하고 있다. 다음의 3가지 문제에 대해 확신이 서지 않아서다.

① 가치관이 중요하지만 기업의 목적은 결국 이윤창출이지 않을까?

② 요즘 청년세대들도 과연 가치관에 공감할까?

③ 가치관경영을 도입했지만 성공하지 못한 기업도 있지 않은가?

이러한 문제제기에 대한 답을 찾아가다 보면 왜 가치관경영이 필요한지에 대해 명확히 이해할 수 있을 것이다. 지금부터는 가치관경영에 대한 오해와 진실을 하나씩 풀어보려 한다.

기업의 존재목적은 결국 이윤창출이다?

결론부터 말하면 이윤창출은 기업의 중심활동이다. 이윤창출은 존재목적이 아니라 중심활동이다. 중심활동이기 때문에 중요하다. 성공신화를 만든 경영자는 이윤창출만이 아니라 사회공헌과 직원행복을 강조하는 경우가 많다. 이런 경영자가 운영하는 회사의 경영지원 담당자와 만난 적이 있다.

그는 "최근에 경영자가 기업 가치관과 함께 일하는 방식 개선, 생산성, 수익성, 워라밸, 일하기 좋은 기업 등 너무 많은 요구사항을 제시해 힘들다"라고 토로했다. 한꺼번에 쏟아지는 여러 메시지가 오히려 일관성이 없다는 의미로 들렸다. "대표님이 요즘 리더들에게 매출과 수익 드라이브를 심하게 합니다. 리더들이 너무 힘들어하니 직원들도 피로감이 심합니다. 직원들에게는 기업 가치관을 강조하지만 실제 경영하는 것을 보면 이윤창출에 집중하는 것 같아요. 본인이 중요하게 생각하는 것(이윤창출)을 애써 숨기고 있는 건 아닌가 하는 생각도 듭니다. 가끔 대표님 말씀이 불편하게 들릴 때도 있고요."

기업이 추구하는 사회공헌, 직원행복과 같은 높은 수준의 가치관과 이윤창출이 충돌하는 느낌에 대해 생각해보자. 경영자는 기업의 존재목적은 이윤창출이 아니라고 단정적으로 표현했다. 그런데도 왜 경영자는 '이윤창출'을 강하게 강조하는 것일까? 기업은 대표적인 영리조직이다. 존재목적과 중심활동은 차원이 다른 개념이다. 영리조직의 존재목적이 '돈을 버는 것'(이윤창출)이라면 비영리조직의 중심활동은 '돈을 쓰는 것'이 된다.

그렇다면 정부, 구호단체, 각종 협회와 같은 비영리조직의 존재목적이 돈을 쓰는 것인가? 아니다. 비영리조직의 중심활동은 돈을 쓰는 것이지만 그 활동을 통해 이루고자 하는 목적과 목표는 따로 있다. 영리조직인 기업도 마찬가지다. 중심활동인 '이윤창출'을 통해 사회공헌, 직원행복과 같은 한 단계 높은 가치를 추구하는 것이다. 가치를 중요하게 생각하는 경영자가 '이윤창출'을 강조하는 것은 당연하다. '이윤창출'이라는 중심활동이 안 되면 더 높은 가치를 이룰 수 없기 때문이다.

그런데 왜 경영자는 공식적이고 대외적인 메시지를 제시할 때 '이윤창출'에 대해 말하지 않고 '가치'만을 강조할까? 그 이유는 직원들이 중심활동인 '이윤창출'에 집중해야 하는데, 그러다 보면 기업의 가치관을 놓칠 가능성이 크고 실제로도 그랬기 때문이다. 한마디로 '이윤창출'이 중심활동이지만 거기에 머무르지 말고 가장 중요하게 생각해야 할 가치관을 잊지 말라는 메시지다. 경영자 입장에서는 일관되고 논리적인 메시지다.

하지만 앞서의 담당자와 같은 반응이 나온다면 경영자에게도 책임이 있다. 경영자를 대변하는 경영지원 담당자조차 경영자의 속내를 정확히 파악하지 못한다면 직원들도 비슷하게 생각할 가능성이 크다. 아마 직원들도 경영자가 일관성이 없고 본심을 숨기고 있다는 느낌을 받았을 것이다. 어쩌면 경영자가 정확하고 충실하게 메시지를 전달하지 않았거나 직원들이 느끼는 애로와 어려움을 간과했을 수도 있다.

기업이 중요하게 생각하는 가치관은 '신념'이다. 신념을 전달하는 과정에서 담당자와 직원들은 경영자보다 신념이 부족할 수 있다. 따라서 강하게 밀어붙이는 것으로는 부족하다. 신념은 상대방이 받아들여야 하는 과정이 전제되어야 하므로 더 친절하고 꼼꼼히 알려주고 공감할 수 있게 해주어야 한다.

청년세대는 가치관을 공감하지 않는다?

가치관경영을 하는 기업들이 늘고 있지만 기업 경영자나 리더들은 어려움을 호소한다. 요즘 청년세대들에게는 가치관이 제대로 전달되지 않는 것 같다는 게 그 이유다. 청년세대들은 조직보다는 개인을 우선에 두고, 장기적 관점보다는 단기적 관점으로 일을 대하며, 공동체보다는 개성과 공정을 중시하며, 회사를 위해 헌신하자는 의미를 희생을 강요한다고 받아들이기 때문이다.

과연 가치관경영은 요즘 청년세대에는 통하지 않는 구식 경영방법론일까? 절대 그렇지 않다. 사실 청년세대 직장인들은 기성세대 이상으로 일의 가치나 의미를 중요하게 생각한다. 영국 런던에 본사를 둔 다국적 회계컨설팅기업 PWCPrice Waterhouse Coopers의 밥 모리츠 회장은 〈하버드 비즈니스 리뷰〉와의 인터뷰에서 이렇게 말했다. "우리 세대는 젊었을 때 우리가 하는 일이 무엇인지는 알았지만, 왜 그 일을 해야 하는지에 대해서 묻지 않았습니다. 사회에서 우리 자신이나 회사가 수행해야 할 역할에 대해 깊이 생각한 적이 없었죠. 그러나 청년세대는 그들이 추구하는 가치와 조직의 목표가 일치하지 않으면 언제든지 떠납니다." 모리츠 회장의 말은 기성세대와 청년세대의 차이점을 명확히 알려준다.

기성세대들은 '일을 하는 자체'를 직장생활의 중요한 가치라 여겼다면 청년세대들은 일이 자신에게 주는 '의미'나 '가치'를 중요하게 생각한다. 청년세대들은 일의 의미나 가치를 인식하고 흥미를 느끼면 주말시간도 반납할 만큼 몰입하고 헌신한다. 하지만 회사가 강조하는 기업 가치관이 개인 가치관과 상충할 때의 거부감은 기성세대보다 훨씬 크기 때문에 기성세대 입장에서는 청년세대가 가치관을 중요시하지 않는다고 생각하는 것이다.

KPMG 인력개발소통부의 브루스 포Bruce N. Pfau 부사장은 〈하버드 비즈니스 리뷰〉에 '청년세대가 일터에서 진정으로 원하는 것은?'이라는 글을 통해 "청년세대들이 조직에서 원하는 것 역시 기성세대와 다르지 않다"라고 말했다. 요약하면 내가 자부심을 가지고 일할 수 있는 조직인가? 상사는 전문성과 성실성과 비전을 가진 롤모델인가? 내가 이 직장에서 능력을 발휘해 성장할 수 있는가? 재정적 보상이 공정할 뿐 아니라 조직문화 면에서 구성원을 인간적으로 존중하고 대우하는가? 일 자체가 재미있고 할 만한가? 이러한 질문에 대한 답을 통해 회사를 평가하는 세대가 바로 청년세대라고 말했다.

요즘 청년세대들은 회사의 가치관에 공감하지 못하는 것 같다는 고민에 답이 필요한 시점이다. 문제는 가치관의 내용과 전달 방법이 잘못된 데서 비롯된다. 생각해보면 과거에 기업 가치관은 명료했다. 기업의 목적을 제시하고 기업이 이룰 사업적 목표를 제시하면 직원들은 별 거부감 없이 순응했다. 청년세대들도 기업이 가치관을 가지고 직원들의 생각을 통일해야 한다는 데 거부감을 느끼지 않았다. 하지만 시대가 변하고 회사에 대한 가치관이 조금 더 확장되면서 구성원들은 개인의 만족과 행복을 중요하게 생각하게 되었다. 그런데도 기업들은 이런 내용을 반영하지 않아 문제가 발생하고 있다. 청년세대들은 부분적이고 협소하고 편협하고 단편적인 내용만을 반영한 가치관을 거부하는 것이다.

이런 문제를 해결하기 위해서는 기업 가치관에 직원들이 원하는 직장의 모습을 담아야 한다. 충분한 보상이라는 높은 급여 외에도 개인의 삶에서 중요하게 생각하는 시간의 문제, 직원과 직원 간의 수평적 소통과 협력, 자율적인 업무 수행과 책임감, 역량 강화를 통한 전문성 확보 등과 같이 직원들이 지향하고 바라는 내용이 기업 가치관에 담기는 것이 필요하다.

가치관을 전달하는 방법에도 개선이 필요하다. 가치관을 암기하고 제창하는 것이 나쁘다고만 할 수는 없지만 오로지 교육만으로 주입식, 단편적인 방법으로 가치관을 공유하는 것은 문제가 있다. 좀 더 재미있고 즐겁게 그러면서 진지하게 가치관을 공유해야 한다. 사실 기업 가치관의 공감 여부는 청년세대만의 문제가 아니라 기성세대도 마찬가지다. 결국 기업 가치관이 구성원들에게 충분한 공감을 얻으려면 내용과 방법 면에서 그들이 요구하는 가치관을 반영해야 한다. 가장 좋은 방법은 기업 가치관 정립 과정에 직원들을 참여시키고 그들의 의견을 반영하는 것이다. 직원들의 공감, 참여, 합의를 통해 가치관을 정립하는 것이야말로 기업 가치관에 대한 거부감을 없애는 가장 좋은 방법이자 유일한 방법이다.

가치관경영을 하는 기업도 성공하지 못하더라?

회사 홈페이지를 가지고 있는 회사라면 거의 대부분 기업 가치관이 표시되어 있다. 대기업은 물론 중소기업조차 회사 홈페이지에 경영이념, 비전, 인재상 등 기업 가치관이 게시되어 있다. 그런데 회사 직원들에게 회사 가치관이 무엇인지 물어보면 대부분 "기억이 안 난다"라고 답한다. "우리 회사에 그런 게 있어요?"라고 반문하는 경우도 많다. 더 충격적인 사실은 경영자에게 물어봐도 같은 대답을 하는 경우가 꽤 많다는 것이다. 홈페이지를 만들면서 대충 베껴 쓰기로 만들었다고 답하는 회사도 제법 있다.

일단 가치관이 있는데 성공하지 못한 회사는 이런 경우가 대표적이다. 홈페이지에 '신뢰, 소통, 도전'이라는 핵심가치가 있지만 직원들은 회사에서 가장 중요한 원칙과 기준은 '매출 달성과 비용 절감'이라고 말하는 경우도 많다. 가치관을 만들기만 했을 뿐 직원들에게 전혀 내재화되지 않은 경우다.

가치관 수립과 가치관 선포식이나 비전 선포식은 가치관경영의 출발점이다. 가치관 내재화는 일을 하는 동안 구성원들이 기업 가치관을 자신의 신념으로 받아들이고 실천하는 것을 말한다. 내재화가 안 됐다는 것은 우승하겠다는 목표로 마라톤에 출전했지만 출발 신호에 맞춰 출발만 하고 앞으로 전혀 달려가지 않은 경우다. 멋진 선포식을 하고 언론에도 기사가 나가고, 직원들의 꿈을 담은 타임캡슐을 묻었지만 그것으로 가치관경영을 끝낸 식이다. 이런 경우 가치관경영을 해도 달라지는 게 없다는 말을 한다.

가치관경영은 실제로 해보겠다는 시작이 중요하다. 하지만 진정으로 중요한 것은 가치관을 내재화하는 것이다. 구성원들이 가치관을 인식하고 공감하고 실행하는 것이 내재화인데, 그에 대한 방법은 6장에서 상세히 설명하고 있다. 가치관 내재화가 이루어지지 않은 기업의 사례만 보고 가치관경영을 해도 성공 기업이 될 수 없다고 짐작하지 않길 바란다.

한편 글로벌기업, 초 대기업, 대기업은 가치관경영이 특별하지 않을 수 있다. 이들은 이미 표면상으로 미션, 비전과 목표, 핵심가치를 만들어 가치관경영을 표방하고 있다. 다만 구성원들이 기업 가치관을 자신의 삶과 일치시키며 내재화하고 있는지는 별개다. 그에 반해 대다수의 중소기업들은 가치관경영을 적용하지 않고 있다. 중소기업이야말로 가치관경영을 통해 회사의 성장, 직원의 행복, 사회에서 사랑받는 기업, 신뢰받는 기업이 될 수 있다.

제대로 지속가능한 성장을 위한 경영을 하려면 지금부터라도 전 직원이 참여해 가치관을 수립하고 직원들이 가치관을 신념화하는 가치관경영을 시작해보자. 회사의 가치관을 만드는 것은 결코 어렵지 않다. 자기가 다니는 회사의 가치관을 스스로 만들지 못하는 구성원은 없기 때문이다. 다음 장부터 여러 기업의 현실적이고 구체적인 사례를 통해 한 단계씩 차례대로 해보면 된다.

PART 2

어떻게 해야 자부심을 느끼며 일할 수 있을까 - 미션

지금 하고 있는 일이 아니라 그 일이 주는 가치가 미션이다

국가공무원인재개발원에서 5급 사무관 승진자들을 대상으로 공직가치 강의를 한 적 있다. 평범한 40, 50대 공무원처럼 보였는데, 알고 보니 4대 사정기관 청청국국(검찰청, 경찰청, 국세청, 국정원) 소속 공무원들이었다. 쉬는 시간에 국세청 사무관과 대화를 나눌 기회가 있었다.

"국세청에서 20여 년 일하다 보니 직업병이 생겼어요. 어떤 일이든 사람을 보면 의심하는 버릇이 생긴 거죠. 개인적으로 만난 사람인데, 그 사람이 나와 대화하고 난 후 취조받는 느낌이 들었다고 말해 충격받았어요."

그의 말이 충분히 이해되었다. 국세청 업무는 의심에서 시작된다. 제대로 신고했는지, 숨기고 있는 사실은 없는지 의심하는 것이 국세청 직원의 존재이유이기도 하다.

그렇다면 국세청 직원들이 의심을 하는 이유는 무엇일까? 국고를 채울 세금을 제대로 거두기 위해서다. 세금을 거두는 이유는 정부의 존재목적인 '국민의 안녕과 행복'을 위해 사용하기 위함이다. 결국 국세청 직원의 일은 '의심을 해야 하는 것'이고, 그 의심을 통해 궁극적으로 이루고자 하는 일의 의미는 '국민의 안녕과 행복'이다. 국세청은 기업과 개인을 의심하고 위협하는 곳이 아니라 국민의 안녕과 행복을 위해 재정 확보를 담당하는 곳이다. 같은 원리로 경찰, 검찰, 국정원 등은 궁극적으로 국민의 안녕과 행복을 위해 존재한다. 청청국국이 자부심을 가지고 일해야 하는 이유가 바로 이 때문이다.

'미션'은 회사의 존재목적이다. 존재목적은 열망과 열정을 불러일으키는 본질적이며 변하지 않고 끊임없이 추구해야 하는 신념으로 기업의 궁극적인 목적이다. 미션은 모든 이해관계자들에게 우리 회사의 존재목적을 분명하게 전달해준다. 우리 회사가 무슨 일을 하는 회사인지, 우리가 없으면 세상은 어떤 점이 불편한지, 그래서 궁극적으로 우리 회사는 이 세상에 어떤 가치를 주는지를 알려준다. 미션은 기업의 존재목적이자 구성원 개개인에게는 자신이 하는 일의 의미를 정확히 파악하게 해준다. 이런 이유로 국세청 직원들은 남을 의심하는 직업병을 얻으면서까지 미션을 향해 나아가는 것이다.

동네에 있는 미용실도 마찬가지다. 미용실은 머리카락을 자르고 펌을 하고 염색을 하는 등 헤어와 관련된 일을 하는 곳이다. 하지만 이것이 본질은 아니다. '이철헤어커커'에서 일하는 사람들은 그들이 하는 일을 이렇게 말한다.

"우리가 하는 일은 단순히 헤어 디자인이 아닙니다. 우리는 고객의 라이프스타일을 디자인합니다. 우리를 거쳐 간 많은 사람들은 사랑하는 사람과 평생을 약속하고 성공에 대한 자신감을 얻습니다. 우리의 손길을 통해 누군가의 삶이 더욱 아름다워진다는 것은 마치 기적을 연주하는 악사와 같고 캔버스를 물들이는 화가와 같은, 그것이 바로 우리가 만들어내는 새로운 가치입니다. 우리가 만드는 가치는 세상을 아름답게 하기 때문에 우리가 세상을 변화시킨다는 믿음으로 우리는 오늘도 디자인합니다."

단순히 '돈을 벌기 위해' 존재하는 미용실과 '아름다움을 통해 사람들의 행복과 성공을 돕는다'라는 미션을 갖고 있는 미용실. 어느 미용실 직원이 고객에게 더 좋은 서비스를 제공할지, 어느 미용실 직원이 자기 일에서 의미와 보람을 찾을지는 쉽게 짐작할 수 있다.

이철헤어커커 직원들은 일에 대한 긍지와 자부심을 바탕으로 서로를 존중하며 고객을 대한다. 고객들 역시 그들을 단지 미용 서비스를 하는 사람들이라고 생각하지 않는다. 고객들은 그들을 존중하고 그곳에서 일하는 사람들을 '선생님'이라고 부른다.

국내의 한 타이어 전문점도 눈여겨볼 만하다. 타이어 전문점에서는 보통 타이어를 빼고 끼우는 단순한 일을 한다. 그런데 대한민국 최초의 타이어 전문 유통회사인 타이어뱅크Tirebank는 특이하게도 '타이어 사고 없는 세상을 만들겠다. 그래서 국민이 좋아하는 타이어 회사가 되겠다'라는 경영목표를 내걸고 "우리는 자동차에서 사람의 생명을 지키는 가장 중요한 일을 한다"라고 말한다.

타이어뱅크 직원들은 스스로 돈을 벌기 위해 타이어를 갈아 끼우는 중노동을 한다고 생각하지 않는다. 그들은 사람들의 안전을 지켜주기 위해, 그래서 타이어 사고 없는 세상을 만들겠다는 생각으로 일한다.

그래서 타이어뱅크 직원들은 타이어를 교환하고 매장을 나가는 고객과 자동차를 보고 "고객님의 안전을 지켜주세요"를 하루에도 수백 번씩 외친다. 직원들은 매일 아침 이 말을 구호로 외치고, 전 점포에도 하루에 수십 번씩 방송되고 있다. 이런 직원들의 생각과 태도는 고객들에게 긍정적으로 전달되었고, '신뢰할 수 있는 서비스를 제공하는 회사'라는 좋은 이미지를 구축해 타이어뱅크는 수년째 타이어 유통업계 1위 자리를 튼튼히 지키고 있다.

색다른 슬로건 하면 '애플Apple'이 떠오른다. 바로 'Think Different(다르게 생각하라)'란 문장 때문이다. 애플의 마케팅 슬로건이자 철학을 담은 이 문장은 어떤 의미를 담고 있을까? 1997년 애플에 복귀한 스티브 잡스Steve Jobs는 광고를 통해 이렇게 말했다.

"미친 자들을 위해 축배를! 부적응자들, 반항아들, 사고뭉치들, 네모난 구멍에 박힌 둥근 말뚝 같은 이들, 세상을 다르게 바라보는 사람들, 그들은 규칙을 싫어합니다. 또 현실에 안주하는 것을 원치 않습니다. 당신은 그들의 말을 인용할 수도 있고, 그들에게 동의하지 않을 수도 있으며, 그들을 찬양하거나 비난할 수도 있습니다. 당신이 할 수 없는 한 가지는 그들을 무시하는 것입니다. 왜냐하면 그들이 세상을 바꾸기 때문입니다. 그들은 인류를 앞으로 나아가도록 합니다. 어떤 이들은 그들을 보고 미쳤다고 하지만 우리는 그들을 천재로 봅니다. 자신이 세상을 바꿀 수 있다고 믿을 만큼 미친 사람들, 바로 그들이 실제로 세상을 바꾸기 때문입니다."

애플 직원들은 그들이 하는 일을 '새로운 전자 기기를 개발하는 일'이라고 말하지 않는다. 그들은 '세상을 바꾸는 일', '인류를 앞으로 나아가도록 하는 일'을 한다고 말한다. 그리고 남들과 다르게 생각하는 사람들이 세상을 변화시킨다고 믿는다. 전 세계 사람들의 경험과 습관, 생활을 변화시킨 세기의 발명품인 '아이폰'은 그렇게 탄생했다.

본인 역시 '괴짜'로서 애플과 아이폰을 통해 세상을 바꾸는 일을 해낸 스티브 잡스. 그는 "우리는 우주에 흔적을 남기기 위해 여기에 있다. 그렇지 않으면 우리가 여기에 있을 이유가 없다"라는 명언도 남겼다. '세상을 바꾸고 인류를 앞으로 나아가도록 하는 일을 하겠다'라는 애플 구성원들이 가진 생각이 바로 애플의 미션이라 할 수 있다.

구글Google의 미션은 '전 세계의 정보를 조직해 누구나 쉽게 접근하고 사용할 수 있도록 하는 것'이다. 구글의 미션은 직원 개개인이 수행하는 일에 의미를 부여한다. 끊임없이 혁신하고 새로운 영역을 찾는 동기가 된다. 재능이 많은 사람들일수록 야망을 자극하는 영감을 원한다. 리더는 이런 이들에게 영감을 갖게 할 미션을 제시할 수 있어야 한다. 회사에 미션이 존재하고 그 미션에 직원들이 모두 공감한다면 그들은 조직의 존재목적과 자신이 일하는 이유를 정확히 알고 일하게 된다. 개인의 자부심과 조직의 성과는 그때 나타난다.

국민의 행복과 안녕을 위해 존재하는 국세청, 아름다움을 통해 고객의 성공을 돕는 이철헤어커커, 사람의 생명을 지키기 위해 타이어를 갈아 끼우는 타이어뱅크, 세상을 바꾸고 인류를 앞으로 나아가게 하는 애플, 그리고 전 세계 정보의 접근성을 높여 편리하게 사용할 수 있도록 하는 구글 등 탁월한 기업들은 각자의 명확한 존재목적이 있었다.

직원들이 일에 대해 갖는 의미와 가치, 조직의 존재목적에 대한 남

다른 생각은 조직의 본질적인 차이를 만든다. 우리나라에 있는 많은 중소기업들은 기업의 존재목적이나 일하는 이유를 '회사가 돈을 벌기 위해서' 혹은 '직원들이 먹고 살기 위해서'라고 표현한다. 반면 10대 기업들은 '세상에 기여', '인류의 행복을 위해서', '인류의 편안함을 위해서'라는 존재목적을 내세운다. 여기에서부터 기업의 생존, 발전, 성장의 차이가 나타난다.

우리 회사가 갑자기 사라진다면 세상과 고객은 무엇이 불편할까

2018년 초 일산 명지병원 홍보부서 직원을 만났는데, 명지병원이 미국 메이요클리닉Mayo Clinic의 국내 유일 파트너가 되었다며 자랑했다. 명지병원은 '가장 혁신적인 글로벌통합의료시스템을 구축하겠다'라는 훌륭한 비전을 가진 병원인데, 메이요클리닉과 협약을 체결한 게 그리 자랑할 일인가 싶었다. 그런데 이야기를 들어보니 충분히 이해되었다.

메이요클리닉은 2017년에 미국 최고의 병원으로 선정될 정도로 세계에게 가장 사랑받는 의료 서비스 기관이라고 한다. 이런 메이요클리닉과 협약 체결했다는 것은 그들이 가진 최고 수준의 의료시스템은 물론, 최고의 의료 데이터와 연구성과를 활용해 환자를 치료할 수 있다는 아주 큰 의미였다.

메이요클리닉은 아버지 윌리엄 워럴 메이요가 남북전쟁 당시 북부

군 군의관으로 파견되었던 로체스터에 1864년 진료소를 연 것이 출발이었다. 이후 큰아들 윌리엄 제임스 메이요와 둘째 아들 찰스 호러스 메이요가 각각 의학을 전공하고 진료를 함께하게 되었는데, 설립한 이래 100년 넘게 세계 최고의 자리를 이어오고 있다. 인구 10만 명이 채 되지 않는 미네소타 주의 로체스터Rochester라는 작은 시골마을에 위치해 있는데도 매년 미국 전역뿐 아니라 세계 각지에서 한 해 50여만 명의 환자들이 찾아온다. 소규모 비행장이던 로체스터공항이 국제공항으로 지정받은 것도 메이요클리닉 덕분이었다.

미국의 시사지인 〈유에스 뉴스 앤드 월드리포트U.S. News&World Report〉가 발표한 2018년 전국 의료기관 평가Best Hospitals Honor Roll에서 메이요클리닉은 총점 480점 만점에 총 414점을 받으며 2016년, 2017년에 이어 또다시 1위를 차지했다. 무려 3년 연속 '미국 최우수 병원'에 선정된 것이다. 뿐만 아니라 〈포춘Fortune〉이 선정하는 '일하기 좋은 100대 기업'에 9년 연속 선정되기도 했다.

경쟁이 치열한 의료시장에서 메이요클리닉이 이토록 오랫동안 살아남아 위대한 병원으로 존경받을 수 있었던 이유는 100년 넘게 이어져온 '메이요클리닉의 가치관'에 있다. 메이요 형제는 '환자의 필요를 최우선으로The needs of the patient come first'라는 환자중심의 가치관을 병원의 운영 철학으로 삼았다. 그리고 메이요클리닉을 찾는 모든 환자가 이 가치관을 실제로 느낄 수 있도록 병원 진반에 깊이 심어두었다.

실제로 메이요클리닉을 찾은 환자들은 기대 이상의 서비스와 경험에 감탄하고 감동한다. 메이요클리닉 1층 로비에 들어서면 마치 고급호텔에 와 있는 듯한 느낌을 받는다. 대리석이 깔린 바닥, 멋진 샹들리에가 달린 천장, 유명 갤러리 못지않은 미술품이 전시된 기다란 복도가 눈길을 사로잡는다. 이러한 투자는 과시용이 아니다. '메이요에서는 병원 로비를 들어서는 순간부터 진료가 시작된다'라는 '환자중심' 가치관에 따른 결과다. 메이요클리닉에서는 처음 온 사람도 길을 헤매지 않는다. 파란색으로 통일된 이해하기 쉬운 안내판과 파란 재킷이나 조끼를 입은 안내 스태프들이 항시 대기하고 있다가 친절히 안내해주기 때문이다.

환자중심 철학은 진료 시간에서도 큰 차이를 만들어낸다. 한 시간을 기다린 후 5분여 진료를 보고 나오는 우리나라 일반적인 병원과 달리 메이요클리닉에서 의사는 초진 환자를 최소 45분 동안 진료한다. 환자나 보호자와 충분히 대화하고 상담한 후 정확한 판단을 내리기 위해서다. 메이요클리닉은 세계 최초로 통합협진(협력진료)을 도입한 의료기관이기도 하다. 이곳에서는 한 명의 의사가 환자의 수술에 대해 독단적으로 결정할 수 없다. 예를 들어 뇌수술이 필요한 환자의 경우 반드시 신경외과, 신경과 의사뿐 아니라 재활의학과, 운동치료사 등 치료에 관련된 각 분야의 의료진 10여 명이 모여 위원회를 열어 결정한다. 메이요클리닉의 협진시스템 도입 배경에 대해 메이요 CEO는 "메이요클리닉의 목표는 환자를 잘 돌보는 것으로 환자들에게 초점을 맞추는 진료 체계를 100년에 걸쳐 만들었다"라고 말한다.

메이요클리닉에서는 의사든 간호사든 환자를 위한 일이라면 언제든 지휘 체계를 따르지 않고 상부에 협조를 구할 수도 있다. 한 예로 응급환자가 실려 오면 새벽 2시에도 간호사가 주임교수급 의사를 직접 부를 수 있게 만들었다. 이 병원에서 중요한 것은 환자의 필요가 적절한 시기에 적절한 방법으로 충족되는 것이다. 그 덕분에 메이요클리닉에서는 20년 이상의 교수 경력을 가진 의사라도 언제 어디서든 바로 중환자실로 달려와 진료를 진두지휘하는 것이 당연시된다.

환자중심의 가치관을 실현하기 위해 메이요클리닉에서 일하는 모든 사람들은 '환자중심주의'를 실천하도록 끊임없이 교육 받는다. 환경미화원도 '환자의 회복에 도움이 되려면 언제 어디를 깨끗이 정리해야 할까?'를 고민하는 것이 메이요클리닉의 조직문화다. 교육과정에서도 교수들은 환자가 의사에게 처음 하는 이야기에 끼어들지 말고 끝까지 다 들으라고 가르친다. 그리고 환자가 이야기를 끝내면 "혹시 더 하실 말씀은 없으신가요?"라고 물어보고 확인해야 한다.

진료하는 환자 수에 관계없이 의사에게 동일한 급여를 주는 제도도 100여 년 전에 이미 시행했다. 성과급에 신경 쓰지 말고 메이요클리닉을 찾는 모든 환자에게 최선의 진료를 제공하겠다는 취지다. 이 밖에 메이요클리닉은 각 분야별 최고 수준의 직원을 채용하기 위해 조직 구성원이 환자중심의 가치관을 받아들이고, 이에 적합한지 검증한 뒤 채용하고 있다. 이는 병원이 협력적인 조직문화 속에서 환자중심의 가치관을 계속 이어나가기 위함이다.

그렇다 보니 메이요클리닉은 '단순히 돈을 받고 병을 치료해주는 곳'이 아닌 '진정으로 환자를 위한 병원, 가장 사랑받고 존경받는 의료기관'이 되었다. 메이요클리닉을 거쳐 간 환자들은 주위 사람들에게 자신이 겪은 경험을 전달하며 메이요클리닉을 스스로 홍보하게 된다.

메이요클리닉은 업계에서 선두를 달리고 있지만 거기에 머무르지 않고 언제나 탁월함을 지향한다. 그래서 자기만족에 빠져 정체되거나 퇴보하지 않고 더 나은 서비스, 더 완벽한 의료 서비스를 제공하기 위해 끊임없이 고민한다. 그것이 100년 넘게 최고의 병원을 유지할 수 있었던 가장 큰 비결이다.

메이요클리닉은 자신들의 가치관을 이어가기 위해 항상 스스로에게 "만약 우리 병원이 하룻밤 사이에 사라진다면 고객들은 우리 병원을 그리워할까?"와 같은 질문을 던진다. 이 질문은 기업의 미션을 설명하는 핵심질문이다. 메이요클리닉의 이 질문을 우리 회사에 맞게 변형해 미션에 대해 토론할 때 활용할 수 있다.

"만약 우리 회사가 하룻밤 사이에 사라진다면 세상과 고객은 어떤 점이 불편할까요?"

답변은 2가지 유형으로 나뉜다. 먼저 "불편한 게 뭐가 있을까요?"라며 오히려 반문하는 유형이다. 이런 경우 경쟁 회사명을 말하기도 하고, 없으면 안 쓰면 되지 않느냐고 말하는 이들도 있다. 이런 답변은 중소기업에서 많이 나온다. 자신이 소속된 회사가 있어도 그만, 없어도 그만이라고 생각하는 직원들에겐 사명감이나 자부심을 절대 기대할 수 없다.

한편 불편한 게 너무 많다며 회사가 제공하는 특별한 가치에 대해 여러 가지 이야기를 하는 유형도 있다. "우리 회사는 바른 먹거리를 통해 사람들의 건강한 삶에 기여하고 있어요. 물론 세상에는 수많은 식품회사가 존재합니다. 하지만 우리만큼 엄격한 원재료 기준을 통해 안전하고 품질 좋은 식품을 만드는 회사는 없다고 자부합니다." "우리는 여행자들에게 현지인처럼 살아보는 특별한 여행 경험을 제공하고 있어요. 우리는 현지 생활 체험형 숙박 시스템으로 여행의 패러다임을 바꾸고 있어요." 회사에 대한 강한 자부심이 느껴지는 대답이다.

대형할인점 빅3인 이마트, 롯데마트, 홈플러스를 예로 들어보자. 만약 A사 직원에게 우리 회사가 사라진다면 어떤 점이 불편한지를 물어보았다. 그 직원이 "불편할 게 뭐가 있어요? B마트 가면 되잖아요. 거기가 오히려 제품 종류가 다양하고 가격도 싸요"라고 답했다고 하자. 한편 C사 직원에게 같은 질문을 했더니 그는 "너무너무 불편하죠. 쇼핑의 즐거움을 잃어버릴 거예요. 우리는 다양한 쇼핑채널을 통해 생활에 필요한 모든 제품과 서비스를 경쟁력 있는 가격에 제공해 고객에게 행복한 라이프스타일을 제안하고 있어요"라고 답했다.

당신이 소비자라면 어떤 대형마트에 가겠는가? 객관적으로 3개 대형 마트의 제품이나 가격은 별로 차이가 없다. 하지만 그곳에서 일하는 직원들의 태도나 말투는 너무나 다를 수 있다. 회사에 대한 A사 직원들의 이런 생각으로는 남들과 차별화된 좋은 제품, 좋은 서비스, 혁신적인 제품, 고객을 감동시키는 서비스가 나오기 어렵다. '우리 회사는 다른 회사와 다르다'라는 차별화된 생각, 그 생각에서 비롯되는 직원들의 사명감과 자부심이 일에서 몰입과 열정을 일으킨다.

'세상에 기여한다'라는 존재목적이 없는 기업은 세상에 아무런 가치를 주지 못한다. "만약 우리 회사가 하룻밤 사이에 사라진다면 세상과 고객은 어떤 점이 불편할까?"라는 질문이 주어진다면 세상과 고객이 너무너무 불편해지는 그런 기업이 되어야 한다. 직원들이 진심으로 그런 대답을 할 수 있는 회사를 만들어야 한다. 직원들이 그런 마음으로 일하는 회사는 고객도 그 마음을 그대로 느끼게 될 것이다.

우리는 세상에 어떤 가치를 주는가

40%에 달하는 엄청난 시청률을 자랑하던 드라마 〈태양의 후예〉에는 명대사가 무척 많았다. 그중에서 특히 마음에 와 닿는 두 주인공의 대사가 있었다.

"저는 군인입니다. 내가 이 일을 하는 이유는 누군가는 반드시 해야 하는 일이고, 소중한 사람들이 살고 있는 이 땅에 자유와 평화를 지키는 일이라 믿기 때문입니다."

"저는 의사입니다. 나는 매일같이 죽어가는 사람을 살리려고 수술실에서 12시간을 넘게 보내요. 그게 제가 하는 일이죠. 생명을 위해 싸우는 거 말입니다."

군인인 남자 주인공 유시진과 의사인 여자 주인공 강모연의 이 대사에는 자신의 일에 대한 사명감과 자부심이 느껴진다.

모든 일에는 그 일이 사람들에게 주는 '가치'가 있다. 수많은 음식

점들 중에는 몇 년째 자리를 지키며 '맛집'으로 불리는 곳이 있는가 하면, 어떤 음식점은 6개월도 못 버티고 폐업하는 경우도 있다. 장사가 너무 안 돼 돈을 못 벌어서라고 생각하기 쉽지만 사실 돈은 '결과'일 뿐이다. 본질은 '그 음식점이 사람들에게 어떠한 가치를 주느냐' 하는 것이다. 사람들이 특정 식당을 찾는 데는 '가격이 싸다', '음식이 맛깔스럽다', '고급스럽다', '서비스가 좋다', '깔끔하고 위생적이다'와 같이 스스로 판단한 '가치'가 있기 때문이다. 그런데 어떤 가치도 주지 못하는 식당은 사람들이 찾지 않게 되고 결국 문을 닫게 된다.

기업도 마찬가지다. 품질 좋은 차(현대차), 디자인이 좋은 차(기아차), 타고 다니면 폼 나는 차(고급 수입차)와 같이 사람들에게 주는 가치에 의해 기업은 지속된다. 그런데 어떠한 가치도 전해주지 못하면 음식점도 기업도 망하게 된다. 기업이 여전히 존재하고 있다면 그 기업은 사람들에게 어떠한 가치를 전해주고 있다고 보면 된다. 그러다가 기업이 사람들에게 주는 가치를 망각하고 이윤추구만 꾀하다 보면 결국 외면받고 위기에 처해 몰락하게 될 수도 있다.

그렇다면 오랫동안 글로벌 시장을 주도하고 있는 구글, 루이비통, 애플, 자라 등 기업들의 성공에는 어떤 비밀이 숨어 있을까? '글로벌 마케팅사관학교'라고 불리는 P&G사의 글로벌 마케팅 책임자였고 현재 앤더슨 경영대학원의 교수인 짐 스텐겔Jim Stengel은 자신의 저서 《미래 기업은 무엇으로 성장하는가》에서 이 기업들의 근원에는 공통적으로 '브랜드이상Brand Ideal'이 있었다고 말한다.

스텐겔 교수가 말하는 브랜드이상이란 '사람들의 삶을 개선한다'라는 기업의 궁극적인 목적과 존재이유이며, 기업이 세상에 가져다주는

보다 고차원적인 혜택을 말한다. 그는 금융전문 연구기업인 밀워드 브라운 옵티머MBO와 함께 10년 동안 5만여 개 기업을 분석해 시장 평균을 뛰어넘은 50개 기업, 즉 '스텐겔 50'을 선별했다. 이렇게 선별된 50개 기업의 성공 요인을 분석한 결과 '사람들의 삶을 개선한다'라는 존재목적(브랜드이상)을 가진 기업은 엄청난 이윤은 물론 경쟁 기업의 3~4배에 달하는 성장을 달성했음을 알 수 있었다. 신용평가기관 S&P 500과 비교했을 때 투자수익도 400%나 더 높아졌다.

이해를 돕기 위해 스텐겔 50 기업의 존재목적(브랜드이상)*을 소개하자면 아래와 같다.

- IBM: 더 똑똑한 세상을 만들기 위해 존재한다
- 스타벅스: 자기발견과 영감을 위한 관계를 창조하기 위해 존재한다
- 메소드: 행복하고 건강한 가정 혁명의 촉매가 되기 위해 존재한다
- 루이비통: 삶의 여정에 우아함을 더하기 위해 존재한다
- 자라: 패션 트렌드를 민주화시키기 위해 존재한다
- 팸퍼스: 엄마들이 영유아의 건강하고 행복한 발달을 돌보는 것을 돕기 위해 존재한다
- 마스터카드: 상거래의 세계를 더욱 간편하고 유연하게 만들기 위해 존재한다

* 스텐겔 50의 브랜드이상은 스텐겔 교수와 팀 연구를 바탕으로 추출한 것이다. 기업들 스스로 이러한 성명을 발표한 것은 아니며 그와 팀이 개별 기업 정보를 평가하고 판단을 근거로 정리한 것이다. (출처: 짐 스텐겔, 《미래 기업은 무엇으로 성장하는가》)

기업에서 '미션'은 창업정신에 기반을 두어 기업이 궁극적으로 세상에 어떤 기여를 할 것인지, 즉 '궁극적인 목적'을 표현한다. 국내 10대 기업의 경우 창업정신이 대부분 '사업보국事業報國'이었다. 일제강점기와 해방, 한국전쟁 그리고 산업화라는 격동기를 지낸 창업자들은 '우리도 잘 살아보자'라는 시대적 요구를 바탕으로 '사업을 통해 국가에 보답한다(사업보국)'라는 창업정신을 내세웠다.

시대가 변화한 지금 그 창업정신을 현대적으로 이어받아 기업이 세상에 어떤 역할과 기여를 할 것인지 궁극적인 목적을 정의해야 하는데, 그것이 바로 '미션'이다. 국내 10대 기업의 미션을 들여다보면 궁극적인 목적 대상은 '인류'이며, 내용은 '가치를 창조하는 것'이다.

- 삼성그룹: 인재와 기술을 바탕으로 최고의 제품과 서비스를 창출하여 인류사회에 공헌한다
- 현대차그룹: 창의적 사고와 끝없는 도전을 통해 새로운 미래를 창조함으로써 인류 사회의 꿈을 실현한다
- SK그룹: 고객, 구성원, 주주 등 이해관계자의 행복과 인류의 행복에 공헌한다
- LG그룹: 기업 활동의 목적으로 고객을 위한 가치 창조와 회사운영 원칙으로서 인간 존중의 경영
- 롯데그룹: 사랑과 신뢰를 받는 제품과 서비스를 제공하여 인류의 풍요로운 삶에 기여한다
- GS그룹: 고객과 함께 내일을 꿈꾸며 새로운 삶의 가치를 창조한다

10대 기업의 미션과 달리 공공기관의 미션은 2가지 유형으로 구분된다.

첫째, 궁극적으로 '무엇에 기여하는가'를 나타내는 유형이다.

- 국민건강보험공단: 국민보건 향상과 사회보장 증진으로 국민의 삶의 질을 향상한다
- 축산물품질평가원: 축산물에 가치와 신뢰를 더하여 사람들의 건강하고 행복한 삶에 기여한다
- 한국로봇산업진흥원: 정부와 기업, 그리고 국민의 성공을 지원하여 로봇으로 행복한 세상을 만드는 데 기여한다
- 한국토지주택공사: 국민주거안정의 실현과 국토의 효율적 이용으로 삶의 질 향상과 국민경제 발전을 선도한다
- 한국가스공사: 좋은 에너지로 더 좋은 세상에 기여한다

둘째, '어떤 역할을 하는가'를 나타내는 유형이다.

- 한국고용정보원: 일과 사람을 연결하고, 고용정책의 효과를 높이는 데 기여한다
- KBS한국방송: 가장 신뢰받는 창조적 미디어

공공기관은 법이 정한 설립목적이 있는데 주로 사회적 역할을 표현한다. 대한민국정부는 공무원헌장에 '우리는 헌법이 지향하는 가치를 실현하며 국가에 헌신하고 국민에게 봉사한다'라는 공무원의 일의 의

미와 함께 '국민의 안녕과 행복 추구'라는 정부와 공무원의 존재목적을 명시하고 있다.

미션은 사명감과 자부심을 갖게 한다. 조직이 어떠한 역량을 바탕으로 세상에 어떤 역할과 기여를 할 것인지, 궁극적인 목적을 뜻한다. 우리 회사와 직원들은 왜 일하는지, 우리 회사가 세상에 주는 가치는 무엇인지 찾아보면 미션을 정할 수 있다.

좋은 미션이 기업을 성장시킨다

2015년 초 매일유업 가치관 수립 프로젝트에 참여했다. 당시 우유업계의 순위는 1위 서울우유, 2위 남양유업, 3위 매일유업이었다. 이 순위는 세 기업이 창립한 이후 한 번도 바뀐 적이 없었다. 그런데 2016년 우유업계 50년 역사에서 매일유업이 처음으로 매출액 기준 1위로 올라섰다. 우유 회사는 거의 비슷하다고 생각했는데 그곳을 방문한 후에야 매일유업이 1위를 할 수 있었던 이유를 알 수 있었다. 그리고 매일유업에 대한 존경심마저 들었다.

2018년 2월 23일, 1년 중 분유 생산량이 가장 저조한 날이지만 매일유업 평택공장은 그 어느 때보다 활기를 띠었다. 그날은 선천성 대사이상 환아를 위해 특수분유를 생산하는 날이었기 때문이다.

매일유업은 1999년 10월부터 선천성 대사이상 질환 유아를 위한 페닐케톤뇨증PKU 분유를 비롯해 MPA, 프로테인 프리Protein-Free 등 8종류의 특수분유를 생산해왔다. 특수분유 생산은 소위 '돈이 안 되는' 일이다. 수요가 워낙 적어 생산할수록 손해를 보기 때문이다. 실제로 매일유업에서는 제품 생산을 위해 들인 초기연구개발비, 제품 생산 후 판매되지 않고 폐기처분한 제품 등을 포함하면 수억 원의 손실을 보고 있다.

여기에 만드는 과정도 만만치 않다. 특수분유 생산은 일반분유보다 시간과 공정에서 5배 이상의 손길과 노력이 필요하다고 한다. 제품별로 제한해야 하는 아미노산이 다르기 때문에 클리닝 과정에서만 종류별로 4~5시간 걸린다. 또 특수분유는 일반분유와 크기가 다른 캔으로 생산되기 때문에 생산 전, 후 6시간의 라인조정 시간이 필요하다. 게다가 소량으로 생산되기 때문에 라벨이 인쇄된 캔을 대량으로 생산하기가 어려워 수작업을 해야 한다. 한 캔 한 캔씩 직접 특수분유 스티커를 붙여 나가는 것이다.

매일유업이 이러한 손해를 보면서도 특수분유 생산을 포기하지 않는 이유는 그들이 추구하는 '가치' 때문이었다. 매일유업 창업주 고故 김복용 선대회장은 "이 세상 단 한 명의 아이도 건강한 삶에서 소외되지 않아야 한다"라는 철학으로 특수분유 생산을 시작했다. 그리고 '우리는 건강한 매일, 맛있는 매일, 새로운 매일을 연구하고 개척하여 모두가 건강하고 행복한 함께하는 사회에 기여한다'라는 미션에 따라 20년째 특수분유 생산을 이어오고 있있다.

특수분유는 비록 경제적 수요는 적지만, 필요한 아기들에게는 소중한 생명을 이어주는 모유나 다름없다. 선천성 대사이상 질환을 앓고 있는 이용운 군의 어머니는 한 언론사 인터뷰에서 이렇게 말했다. "우리 가족에게 이 분유는 분유 그 이상의 가치가 있어요. 용운이의 생명과도 같거든요. 이렇게 특수분유가 나온다는 건 저희가 살 수 있는 희망이기도 합니다."

용운 군과 같이 선천성 대사이상 질환으로 고통받는 아이는 신생아 5만 명 중 1명 정도다. 이 아이들의 몸에는 단백질을 분해하는 효소가 없기 때문에 특별히 성분을 조정한 특수분유가 필요하다. 외국에서 판매되는 특수분유도 있지만, 너무 비싸기 때문에 매일유업에서 사명감을 갖고 만들고 있는 것이다. 현재 선천성 대사이상 질환 유아를 위해 특수분유를 만드는 곳은 우리나라에서 매일유업이 유일하다.

이러한 회사의 행보에 직원들도 큰 자부심과 사명감을 느낀다. 매일유업 평택공장의 분유생산팀장은 특수분유 생산 당일 진행한 사내 인터뷰에서 회사에 대한 사명감과 자부심에 대해 명확히 답해주었다.

"오늘은 가장 적은 수량의 분유를 만드는 날입니다. 하지만 오늘은 그만큼 더 소중한, 더 뜻깊은 분유를 만드는 날임을 잘 알고 있습니다. 새벽 6시부터 밤 10시까지 만드는 8종 12개 제품의 특수분유 하나하나가 특별하기에 종류별 생산이 끝날 때마다 다시 클리닝하고, 다시 조정해야 합니다. 이 작업은 어느 때보다 힘들고 어렵습니다. 그러나 그만큼 이 분유를 만든다는 사명감, 이런 분유를 만들 수 있는 회사를 다니고 있다는 자부심은 우리 직원들 모두에게 가장 큰 자랑일 겁니다."

매일유업은 선한 미션과 직원들의 사명감, 자부심을 바탕으로 2016년부터 유가공업계 매출액 1위 자리를 지키고 있다. 또한 착한기업 이미지로 많은 소비자들에게 사랑과 존경을 받고 있다.

수많은 사람들에게 사랑받는 걸로 치면 축구만 한 것도 없다. 최근 세계적인 축구클럽 FC바르셀로나의 행보를 보면 그들의 가치관과 존재목적에 대해 큰 응원을 보내게 된다. 유럽의 분리 독립과 관한 것인데 FC바르셀로나와 어떤 관계가 있는지 살펴보도록 하자.

민족과 언어가 서로 다른 나라들이 힘의 우위에 의해 강제로 병합되어 수백 년 동안 같은 나라로 유지되어 왔던 유럽의 여러 나라들이 최근 현대의 민주주의 대세에 맞물려 분리 독립을 추진하고 있다. 가장 먼저 2014년 9월 18일 영국의 스코틀랜드가 분리 독립에 대한 주민투표를 실시했다. 사전 여론조사에서 51%가 분리 독립을 지지했으나 결과는 반대 56%로 부결된 바 있다. 영국에 이어 스페인의 카탈루냐도 독립 추진으로 들끓었다. 공식적인 독립 주민투표는 주지사의 거부권으로 무산되었으나, 시민들이 자발적으로 분리 독립 투표를 강행했고 스페인 정부는 아무런 효력이 없다고 말했지만 잔뜩 긴장할 수밖에 없었다.

이 와중에 세계에서 가장 인기 있는 축구클럽 FC Football Club 바르셀로나가 분리 독립 지지를 선언했다. FC바르셀로나는 카탈루냐의 주도인 바르셀로나를 연고지로 하고 있으며, 메시, 네이마르, 수아레즈 등 세계 최정상급 선수들이 활약하고 있었다. 가정이지만 카탈루냐가 독립하면 FC바르셀로나는 연간 7,500억 원의 수익을 포기해야 할 수도 있다. 엄청난 수익을 포기하면서까지 FC바르셀로나는 왜 분리 독립 지지를 선언했을까?

FC바르셀로나 홈페이지의 클럽 소개에는 'more than a club', 즉 '축구클럽 이상의 클럽'이라고 선명히 표시되어 있다. 축구클럽은 나라를 대표하는 상징이기 때문이라고 말하는 이들도 있다. 그런데 흥미롭게도 FC바르셀로나가 말하는 그들의 나라는 '스페인'이 아니라 '카탈루냐'라고 되어 있다. 스페인 프리메라리그에서 최다 우승을 기록한 FC바르셀로나는 왜 그들의 나라를 스페인이 아닌 카탈루냐라고 말할까? 카탈루냐의 역사를 들여다보면 그 이유를 알 수 있다.

FC바르셀로나는 1899년 시민들의 모금으로 출범한 세계에서 유일한 시민구단이다. 시민들의 사랑을 받으며 성장하던 FC바르셀로나가 축구클럽 이상의 클럽으로 변모한 결정적 계기는 1939년 왕정을 등에 업은 프랑코 장군의 군사 쿠데타 때문이었다. 1936년에 자치권을 획득한 카탈루냐는 스페인 내전이 끝나고 프랑코 정권이 확립된 후 다시 자치권을 상실했다.

바르셀로나는 독립과 민주정치를 지향했지만 프랑코 독재는 속박과 독재로 억압했고, 카탈루냐어 사용도 공식적으로 금지시켰다. 그러자 시민들은 FC바르셀로나 경기장에서 그들의 언어인 카탈루냐어로 독립 만세를 외쳤다. 특히 프랑코 독재의 근거지인 수도 마드리드를 상징하는 레알 마드리드와의 경기(엘 클라시코 더비: El Clasico Derby, '최고 전통의 명승부'라는 뜻)는 흡사 전쟁을 치루는 것과 같았고, 현재까지 무려 100년 동안 이어져오고 있다. FC바르셀로나는 카탈루냐와 시민을 위한 축구클럽이 되는 것이 그들의 존재목적이며 그들의 정신과 신념이라고 말한다. 신기하게도 메시, 네이마르, 수아레즈 등 FC바르셀로나 소속이었던 대부분의 선수들은 카탈루냐 출신이 아닌데도 이런 정신과 신념에 적극적으로 동참했다.

그렇다면 축구클럽의 존재목적은 무엇일까? 좋은 성적을 거두고 많은 수익을 올려 주주인 구단을 홍보하고 수익을 내는 것이다. 따라서 많은 광고주를 유치해 수익을 최대한 끌어올리는 것이 중요하다. 하지만 가장 상업적인 시스템을 갖추고 있을 것 같은 FC바르셀로나는 다른 축구클럽과 다른 존재목적과 운영방식으로 주목을 끈다.

FC바르셀로나는 연간 7,500억 원의 수익을 내고 있지만 주주에게는 전혀 배당하지 않는다. 대신 대부분의 돈을 최고의 선수들을 최고 금액으로 영입하는 데 사용한다. 또 최고 수준의 유소년 축구단을 운영하면서 어릴 때부터 미래의 FC바르셀로나를 이끌 선수들을 육성한다. 메시, 네이마르, 우리나라의 이승우 선수 등도 FC바르셀로나 유소년 축구단 출신이다. 이처럼 FC바르셀로나는 '축구클럽은 사회에 봉사하고 기여하는 것과는 아무 상관없다'고 생각하는 이들의 고정관념을 뒤집는다. 이것이 FC바르셀로나가 세계 최고의 축구클럽으로 성장한 이유이자 7,500억 원의 수익도 포기할 수 있다는 이유다.

기업이 가진 미션은 그 기업을 존경받는 기업으로 성장시킨다. 그리고 그들이 추구하는 열망과 열정을 담은 미션이 직원들에게 공유되면 그들은 '돈'보다 더 큰 '가치'를 찾아 자신과 회사를 위해 스스로 일하게 된다. 자신의 일에 대한 의미와 가치를 아는 사람은 사명감과 자부심을 느끼고 그것이 바로 애사심으로 이어진다.

미션 수립 1단계

미션 도출을 위한 3가지 질문

앞서 보았던 애플, 타이어뱅크, 메이요클리닉, 매일유업 등의 기업들이 사회와 고객으로부터 존경과 사랑을 받는 비결은 직원들의 사명감과 자부심 덕분이었다. 사람들의 삶을 개선하는 좋은 미션을 만들고 이 미션에 직원들이 공감하여 이를 지키기 위해 노력하기 때문이다. 그만큼 좋은 미션을 수립하는 것은 매우 중요한 일이다. 우리 회사에는 훌륭한 미션이 존재하는가? 만약 우리 회사에 미션이 없다면 미션 수립 3단계를 통해 미션을 만들어보길 바란다. 기업이나 단체, 공공기관 등 모든 기업은 미션을 도출하는 원리가 같다.

미션 수립을 위한 1단계는 '미션 도출을 위한 3가지 질문'에 대한 답을 찾는 것이다. 지금부터 미션 도출을 위한 3가지 질문에 대해 깊이 생각해본 다음 답을 찾아보길 바란다.

미션 도출을 위한 첫 번째 질문은 '우리 회사는 무슨 일을 합니까?'다.

미션 도출을 위한 3가지 질문

우리 회사는 무슨 일을 합니까?

우리 회사가 없다면 세상과 고객은 어떤 불편함이 있을까?

우리 회사는 세상과 고객에게 어떤 가치를 제공합니까?

이 질문은 '업業의 본질'을 말한다. 업의 본질은 '우리는 누구인가?'라는 정체성에서 출발한다. '업의 본질'이라는 말은 1993년 이건희 전 삼성회장이 '신경영'을 발표할 때 처음 언급한 용어다. 당시 이 전 회장은 백화점업의 본질을 유통업이라고 말한 계열사 CEO를 호되게 질책한 뒤 "백화점업은 부동산업(임대업)으로 봐야 한다"며 "업의 본질을 잘 따진 뒤 그에 맞는 경영을 해야 한다"라고 강조했다. 아마존은 스스로를 유통회사가 아니라 IT회사라고 정의한다. 그에 따라 아마존은 음성인식 플랫폼인 '알렉사'로 대변되는 인공지능 기술과 '아마존 프라임'으로 상징되는 물류 시스템 등을 개발해냈다.

'업의 본질'에 대한 이해 없이 회사를 다니는 사람은 자신이 살고 있는 곳이 아파트인지, 오피스텔인지, 주택인지조차 모르는 입주자와 같다. 업의 본질은 한마디로 "우리 기업은 제조기업인가, 유통기업인가?" 등에 대한 답이다. 이 질문에 대한 답은 간단해 보이지만 의외로 많은 기업에서 고민하고 있는 문제다.

내가 자문교수로 있는 세계 1위 스포츠 장갑 제조기업인 '현진스포텍'도 한때 회사의 정체성에 대해 고민한 적 있었다. 현진스포텍은 스포츠 장갑을 만드는 OEM(주문자상표부착생산)/ODM(제조업자개발생산) 업체다. 미션을 정립하는 과정에서 현진스포텍은 업계 최고의 OEM/ODM 업체로 나아갈 것인지, 새롭게 자체 브랜드를 만들어 고객사와 경쟁할 것인지를 고민했다. 수많은 토론 끝에 현진스포텍은 고객사와 동반성장을 도모할 수 있는 OEM/ODM 업체로서의 정체성을 확고히 했다. 회사의 핵심역량을 고려했을 때 OEM/ODM 업체로서의 더 큰 성장이 세상에 더 큰 가치를 줄 수 있다는 판단에서였다. 그러자 향후 사업 방향도 명확히 할 수 있었다. 이처럼 회사의 미션을 수립하려면 우리 회사는 어떤 일을 하는지에 관한 업의 본질을 명확히 하는 것이 가장 먼저다.

미션 도출을 위한 두 번째 질문은 '우리 회사가 없다면 세상과 고객은 어떤 불편함이 있을까?'다.

이 질문은 가장 핵심적이고 중요한 질문이다. 공공기관의 경우 이 질문에 대한 답을 비교적 명확하게 찾을 수 있다. 만약 경찰서가 없다면 어떨까? 국민의 안전과 생명을 보호받지 못해 불안감으로 살아갈 것이다. 기업도 마찬가지다. 있어도 그만, 없어도 그만인 회사는 사실상 존재가치가 없다. 사회와 고객으로부터 어떠한 사랑과 존경도 받지 못하고 언제든 다른 기업으로 대체 가능한 경쟁력 없는 기업으로 전락할 수 있다.

한때 '카카오톡'이 업데이트 과정에서 오류가 생기면서 약 28분 동안 서비스가 안 되는 사고가 있었다. 자정이었고 28분이라는 다소 길지 않은 시간이었지만 사람들은 불편함을 호소하며 포털사이트 실시간 검색어를 장악할 정도였다. 이런 카카오톡이 사라진다면 어떨 것 같은가?

'다이소'도 비슷하다. 다이소는 다양한 상품을 저렴한 가격에 제공함으로써 물가지수를 낮추고 있다. 최근에는 2030세대들이 다이소에서 '탕진잼(소소하게 낭비하는 재미)'을 하면서 스트레스를 해소한다고 할 정도다. 그런데 만약 다이소가 사라진다면 사람들은 '천원의 행복'이라는 소박한 즐거움과 생활 속에서 꼭 필요한 물건을 저렴하게 구입할 수 있는 편리함을 잃어버릴 것이다.

그렇다면 '스타벅스'가 사라진다면 어떨까? 물론 우리나라에는 '길 건너면 카페'라고 할 정도로 수많은 카페들이 있다. 하지만 그 많은 카페들 중에서도 스타벅스는 특별한 의미를 갖는 곳이다. 마케팅의 대가 필립 코틀러는 "스타벅스는 커피를 제공하는 곳이 아니라 집과 사무실 사이 중간 지대적 성격의 공간을 고객에게 제공한다"라고 말한 바 있다. 일반적으로 커피숍이 '커피를 제공하는 곳'이라면 스타벅스는 '경험과 문화를 소비하는 공간'이다. 만약 스타벅스가 없어진다면 사람들은 편안하게 여유를 만끽하는 경험을 제공하는 공간을 잃어버리게 될 것이다.

기업은 세상과 고객에게 꼭 필요한 '단 하나뿐인 기업'이 되어야 한다. 우리 회사가 사라진다면 세상이 불편함을 느끼고 슬퍼하는 게 당연시되어야 한다. 회사의 미션을 도출하기 위한 두 번째 질문으로 우리 회사가 사라진다면 세상과 고객은 어떤 불편함을 느낄지 고민해보아야 할 것이다.

미션 도출을 위한 마지막 질문은 '우리 회사는 세상과 고객에게 어떤 가치를 제공합니까?'다.

뛰어난 품질, 합리적인 가격, 즐거움, 편리함 등 우리 회사가 제공하는 특별한 가치는 무엇인지를 묻는 질문이다. 특별한 가치를 제공하는 기업으로 페덱스, 한국야쿠르트, 로레알 등을 예로 들어보겠다.

'페덱스'는 1973년 '신속한 배달 서비스'라는 모토로 시작해 지금까지 국제배송의 대명사로 불린다. 나라와 나라를 연결하는 회사, 가장 신속하고 정확하게 배달하는 회사, 고객이 있는 곳이라면 전 세계 어디든 특급배송이라는 변함없는 가치를 제공하고 있다.

한국 최초의 유산균음료 제조업체인 '한국야쿠르트'는 우리나라 건강사회건설을 위해 한 길만 걸어온 기업이다. 이들은 건강한 것만을 전달해 '고객의 건강한 습관'을 만든다는 특별한 가치를 제공하고 있다.

세계 1위 화장품 기업인 '로레알'도 특별한 가치를 제공하는 기업으로 손꼽힌다. 로레알은 '모두를 위한 아름다움'이라는 모토를 내걸고 전 세계 모든 남녀들이 '자신만의 아름다움'을 가꿀 수 있는 제품을 제공하며 지구의 아름다움을 보존할 수 있는 방법을 찾고 있다.

미션 도출을 위한 3가지 질문을 통해 '우리 회사의 존재목적'에 대해 고민해보자. 3가지 질문에 대한 답을 찾다 보면 우리 회사의 본질과 가치에 대해 명확하게 정리할 수 있을 것이다.

미션 수립 2단계

우리가 주는 가치와 기여하는 것 찾아내기

미션 수립 1단계를 잘 끝냈다면 이제 구체적으로 '우리 회사의 미션'을 도출해보자. 2단계는 우리 회사만이 주는 독특한 가치와 세상에 기여하는 것을 찾아내는 과정이다. 수많은 기업에서 미션 도출 작업을 해본 결과 중요한 것은 각자의 특성을 잘 살리는 표현을 만드는 것이다. 그렇지 않으면 모든 회사의 미션은 삼성그룹 미션처럼 '최고의 제품과 서비스로 인류사회에 공헌한다'로 똑같아질 수 있다.

미션 문구는 2개의 내용을 결합하게 된다. 우리 회사의 특성을 잘 녹여낸 미션을 만들기 위해서는 다음 2가지 내용에 대한 심도 있는 고민이 필요하다. **첫 번째는 '우리 기업만이 주는 독특한 가치'를 찾는 것인데, '무엇을 통해/제공하여'라는 표현으로 정리한다.** 회사의 업종이나 특색을 표현할 수 있는 것을 찾아내면 된다. **두 번째는 '우리가 세상에 기여하는 것'인데, '누구에게 어떤 기여를 한다'라는 표현으로**

미션 도출 템플릿

'우리만이 주는 독특한 가치' 무엇을 통해/제공하여	'우리가 세상에 기여하는 것' 누구에게 어떤 기여를 한다

정리한다. 우리가 세상에 기여하는 것은 '누구에게'라는 대상을 밝히는 게 중요하다. 여기에서 '누구'란 고객을 넘어 세상으로 확대해야 한다. 미션 도출 템플릿을 활용해 생각을 정리해보자.

사례를 들어 좀 더 자세히 설명해보겠다. 2016년 국가정보원은 원훈院訓과 엠블럼Emblem을 교체했다. 원훈은 기업의 미션과 같은 것인데, 지금까지 국정원은 전신인 중앙정보부, 국가안전기획부를 포함해 3번의 원훈이 있었다.

초대 원훈(1961~1998년)은 '우리는 음지에서 일하고 양지를 지향한다'다. 기관과 구성원이 어떤 일을 하는지를 나타내는 것인데, 가장 협소한 표현이다. 2대 원훈(1998~2008년)은 '정보는 국력이다'로 함축적으로 표현했는데, 국정원이 제공하는 특별한 가치가 무엇인지 표현되어 있지 않다. 3대 원훈(2008~2016년)은 '자유와 진리를 향한 무명의 헌신'이다. '자유민주주의 체제 수호'라는 약간은 협소한 느낌이다.

2016년 새롭게 정립한 4대 원훈은 '소리 없는 헌신, 오직 대한민국 수호와 영광을 위하여'가 되었다.

그렇다면 새로운 원훈은 어떻게 정립되었을까? 앞서 미션을 도출하기 위한 2가지 질문에 대한 해답을 찾아가면 알 수 있다.

먼저 국정원만이 주는 독특한 가치는 무엇일까? 이 질문에 대한 답으로 국정원은 '소리 없는 헌신'이라는 표현을 찾아냈다. 이전에 '음지에서 일하고', '무명의 헌신'과 비슷한 개념이다. 남들처럼 드러내며 일하는 게 아니라 드러내지 않으면서도 헌신적으로 일하는 것을 말한다. 이것이 국정원이 제공하는 독특한 가치다.

다음으로 국정원은 누구에게 어떤 기여를 할까? 국정원은 '오직 대한민국'이라고 대상을 명시하고 있는데, 대한민국은 단순히 정부를 말하는 것이 아니라 나라, 강산, 국민을 통칭하는 개념이다. 여기에 '오직'이라는 극강조의 표현을 사용하고 있다. 그리고 기여하는 내용은 '대한민국의 수호와 영광'으로 표현했는데, 기업으로 치면 '생존과 발전'이다. 이전에 '국력', '자유와 진리'도 비슷한 표현이지만 '대한민국의 수호와 영광'이라고 명료하고 명확하게 표현한 것은 큰 발전이다.

내가 직접 참여했던 '대현프리몰'의 미션 수립 과정도 소개해본다. 대현프리몰은 1976년 민간자본 최초로 도심 지하상가를 개발해온 선구자이자, 지하상가 개발에만 40년 외길을 걸어온 회사다. 국내 최초의 지하상가인 청계천 방산지하상가를 비롯해 을지로지하상가, 시청지하상가 등 전국 주요 도심의 지하상가를 개발해 운영 관리해오고 있다.

2016년 대현프리몰은 창립 40주년을 맞이해 한참 고민에 빠져 있었다. 세상의 빠른 변화에 대응하지 못한 지하상가들은 하나씩 쇠락해가고 있었고, 도심 지하상가를 개척해온 대현프리몰의 미래도 불투명했기 때문이다. 지하공간에는 여전히 수많은 경영자와 직원들의 삶이 함께하고 있었기에 다시 그곳을 즐겁고 행복한 공간으로 활성화시키기 위해 노력했지만 성과는 미미할 뿐이었다. 이러한 시기에 대현프리몰은 창립 40주년을 맞아 가치관을 수립하고 선포했다.

먼저 대현프리몰은 직원들과의 워크숍을 통해 2가지 질문에 대한 답을 찾았다. 첫 번째, 대현프리몰이 제공하는 독특한 가치는 무엇일까? 대현프리몰의 역사를 볼 때 최초의 지하상가 개발, 남대문 네트워크 추진, 대한민국 언더그라운드 시티 추진 등 새로운 공간을 개발한다는 공통점이 있었다. 두 번째, 대현프리몰이 세상에 기여하는 것은 무엇일까? 대현프리몰은 세상의 개념을 고객, 경영주, 주주와 직원으로 정의했다. 고객에겐 즐거운 쇼핑, 경영주에겐 통합적 경영 지원, 주주와 직원에겐 자부심과 발전, 더불어 행복한 공간 등으로 정리했다. 그 결과 '세상에 없던 공간 개발을 통해 행복한 삶에 기여한다'라는 미션을 정립할 수 있었다.

'우리만이 주는 독특한 가치'와 '우리가 세상에 기여하는 것'을 찾아보는 2단계 과정은 구성원들에게 '일의 의미'를 되새겨보고 자부심과 사명감을 고취시키는 데 도움이 된다. 또한 이러한 과정을 통해 단지 좋은 말들만 붙여놓은 비슷비슷한 미션이 아닌 우리 기업만의 특성을 잘 반영한 결과물을 도출해낼 수 있다.

미션 수립 3단계

미션 스테이트먼트 완성하기

미션 수립 마지막은 미션 스테이트먼트(mission statement, 사명선언문)를 완성하는 단계다. 미션 스테이트먼트란 조직의 목적과 사명을 명료하게 기록한 글을 말한다. 미션 스테이트먼트는 2단계의 토론 내용에 기초해 문장을 만들면 된다. 참석자들은 문장을 만들어내는 데 어려움을 느끼지만 만들다 보면 공통점이 보이고 키워드도 정리된다. 이때 공통된 내용이나 키워드를 바탕으로 다시 한 번 토론하면서 우리 회사를 가장 잘 표현하는 문장을 가려내면 된다.

미션 스테이트먼트의 기본 구조는 '_______으로/통해 _______한다'로 되어 있다. 미션 스테이트먼트는 2가지 요소로 이루어져 있다. 첫 번째 요소인 '_______으로/통해'는 '무엇을 통해'를 나타내며, 두 번째 요소인 '_______한다'는 '무엇에 기여하는가'를 말한다.

________________으로/통해 ________________한다.

(우리가 제공하는 독특한 가치) (우리가 세상에 기여하는 것)

앞서 언급한 '현진스포텍'을 떠올리면 2단계를 통해 '최고의 제품을 통해 세상에 기여한다', '선제적 솔루션을 통해 바이어(고객)의 성공을 돕는다', '가장 일하기 좋은 환경을 제공해 직원의 행복에 기여한다', '사회적 책임과 의미를 다해 국가와 지역사회에 신뢰를 제공하고 성장한다'라는 결과물을 도출했다. 이를 바탕으로 토론하면서 회사를 가장 잘 표현하는 한 문장을 도출한 결과 '한 땀 한 땀 정성으로, 기대 그 이상의 현진'이라는 미션 스테이트먼트를 완성할 수 있었다.

'한 땀 한 땀의 정성'이라는 표현은 봉제업을 기반으로 하는 회사의 업의 특성과 잘 어울리는 독창적 표현이며, '기대 그 이상의 현진'은 최고의 제품, 선제적 솔루션, 일하기 좋은 환경, 사회적 책임과 의무라는 기대 이상의 가치를 제공해 함께하는 모든 사람들의 성공과 행복을 돕겠다는 의미가 함축되어 있다.

제주도를 대표하는 마을기업이자 농수산물 회원제 배송업체 '무릉외갓집'의 사례도 있다. 무릉외갓집의 경우 2단계를 통해 '제주 외갓집 할머니의 사랑과 정성을 담은 제철 농산물 선물 꾸러미'라는 독특한 가치를 발견했다. 또 '즐거운 식탁을 만드는 엄마를 도와 가족의 건강과 행복에 기여한다'라고 세상에 기여하는 것도 찾았다. 이를 바탕으로 좀 더 함축적이고 매력적인 표현으로 여러 번 가다듬은 결과 '외갓집의 정성이 담긴 제주도 농산물로 가족의 건강하고 행복한 식탁을 만드는 데 기여한다'라는 최종 미션이 탄생했다.

마지막으로 전력공급 전문업체인 '군장에너지'는 열에너지를 기업 고객에게 저렴하고 안정적으로 공급하는 일을 한다. 군장에너지는 이를 기업의 특성에 맞게 '행복에너지', '자연에너지' 등의 가치로 인식했다. 또한 고객에게는 성공의 원동력을, 사람들에게는 어둠을 밝히는 빛을 제공해 인류의 편안하고 행복한 삶에 기여한다는 결과물을 도출했다. 이를 기반으로 '자연이 준 에너지 인류의 행복에너지로 만든다'라는 미션 스테이트먼트를 완성했다. '자연이 준 에너지'는 우리가 노력해서 얻은 우리의 것이 아니라는 의미를 담고 있다. 자연이 제공한 소중한 자원으로 우리가 업을 수행하기 때문에 자원을 낭비하거나 허투루 사용해서는 안 된다는 공공자원에 대한 인식을 나타내는 표현이다. 다음으로 '인류의 행복에너지로 만든다'라는 표현을 통해 2차에서 도출한 의미들을 함축적으로 담아냈다.

지금까지 우리는 미션의 의미와 중요성, 미션 수립 방법론에 대해 알아보았다. 일의 의미를 찾는 것은 모두가 원하는 것이다. 홀로코스트에서 살아남은 정신과 의사 빅터 프랭클Viktor Frankl은 "선천적으로 사람은 삶의 의미를 찾으려는 의지가 너무나 강해 극도의 상황 가운데서도 삶의 목적과 의미를 추구한다"라고 말한 바 있다.

세계적인 경영학자들의 공통된 의견은 일에 대한 의미 부여는 급여나 보상, 진급 기회 여부, 근로 조건보다 직원들에게 더 중요하다고 말한다. 또한 의미 있는 일을 할 때 직원들은 동기부여 되며, 성과가 향상되고, 더 헌신하며 만족감을 느낀다고 한다. 기업의 미션은 '기업의 존재목적'이자 조직 구성원 개개인에게 '내가 이 회사에서 일하는 이유'가 되어준다. 따라서 기업은 좋은 미션을 만들고 미션을 향해 지속적으로 나아가야 한다.

PART 3

어떻게 해야 기대감을 가지고 일할 수 있을까 – 비전과 목표

우리 회사가 오르고 싶은 산을 정하는 것이 비전과 목표다

2015년 말 용인에 있는 수지농협 비전 수립 프로젝트를 진행했다. 당시 수지농협은 어려운 상황을 정리하고 성장 발전을 위한 비전과 목표가 필요했고, 직원들은 토론과 합의를 거쳐 마침내 '점핑 2020 No.1 수지농협'이라는 비전 슬로건을 만들었다. 당시 수지농협의 규모는 예수금 7,000억 원, 대출금 4,000억 원 정도였는데, 2020년 목표로 예수금 1조 원, 대출금 7,000억 원이라는 큰 목표를 세웠다. 거기에 지역주민들을 위해 지역에서 생산된 제품을 파는 로컬푸드 매장을 만들겠다는 쉽지 않은 목표도 세웠다.

2015년 말에 비전과 목표를 수립하고 '2020 비전'까지 정확히 절반이 지난 2018년 6월 말, 수지농협은 예수금 8,000억 원, 대출금 6,000억 원을 돌파했다. 목표로 내세웠던 로컬푸드 매장도 준공해 영업을 시작했다.

수지농협의 목표 달성을 축하해주기 위해 다시 방문했을 때 나는 수지농협이 목표한 바를 충분히 이룰 수 있을 것이라는 확신이 들었다. 반갑게 나를 맞이하는 직원들의 모습은 활기찼고, 손님들이 북적이는 로컬푸드 매장의 건물 외벽에는 '예수금 8천 억, 대출금 6천 억 돌파'를 자축하는 플래카드도 걸려 있었다. 수지농협의 2020 비전과 목표도 곳곳에 잘 게시되어 있었다. 한 직원은 나에게 "이 모든 성과는 우리가 함께 만든 비전의 힘 덕분"이라며 "2020년이 되기 전에 우리는 비전을 이룰 수 있을 것 같다"라고 자신 있게 말했다.

요즘 대다수 기업들의 고민은 무엇일까? 성과가 잘 나지 않는다는 것이다. 그런데 성과가 나지 않는 이유에 대해 '일하는 사람이 문제가 있어서'라고 생각하는 경우가 많다.

정말 직원들이 문제일까? 그들은 단순히 돈을 벌기 위해 눈치 보면서 게으르고 대충 일하는 것일까? 절대 아니다. 요즘 직장인들은 대충 일해서 절대 조직에서 버틸 수 없다. 그리고 자존심이 강해 남들 눈치 보면서 대충 일하는 것을 스스로 용납하지도 않는다. 강의와 컨설팅을 하면서 많은 직장인들을 만나는데 그들 중에서 자기가 일한 것보다 많이 받는다고 좋아하는 직장인은 본 적이 없다. 지금 조직에서 일하고 있는 사람들은 자신이 받는 것 그 이상으로 열심히 일한다고 해도 과하지 않다.

그렇다면 리더들이 문제일까? 이 역시 아니다. 요즘 리더들 중 직원들에게 모든 일을 떠맡기고 시간만 때우는 사람은 없다. 상사라는 이유로 직원들에게 명령만 하고 무조건 강요하는 리더도 많지 않다. 오히려 직원들보다 더 일찍 출근하고 더 늦게까지 일한다. 직원들도 열심히 일하고 리더들도 부지런히 일하는데 왜 성과가 나지 않을까? 이에 대한 대답을 설명하기 위해 동영상을 하나 소개하겠다.

유튜브에 'Statoil: Bad morning?(최악의 아침)'이라고 검색하면 노르웨이 국영석유회사 스탓오일Statoil의 1분짜리 짧은 동영상이 나온다. 내용은 이렇다. 간밤에 눈이 얼마나 내렸는지 온 동네가 눈으로 하얗게 덮여 있다. 출근을 준비하던 한 남자가 나와 손을 호호 불어가며 차에 쌓인 눈을 열심히 치운다. 힘들게 눈을 다 치운 후 그가 차에 타려고 자동차 리모컨을 눌렀는데, 열심히 눈을 치운 차가 아니라 그 앞에 세워진 여전히 눈으로 가득 덮여 있는 차가 깜빡이며 반응한다. 그리고 'bad morning?'이라는 자막이 나온다. 추운 날씨에 열심히 눈을 치웠는데 그 차가 내 차가 아니었다니, 이런 경우를 전문 군사용어로 '삽질한다'고 한다. 당장 눈앞에 있는 차의 눈을 치울 게 아니라 내 차의 위치를 미리 정확히 파악했더라면 이런 일은 없었을 것이다.

기업에서 성과가 나지 이유를 나는 'bad morning?'에서 찾아보려 한다. 열심히 눈을 치웠지만 안타깝게도 엉뚱한 데 힘을 쏟고 있는 게 아닌지 돌아봐야 한다. 조직 내 모든 직원들이 열심히 일하고 있지만 성과가 나지 않는다면 어쩌면 명확한 목표 없이 눈앞에 보이는 일만 열심히 하는 일명 '삽질'한 게 아닌지 체크해야 한다. 조직원들이 명확한 목표를 공유하지 못한 상태에서 열심히 일하는 것으로는 성과를 낼 수 없다. 오히려 열심히 일해서 힘든데 성과는 하나도 없다 보니 지치기만 한다. 그래서 조직에는 비전이 필요하다.

비전은 기업이 가진 대범하고 큰 목표다. 앞으로 5년, 10년 후 미래에 우리 회사가 되고자 하는 모습이 바로 비전인 것이다. 일본 1위 기업 소프트뱅크 손정의 회장은 비전을 "오르고 싶은 산을 정하는 것"이라고 정의했다. 기업이 경영이라는 산을 오르는데 '오르고 싶은 산'을 정하지 않으면 매번 어디로 가야 할지 우왕좌왕하게 된다. 일단 산을 오르기 시작했다 하더라도 조금만 가파른 언덕이 나타나면 어떻게 해야 할지 안절부절못하다가 결국 포기하게 된다. 사실 오를 산을 정하지도 않은 채 등산을 시작한다는 것은 말이 안 된다. 기업 역시 오를 목표도 정하지 않고 무조건 열심히 일하자고 하는 조직에서는 성과가 날 리 만무하다.

비전은 기업에서 설정한 기한의 끝 그림을 정하는 일이다. 끝 그림이 명확하지 않으면 직원들에게 최선을 다하는 열정을 기대하기 힘들다. 또 조직원들이 서로 다른 끝 그림을 그리다 보면 갈등이 생길 수 있고, 노력에 비해 성과가 낮아 결국 역량을 낭비하는 결과가 초래된다. 따라서 비전은 어떤 형태의 조직이든 반드시 설정해야 한다.

기업에서 매년 세우는 1년 단위의 경영 목표만으로 목표가 있다고 말하는 것은 문제가 있다. 많은 기업들이 1년 단위의 단기목표를 세우고 그 목표를 달성하거나 조금 미달하는 수준으로 한 해를 마무리한다. 그런데 요즘은 변화 속도가 너무 빠르다 보니 갑자기 어려움에 처하는 경우가 생긴다. 좁은 시야로 눈앞의 단기목표만 보고 달려 나가다 보면 어느 순간 경영환경 변화나 내부적 변수에 의해 목표를 이루지 못했을 때 조직원들은 우왕좌왕하며 갈 곳을 잃게 된다. 빠르게 변화하는 세상에서 필요한 것은 기업이 스스로 큰 목표, 즉 비전을 정하고 그것을 향해 나아가는 것이다. 그래야 갑작스런 위기나 어려움이 닥쳤을 때 일시적으로 흔들려도 계속 앞으로 나아갈 수 있다.

위아래가 같은 생각을 하는 회사는 반드시 성공한다

2011년 9월의 어느 날, 용산에 위치한 대원CTS 정명천 대표와 처음으로 만났다. 비전 수립을 위한 CEO 인터뷰였다.

"1988년 우리가 처음 회사를 시작했을 때는 모든 게 부족했습니다. 사무실도 좁고, 직원들도 어리고, 고객도 없었어요. 그런데 20여 년이 지난 지금은 컴퓨터 부품 유통 분야에서 1등가는 회사가 되었고 직원들도 꽤 많아졌습니다. 제일 기쁠 때는 직원들이 결혼하고, 집을 사고, 좀 더 큰 집으로 이사했다는 이야기를 들을 때입니다. 요즘은 직원 자녀들이 원하는 대학에 들어갔다는 소식을 들을 때가 가장 뿌듯합니다."

처음 창립했을 때부터 20여 년 동안 성장한 회사 이야기를 하면서 그는 자부심을 느끼는 듯했다. 그의 말이 끝나고 회사의 비전에 대해 고민하게 된 이유를 물었다. 정 대표는 "평생 회사를 위해 헌신해온 우리 직원들에게 '앞으로 어떤 비전을 줄 수 있을까'가 정말 고민입니다"라고 답했다. 이어 "이번 비전 수립을 통해 우리 직원들과 우리 회사의 꿈과 미래에 대한 이야기를 나누고 우리 모두를 위한 비전을 세웠으면 좋겠습니다"라고 말했다.

이후 경영자와 직원들의 공감, 참여, 합의를 통해 대원CTS는 'Dynamic Value Creator, 창립 30주년에 1조 기업이 된다'라는 비전을 도출했고, '직원들이 존중받고 개인의 꿈을 키우고 실현할 수 있는 회사로 만든다', '파트너가 가장 같이 일하고 싶어 하는 회사가 된다', '대한민국을 넘어 세계로 향한다'라는 3가지 목표를 세울 수 있었다.

가치관경영을 전파하는 나의 바람은 대한민국에 정명천 대표와 같은 생각과 경영방식을 가진 CEO가 많아졌으면 좋겠다는 것이다. 하지만 아직도 '비전 수립이란 경영자의 생각을 직원들에게 전달하고 직원들이 이에 따르게끔 하는 것이다'고 생각하는 경영자들이 많다. 그러면서 "아무리 내가 비전을 이야기해도 직원들이 따라주지 않습니다"라며 불만을 토로한다. 이런 잘못된 생각을 가진 경영자들이 있다 보니 많은 기업의 비전 수립 결과를 분석해보면 방법과 내용 면에서 공통적으로 부족한 부분이 발견된다.

먼저 방법 면에서 기업의 비전 수립은 경영자와 직원들 모두 '공감, 참여, 합의'를 통해 만들어야 한다는 점이다. 이제 갓 창업한 회사의 경우 창업경영자와 직원들이 가진 정보나 역량이 큰 차이가 나기 때문에 경영자가 비전을 제시하는 것이 현실적이다. 하지만 기업이 안정적으로 성장하고 있고, 경영자와 직원들이 각자 역량이 있다면 전 구성원이 공감, 참여, 합의를 통해 만드는 것이 필요하다. 비전은 기업 구성원 모두의 꿈과 미래상인데, 누군가가 정해준 꿈을 자신의 꿈이라고 생각할 사람은 없다.

다음으로 내용 면에서 중요한 것은 비전 내용이 풍부해야 한다는 점이다. 비전은 기업이 미래에 도달하려고 하는 큰 목표와 방향을 보여준다. 많은 기업의 비전이 비전선포식을 위한 용도로 전락하고, 이후에는 기업 경영에 영향력을 미치지 못했다. 이유는 비전이 보여주는 방향이 '세계 1등', '매출 5천억' 등 너무나 단편적이기 때문이다.

그렇다면 단편적이지 않고 풍부한 방향을 제시하는 비전이 되려면 어떻게 해야 할까? 《손자병법》을 살펴보면 전쟁에서 승리하는 비결을 '상하동욕자승上下同欲者勝'이라고 했다. 〈모공편〉에 나오는 말인데, '윗사람과 아랫사람이 같은 것을 바라면 반드시 승리한다'는 뜻이다. 이 말을 기업에 대입하면 윗사람은 경영자요, 아랫사람은 직원이며, 같은 것을 바란다는 것은 목표를 일치시킨다는 것을 말한다. 기업이 비전을 수립하는 이유가 바로 '상하동욕자승'인 것이다.

그런데 상하동욕자승을 위해 전 직원이 토론하고 비전을 만들었는데도 성공하지 못하는 이유는 무엇일까? '상하(上下, 위아래)'는 대상이고 '자승(者勝, 승리한다)'은 결과라 정해진 것이라면, 중요한 것은 '동욕同欲'인데 '같은 것을 바라는 것'에 문제가 있기 때문이다. 비전을 수립할 때 기업들은 대부분 사업적으로 성취할 것만을 정한다. 예를 들면 '글로벌 No.1', '일등', '매출 얼마', '최고의 제품과 서비스' 등으로 직원들이 원하는 직장의 미래상으로서의 비전은 어디에도 없다. '동욕'은 '동욕'이되 반쪽짜리 '동욕'이다. 기업의 비전에서 직원들이 원하는 직장의 미래상인 '직원행복'이 없으니 '동욕'이 안 되는 것이다. 그나마 다행히 최근에 비전을 수립하는 조직들은 이러한 시대적 분위기에 맞춰 사업적으로 성취할 것과 직원들이 원하는 직장의 미래상을 함께 비전에 포함시키고 있다. 너무나 당연하고 바람직한 현상이다.

그러면 지금부터 좋은 비전을 만들기 위해 필요한 2가지 조건을 살펴보도록 하자.

기업이 사업을 통해 이루고자 하는 큰 목표는 반드시 필요한 조건이다. 예를 들어 '2020년까지 매출 20조, 글로벌 IT 탑10'(삼성SDS), '2020년까지 매출 1조5,000억, 40대 항공기 운항, 아시아 60개 노선 확보'(제주항공) 등과 같이 사업을 통해 도달할 큰 목표를 정하는 것이다. 여기에 조직 구성원들의 행복과 성공을 위해 기대되는 미래의 모습을 정하는 것은 충분조건이다. 누구나 근무하고 싶은 행복한 기업(원건설), 출근하고 싶은 일하기 좋은 기업(유니드)과 같이 직원들이 원하는 내부적 바람을 정하는 것이다.

비전은 조직 구성원이 스스로 정한 꿈이기에 내용이 획일적일 필요는 없다. 다만 어떤 꿈으로 정해야 하는지에 대한 가이드는 있어야 한다. **비전에서 가장 중요한 것은 비전과 목표가 '구성원들의 가슴을 설레게 하느냐'다**. 너무 거창하고 허황된 비전은 그럴싸해 보이겠지만 실현 불가능하다고 여기기 때문에 구성원들의 마음을 설레게 하지 못한다. 하지만 원대하고 거시적인 비전이라도 실현 가능성이 있다고 믿는다면 직원들의 가슴을 설레게 하고 그 비전을 이루기 위해 노력하게 된다.

너무나 빠르게 변화하는 환경 속에서는 한치 앞도 명확히 보이지 않기 때문에 제대로 가고 있는지 방향조차 잃어버릴 때가 있다. 그만큼 요즘은 어려운 기업환경이다. 이럴 때는 눈앞의 성과만 보지 말고 멀리 내다보며 더 부지런히 달려야겠다고 마음먹어야 한다. 그러기 위해서는 비전을 수립해야 하고, 이것이 점점 더 많은 기업들이 비전을 수립하는 이유이기도 하다. 또 비전을 수립하겠다고 마음먹었다면 사업에서 성취할 것과 원하는 직장의 미래상을 모두 포함하는 비전을 만들어야 한다. 물론 전 구성원이 참여해 토론하고 합의해 회사와 조직 구성원을 모두 가슴 설레게 하는 멋진 비전이어야 한다.

조직 구성원들을 가슴 설레게 하는 비전은 무엇일까? 사람은 누구나 자신의 삶이 지금보다 조금이라도 더 나아지길 원한다. 5년 후, 10년 후 이루고 싶은 것들, 행복과 성공에 대한 욕구가 있다. 누군가는 친구나 가족과 해외여행을 가고 싶은 욕구가 있고, 누군가는 자기 집을 장만하고 싶을 수도 있으며, 결혼을 하거나 아이를 낳고 싶다고 말하는 이도 있다. 이러한 욕구를 충족하려면 자신이 속해 있는 조직이 꾸준히 성장해야 한다. 기업 매출은 계속 상승하고, 연봉은 지금의 2배를 받으면 더할 나위 없을 것이다.

매출이든 연봉이든 지금의 2배가 되려면 매년 15%씩 5년 동안 꾸준히 성장해야 한다. 하지만 누군가는 "요즘 같은 초경쟁, 저성장 시대에서 15% 성장은 말도 안 되는 소리"라며 보수적인 목표를 정하고 비용 절감에만 집중한다. 매년 보수적인 목표에 비용 절감에만 신경 쓴다면 5년 후가 되어도 기업은 달라지지 않았을 것이다. 정확히 표현하면 5년 동안 퇴보하여 다른 기업과 더 큰 격차만 확인하게 될 것이다. 당연히 조직 구성원의 욕구도 절대 충족될 수 없을 것이다.

앞서 비전은 기업과 직원이 함께 '오르고 싶은 산'을 정하는 것이라고 했다. '올라가야 할 산'이 아니라 간절히 원하는 '오르고 싶은 산'이다. 비전은 '대충 될 것 같은 것'을 정하는 것이 아니라 '전력투구하여 되고 싶은 것'을 정하는 것이다. 자신에게 아무것도 돌아올 것 없는 주주만을 위한 비전이라면 직원들은 전력투구하지 않는다. 직원들이 열심히 해봐야겠다는 생각이 들지 않는다면 그 비전은 '나쁜 비전'이다. 기업과 직원이 모두 의미 있는 성장과 발전을 이루어 성공하는 것이 '좋은 비전'이다.

기업이 비전을 만들고 나면 직원들은 비전 달성을 믿고 노력해야 한다. 그런데 직원들이 비전 달성을 믿는지 어떻게 확인할 수 있을까? 직원들이 비전 달성을 믿는 것은 기업이 비전을 달성하는 시점에 직원도 자신이 생각한 개인의 목표가 달성되리라 믿는 것이다. 이것이 비전의 작동 원리다. 그렇기에 기업은 미래의 어느 시기에 무엇이 될 것인지를 직원들에게 선명하게 보여주는 비전을 만들어야 한다. 그다음에 직원들이 그 시기에 무엇을 이루고 싶은지를 만들도록 지원해야 한다. 기업이 비전을 세우지 않으면 직원들도 제대로 된 개인의 비전을 세울 수 없다.

시켜야지만 일하고, 시키는 대로만 일하는 직원에게는 기대할 것이 아무것도 없듯이 조직 내 단위 조직도 마찬가지다. 짧은 기한의 목표를 세우고 경영하는 것은 일일이 세세하게 일을 지시하는 것과 같다. 큰 방향이 정해지지 않아 직원이나 단위 조직이 자발적으로 일할 수 없게 하는 환경이다. 큰 목표와 방향을 설정하라. 그러면 그 범위 안에서 직원과 단위 조직은 자발적으로 움직이게 된다.

직원들의 몰입과 열정을 끌어낼 공동목표의 강력한 힘

대한민국 축구대표팀이 2018 자카르타-팔렘방 아시안게임 결승전에서 우승했다. 우승 소식만큼이나 더 기쁜 것은 손흥민 선수뿐 아니라 20여 명 선수 전원이 군 면제를 받았다는 사실이다. 모든 국민들이 한마음으로 응원하며 우승하길 원했던 이유는 '아시안게임 우승'이라는 목표도 있었지만, 훌륭한 선수들이 군 복무를 하는 대신 2년 동안 운동에 전념해 대한민국을 빛내는 축구선수로 거듭나는 자신들의 꿈을 이루길 바랐기 때문이다.

중계방송에서 한 해설자는 "누가 골을 넣는지는 상관없습니다. 팀이 승리하는 게 목표입니다. 손흥민이 넣든 이승우가 넣든 상관없습니다. 골이 들어가는 게 중요합니다"라고 말했는데 그 말이 인상적으로 들렸다. 실제로 시장가치 1,000억이라는 세계적인 공격수 손흥민이 득점을 해야 하는 게 중요하지 않았다. 중요한 것은 오로지 대한민국 팀의 승리였고 선수들은 그 목표를 훌륭히 이루었다. 팀 목표가 First라면 개인 목표가 Second였지만, 결과는 모두의 승리였다.

축구대표팀이 우승할 수 있었던 데는 조직의 목표와 개인의 목표가 일치했기 때문이다. 팀의 공동목표는 '아시안게임 우승'이었고, 선수 개인의 목표는 '군 면제'였다. 팀의 공동목표인 우승을 달성하면 개인의 목표도 함께 이루어지기 때문에 개인이 '몰입과 열정'을 다할 수 있는 강력한 메리트가 있었던 것이다.

조직의 목표와 개인의 목표가 일치하면 어마어마한 에너지가 발휘된다. 이날 선수들은 국가대표로서 전후반 90분에 연장 전후반 30분까지 자기 안에 있는 모든 에너지를 끌어내며 열심히 뛰었다. 선수들의 '몰입과 열정'을 보면서 조직의 목표 설정과 목표를 이루는 과정도 그래야 하는데, 하는 생각이 들었다.

요즘 우리나라 경제를 들여다보면 한계 상황에 놓인 기업들이 너무나 많다. 자동차, 철강, 조선 등 한국을 대표하는 산업들이 흔들리고 있을 뿐 아니라 산업 전반이 위태로워 보인다. 모든 기업은 '생존'을 넘어 '지속 가능한 성장'이라는 목표를 세우는데, 대한민국 축구대표팀을 보면서 공동목표의 힘을 배우고 조직에서도 구현해야 한다. 그러려면 반드시 필요한 것이 축구대표팀의 승리가 개인의 승리가 되듯 회사의 성공이 직원의 성공이 되어야 한다. 특히 회사의 미래를 열어 나갈 20~30대 청년세대들의 몰입과 열정을 끌어내야 한다. 최근 들어 주위에서 가장 많이 듣는 걱정거리가 젊은 직원들의 이탈에 관한 것이다. 이는 대기업의 경우에도 발생하고 있지만 중견, 중소기업의 경우 크게 어려움을 호소한다.

10명의 수습직원을 뽑았는데 수습을 마치는 2개월 내에 8~9명이 퇴사하는 회사도 있다. 제법 큰 중견기업의 경우에도 최근 3년간 사원에서 대리급 직원의 40%가 퇴사했다고 한다. 직원 수 300명 정도의 중견기업에서 매년 70여 명이 퇴사한다고 하니 심각한 문제다. 직원 수 200명 정도의 한 중소기업 인사팀장은 앞으로 2~3년 내에 직원들의 절반 정도가 퇴사할 것으로 예상한다고도 말했다.

젊은 세대들이 퇴사하는 데는 여러 가지 이유가 있다. 그중 분명한 이유 한 가지는 '먹고 살기 위해 돈을 벌어야 하는데 그러려면 굳이 이 회사가 아니어도 돼' 하는 생각 때문이다. 이런 직원들에게는 '몰입과 열정'을 기대할 수 없다. 몰입과 열정이 없는 직원들과는 함께 할 수 있는 '공동목표'도 없다. 반대로 공동목표가 없는 회사에 다니는 직원들은 몰입과 열정을 다할 수 없다. 결국 중요한 것은 어떻게 해야 '공동목표'를 설정해 직원들의 '몰입과 열정'을 이끌어갈 것인가다. 가령 앞으로 5년 후에는 2배 성장, 새로운 신사업 성공, 이익 확보와 같은 확실한 목표가 있어야 한다. 여기에 이 목표를 달성했을 경우 직원들에게 주어지는 강력한 메리트가 있어야 한다.

근로시간 단축이 시행되면서 주52시간 상한제가 정착되고 있는 대기업의 경우 저녁 시간을 활용하는 것도 나이에 따라 다르다. 20~30대 미혼 직원들은 주로 운동이나 자기계발을 하고, 30~40대 기혼 직원들은 가족과 함께, 40~50대 시니어그룹은 취미활동에 많은 시간을 투자한다. 나이와 자신이 처한 상황에 따라 시간 여유가 생겼을 때 하고 싶은 것이 다르다면 각자 하고 싶은 일을 확실하게 지원하는 여건을 만들어주는 것이 큰 메리트가 될 수 있다.

특히 경제적 압박감을 해소할 수 있고 자기실현을 할 수 있는 경제적 여유를 제공하는 것은 강력한 메리트가 된다. 급여 수준을 보고 이직하는 젊은 직원들에게 5년 근속하면 목돈을 만들어주는 것도 개인에게는 좋은 목표가 될 수 있다. 국가와 지자체가 청년들을 지원하는 제도에 회사가 힘을 보태면 이런 제도도 가능하다. 기업 입장에서도 젊은 직원들에게 투입했다가 유실되는 정착 비용을 고려하면 오히려 손해가 아니라 큰 이익이 될 수 있다.

다음으로 공동목표를 설정하는 방법도 중요하다. 조직의 목표를 개인의 목표와 일치시키려면 자신이 참여하는 것이 가장 좋은 방법이다. 요즘은 많은 기업들이 비전을 수립할 때 5년 단위로 기한을 설정한다. 10년은 너무 먼 미래라 현실성이 없어 보이고, 3년은 너무 짧아 큰 그림을 그리지 못하기 때문이다.

기업 비전을 수립할 때 전 직원 참여를 기본으로 하되 해야 할 일이 있다. 가장 먼저 할 일은 앞으로 비전 기간 동안 개인이 간절히 이루고 싶은 목표를 정하게 하는 것이다. 그다음에 개인의 목표를 이루기 위해 회사는 어떤 목표를 세우면 좋을지 생각해보게 한다. 이런 의견들을 반영해 기업 비전을 설정하면 현실적이면서도 도전적인 목표를 세울 수 있다. 이를 바탕으로 개인의 목표와 조직의 목표를 지속적으로 연관 지어 생각할 수 있도록 해주어야 한다. 이러한 과정을 거쳐야 공동목표가 먼저이고 개인 목표가 다음이지만, 공동목표를 이루면 개인 목표도 이루어진다는 의식이 자연스럽게 정착된다.

더 이상 젊은 직원들의 수시 퇴사에 좌절하지 마라. 아무런 기대감도 주지 않는 회사를 위해 '몰입과 열정'을 다한다면 오히려 그게 이상한 거다. 대신 젊은 직원들의 '몰입과 열정'을 이끌어낼 공동목표를 함께 만들고 개인목표를 만들도록 지원하자. 이렇게 하면 떠나려는 인재를 막을 수 있을 뿐 아니라 능력 있는 젊은 인재들을 끌어들일 강력한 원동력이 될 것이다.

꿈을 이루는 회사는 직원들의 말과 행동이 다르다

매년 두세 번 양평 양수리를 찾아간다. 여행을 가는 게 아니다. 그곳에는 협동조합의 발전을 위해 평생을 바친 협동조합 경영전문가이자 가치관경영 동지가 있기 때문이다.

우리나라에는 농협, 새마을금고, 신협 등 수천 개의 협동조합이 있다. 우리나라 협동조합 최초로, 그것도 10년 넘도록 가장 완벽하게 가치관경영을 실천하는 곳이 양서농협이다. 그 과정은 협동조합 경영전문가인 양서농협 이충수 상임이사가 쓴 책 《협동조합 경영 이야기》에 모두 담겨 있다. 2016년 9월 21일, 그와 만나 양서농협의 경험을 책으로 쓰면 어떻겠느냐는 이야기를 나누며 함께 방법을 고민하고 토론했다. 그날 그는 자신의 노트에 "나는 반드시 2017년에 나의 출판기념회를 연다"라는 글귀를 수백 번 적었다. 그리고 2017년 9월 21일, 그는 진짜로 출판기념회를 열었다. 꿈은 이렇게 이루어진다!

2년에 한 번씩 종합건강검진 혜택 제공, 모든 조합원에게 해외연수 기회 제공, 조합원 자녀에게 장학금 지급, 고령 조합원들에게 매년 현금처럼 사용할 수 있는 복지쿠폰 제공……. 말만 들어도 흐뭇해지는 이런 혜택을 실제로 제공하는 농협이 있다. 지역에서 '효자' 소리를 듣는 경기도 양평군에 위치한 양서농협이다. 이런 혜택 외에도 양서농협은 지역사회 복지 프로그램을 꾸준히 실천해오고 있다. 자식도 챙기기 어려운 일을 꾸준히 챙기다 보니 지역 어르신들에게 '우리 효자'라는 극찬을 듣고 있다.

양평군 양수리에 본점을 둔 양서농협은 전형적인 농촌형 단위농협이다. 사실 2005년까지만 해도 양서농협의 종합업적평가 순위는 경기도 농협 100여 곳 중 53위로 그저 평범한 농협이었다. 사업은 위축되고 조합원들에게 특별한 혜택도 없다 보니 조합원들이 농협과 직원들을 그리 신뢰하지도 지지하지도 않았다.

그런 양서농협이 짧은 기간 내에 대대적인 혁신을 통해 조합원과 지역사회의 신뢰를 얻게 된 가장 결정적 계기는 "가치관경영 덕분"이라고 말한다. 양서농협은 전국 농협 최초로 가치관경영을 도입했는데, 2005년부터 매 5년마다 비전을 갱신하고 있다.

2005년 가치관경영을 시작할 때 양서농협은 2010년까지 '농협 사업의 정상화&1등 농협 추진'이라는 비전을 세웠다. 이어 2006년 임직원 사업추진 워크숍에서 '1등 농협, 우리가 해내겠습니다'라는 경영 표어를 확정했다. 이는 단순한 구호로 그치지 않고 매년 추진하는 사업 결과물에서 1등을 하겠다는 명확한 목표를 설정한 것이다.

이충수 상임이사는 "변화와 혁신을 추진할 때는 조직 구성원이 공감하고 이해할 수 있는 성과물이 나와야 힘을 받는다"라고 말했다. 아무리 좋은 비전을 세우고 훌륭하게 사업을 추진해도 성과를 내지 못하면 곧바로 추진 동력을 잃어버리기 때문이다. 양서농협이 끊임없이 '1등 농협'을 추구하는 것도 그 이유 때문이라고 한다.

농협중앙회는 매년 전국 농협을 10개 그룹으로 나눠 종합업적평가를 하는데, 양서농협은 농촌형 2형 그룹에서 '전국 1등'을 목표로 정했다. 사실 2005년에 경기도 100여 개 농협 중에서 53위를 한 양서농협이 다음 해 전국 단위에서 1등을 하겠다고 공언한 것은 무모한 도전이었다. 하지만 양서농협 임직원들은 "1등을 하지 못할 이유가 없다"라며 자신감이 넘쳤다. 해내겠다는 강력한 의지를 담은 경영 표어를 각종 홍보 현수막에 기재하며 다시 한 번 의지를 굳건히 다졌다. 뿐만 아니라 직원들이 작성하는 기안문 등에 경영 표어를 써두어 전 직원의 뇌리에 '1등 농협'을 각인시켰다.

종합업적평가에서 고득점을 얻기 위해 치밀한 전략도 세웠다. 매주, 매월, 분기별, 반기별로 성장률과 실적을 분석, 평가하고 부진한 사업을 보완해 나가기 위한 회의도 진행했다. 조합장부터 말단직원까지 모두 함께 노력한 결과, 2007년 2월 양서농협은 2006년 종합업적평가 전국 단위 농촌 2형에서 당당하게 1등을 했다. 양서농협 출범 이후 가장 큰 경사였다.

이 상임이사가 직접 쓴 책에는 이러한 성과를 얻을 수 있었던 이유에 대해 이렇게 설명한다. "무엇보다도 가장 큰 수확은 조합원과 임직원이 '우리도 하면 된다'라는 분명한 자신감을 갖게 되었다는 것이다. '하면 된다'라는 아주 단순하면서도 명백한 진리를 직원들이 직접 생생하게 체험한 것이다. 이 경험으로 '농협다운 농협, 1등 농협' 달성을 위한 변화와 혁신이 얼마든지 가능하다는 믿음을 갖게 되었다. 변화와 혁신을 추진할 때는 조직 구성원이 공감하고 이해할 수 있는 성과물이 나와야 힘을 얻는다. 성과가 보이지 않으면 조직은 변화에 대한 피로감과 패배감에 젖어 동력을 얻기 어렵다. 1등이란 결과물이 있었기에 이후 전 임직원이 더욱 일사불란하게 사업을 추진할 수 있게 되었다."

그때부터 지금까지 양서농협은 지속적으로 매 5년마다 높은 수준의 큰 목표를 정해 비전으로 설정하고 달성해 나가고 있다.

2005년, 비전 2010 '농협사업의 정상화 & 1등 농협 추진'

2010년, 비전 2015 '대한민국 농협을 선도하는 양서농협'

2015년, 비전 2020 '전국 최고 1등 양서농협'

양서농협은 모두가 불황이라고 말하는 10년간 계속 성장했으며, 농협중앙회 종합업적평가에서 10년간 전국 1% 순위를 유지해 '전국 1위 2연패'의 성과를 거뒀다. 그 결과 현 조합장이 경기도 단위농협 대표로 중앙회 이사에 선출되었고, 매월 전국 각지의 농협에서 벤치마킹을 하러 오기도 한다.

양서농협의 성공이 더욱 가치 있는 이유는 남을 이기기 위해서가 아닌 모두가 행복해지기 위해 1등을 외쳤기 때문이다. 양서농협에서는 사업적 이익이 조합원의 이익으로 다시 환원된다. 양서농협의 사업 원칙 중 하나는 '조합원에게 이익이 되는 일을 찾는다'다. 따라서 조합원이 무엇을 원하는지, 무엇이 필요한지를 항상 소통하고 관찰하며 다양한 복지사업을 통해 조합원들의 행복을 키우고 있다. 10여 년 전부터는 준조합원까지 배당을 실시하며 지역사회에 대한 기여도를 높이고 있다. 이를 통해 조합원으로부터 굳은 신뢰를 얻고, 이러한 조합원의 마음이 농협 사업에 대한 더 큰 관심과 참여로 이어지면서 지역과 농협이 함께 성장하는 선순환을 만들고 있다.

우리 회사에는 가슴 설레는 한 줄의 꿈이 있는가

기업 역사상 최고의 비전을 뽑으라고 한다면 나는 주저 없이 '포드'와 '마이크로소프트'를 꼽겠다. 지금 봐도 가슴 설레는 비전이다. 어떤 비전이었는지 소개해보겠다.

"10~20년 후 우리 꿈이 이루어졌을 때는 미국 대부분의 길에서 말과 마차는 사라지고, 대신 우리가 만든 자동차가 짐과 사람들을 실어 나르며, 우리 노동자들이 자신이 만든 자동차를 몰고 다닐 것이다."

이것이 기업 역사상 최고의 비전 중 하나인 포드 사의 비전이다. 자동차의 대중화를 이루는 꿈, 직원들이 부와 성공을 이루는 꿈, 이 2가지를 모두 담은 기업의 꿈이다.

비전을 발표한 1900년대 초, 당시 자동차는 엄청난 고가로 일부 부유층만의 전유물이었다. "포드가 망하려고 작정했군!"이라는 경쟁사들의 야유 속에서도 포드는 비전을 실현하기 위해 꿋꿋이 원가 절감과 가격 인하에 모든 노력을 기울였다. 그뿐만 아니라 1913년에는 작업자들의 최저임금 2배 인상, 1일 8시간 근로 정책을 실시했다. 구성원들에게 더 나은 임금과 여가 시간을 제공해 그들이 자동차를 구매할 수 있도록 하기 위해서였다. 그 결과 꿈은 이루어졌다. 포드는 '모델 T(Car)'를 만들어 1920년대 마이카my car 시대를 여는 데 성공했다.

그렇다면 마이크로소프트의 비전은 알고 있는가? 한번쯤 들어봤을 수도 있다.

"집집마다 모든 책상 위에 컴퓨터를!"

이것이 1975년 마이크로소프트를 창립한 빌 게이츠가 제시한 비전이다. 창업 초기, 30명 규모의 무명 회사에 유명 대학을 졸업한 인재들이 앞 다투어 지원하게 된 계기는 바로 이 비전 때문이다. '전문가들이나 컴퓨터가 필요하지 일반 사람들이 컴퓨터를 어디에다 써?'라고 생각하던 1970년대에 모든 사람들이 컴퓨터를 사용할 수 있도록 하자는 마이크로소프트의 비전은 더 나은 세상에 대한 꿈을 의미했다. 이 비전에 공감한 직원들은 적은 월급과 열악한 작업환경 속에서도 자신들이 가진 재능과 시간을 모두 쏟아 부었고, 그 결과 꿈을 실현할 수 있었다. 그리고 그들은 세계 최고의 기업으로 성장했다.

비전은 '가슴 설레는 단 한 줄의 꿈'이다. 기업이 지향하는 꿈과 미래상, 그리고 방향성을 보여준다. 뿐만 아니라 좋은 비전은 인재를 끌어들이고, 구성원들에게 기대감을 갖게 하며, 일에 몰입할 수 있는 원동력이 된다. 그렇다면 현재 세계 최고의 기업들은 어떤 비전을 갖고 있을까?

1999년 설립된 알리바바의 설립자 마윈은 3가지 꿈을 제시했다. ①

102년 가는 기업을 만들겠다. ② 중소기업을 반드시 돕겠다. ③ 세계 10대 기업이 되겠다. 알리바바의 세 번째 꿈은 이미 실현되었다. 2018년 초, '글로벌 시가총액 Top10' 명단에 알라바바는 4,797억 달러로 8위에 당당히 올랐다.

그 밖에 '모든 중국인이 자랑스러워하는 국제적인 브랜드'(샤오미), '보다 많은 사람들에게 더 나은 일상생활을 제공하자'(이케아), '정보 혁명으로 인류를 행복하게'(소프트뱅크), '지금과 다음 세대를 위하여 전 세계 소비자의 삶의 질을 향상시키는 최상의 품질과 가치를 지닌 제품과 서비스를 제공할 것'(P&G) 등 세계 최고의 기업들은 '더 나은 세상'을 위한 가슴 설레는 명확한 꿈을 갖고 있다.

우리나라 10대 기업은 어떤 비전을 세웠을까? 국내 10대 기업은 3가지로 분류된다.

첫째, 삼성그룹과 SK그룹은 명시적 비전이 제시되어 있지 않다. SK는 2013년 '따로 또 같이 3.0'을 선포하면서 당시의 4배인 기업가치 300조라는 중장기 목표를 발표했다. 그리고 그 시기를 2020년경으로 잡았다. 명시적으로 비전이라고 표현하지 않지만 SK의 대범한 목표이자 미래상으로 보인다. 삼성은 대외적으로 장기 목표나 미래상을 표현하지 않는다. 삼성과 같은 세계 최고 기업이자 한국을 대표하는 기업이라면 세상과 내부직원을 향한 대범한 목표가 제시될 필요가 있다고 본다.

둘째, 기업의 존재이유를 표현하는 대범한 목표를 비전으로 표현하는 기업이 많다. '더 나은 미래를 향한 동행'(현대자동차그룹), 'Global Leader, 미래를 개척하는 현대중공업'(현대중공업), '모두가 선망하는 Value No.1 GS'(GS그룹), 'Global Logistics Provider'(한진그룹), 'Quality Growth 2020'(한화그룹), 'Lifetime Value Creator'(롯데그룹) 등 국내 10대 기업은 여러 산업을 포괄하는 그룹 성격상 구체적인 목표보다는 방향성을 표현하고 있는 것으로 보인다.

마지막으로 구체적인 성과 목표를 표현하는 기업이 있다. '일등 LG'(LG그룹), '2020 세계 200대 기업'(두산그룹) 등 구체적인 성과 목표를 비전으로 표현한 기업은 조직문화와 관련된 특징이 있다. LG는 '독한 LG'를 표방하고 혁신을 추진할 만큼 절박함이 있으며, 두산은 '인재 중심'의 강한 조직문화를 바탕으로 구체적인 목표를 제시한 것으로 보인다.

이외에도 좋은 비전을 세운 몇몇 기업을 소개하겠다. '안전해서 더욱 자유로운 세상–도전하는 전문가/신뢰받는 제품/가슴 뛰는 직장'(안랩), 'TV를 넘어 세계를 열광시킨다'(KBS), '우리 사회의 모든 가정과 소통하는 채널을 만든다'(한겨레), '2020년 세계 1위 Contents Consuming Platform'(휴맥스), '2020, 좋은 사람들이 즐겁게 일하는 일등소재기업'(유니드) 등 이 기업들은 기업의 정체성과 모든 구성원들의 꿈을 명확하고 간결하게 담아낸 비전을 제시하고 있다.

다음으로 비영리기관(NGO)의 비전을 살펴보자. 비영리기관은 가치 중심적인 조직이다. 드높은 이타적 사명감을 가지고 위대한 세상을 만들겠다는 신념으로 뭉친 사람들이 모인 곳이다. 그러나 우리나라에서 비영리기관은 녹록지 않다. 그곳에서 일하는 조직원들이 현실과 기관의 비전에서 느끼는 딜레마가 크기 때문이다. 이웃과 세상을 위해 헌신적으로 일할 때와는 달리 현실은 돈 중심의 가치관, 치열한 경쟁의 가치관이 지배하고 있기 때문이다. 따라서 자부심과 일의 즐거움과 보람, 미래에 대한 기대감을 담은 좋은 비전이 더욱 필요하다.

국내 주요 NGO 기업의 경우 '모든 어린이가 풍성한 삶을 누리는 것'(월드비전), '세계와 소통하는 글로벌 굿네이버스 Global Top10, Global Brand 실현'(굿네이버스), '행복한 가족 만들기 100년'(홀트)이라는 비전을 세우고 있다.

마지막으로 대한민국정부는 공무원 헌장에 '조국의 평화 통일과 지속 가능한 발전에 기여한다'라는 대한민국 정부의 미래상을 명시하고 있다.

비전은 기대감이다. 구성원들이 기대감을 갖고 일하게 하고 사업의 방향성을 보여주는 것이다. 우리 기업은 어떠한가? 생각만 해도 두근거리는 가슴 설레는 꿈이 있는가?

비전과 목표 수립 1단계

비전과 목표 수립을 위한 3가지 질문

비전이란 '오르고 싶은 산을 정하는 것'이다. 올라가야 할 산도 아니고, 올라갈 것 같은 산도 아닌 '오르고 싶은 산'이다. 이를 굳이 표현하면 5가지로 요약할 수 있다.

첫째, 망상 아니고 상상이다. 상상은 열망한다.

둘째, 현재 아니고 현실이다. 현재는 의기소침해지지만 현실은 디딤돌이다.

셋째, 단편 아니고 단순이다. 꿈은 복잡하면 안 된다. 하지만 단편적이어서도 안 된다.

넷째, 우직 아니고 일관성이다. 우직하게 하다 보면 이루어지는 꿈이 아니라 일관성 있게 추구해가는 게 꿈이다.

다섯째, 될 거 같은 것이 아니고 원하는 것이다. 원하는 것을 찾기 위해 함께 토론하고 합의해야 하는 것이다.

왜 비전에는 상상이 담겨 있어야 하는 걸까? 그것은 바로 꿈과 상상이 우리의 가슴을 설레게 하기 때문이다. 가슴 설렘은 우리에게 열정을 만들어내고 긍정적인 에너지를 창출해낸다. 즉 비전은 직원들의 가슴 설레는 꿈이다. 비전은 반드시 직원들이 토론하고 공감하고 합의하는 것이 필수다. 직원들이 만들어야 가장 멋진 비전이 나오고 그들의 가슴에 꿈을 심을 수 있다.

그렇다면 이제부터 가슴 설레는 비전과 명확한 목표를 만드는 방법을 살펴보자. 비전과 목표 수립을 위한 첫 단계는 다음의 3가지 질문에 대해 고민해보는 것이다. 3가지 질문은 아래와 같다.

비전과 목표 수립을 위한 3가지 질문

20××년까지 사업을 통해 이루고 싶은 목표는 무엇입니까?

20××년까지 세상에 구체적으로 어떤 기여를 하고 싶습니까?

20××년까지 직원들에게는 어떤 행복과 성공을 줍니까?

1단계는 논리적 분석이나 근거가 필요 없이 다양한 의견을 듣는 과정이다. 사업을 통해 이루고 싶은 목표와 세상에 구체적으로 어떤 기여를 하고 싶은가는 2단계 '사업목표'에서 구체화한다. 직원들에게 어떤 행복과 성공을 주는가는 3단계 '직장목표'에서 구체화한다.

비전과 목표 수립을 위한 3가지 질문에 답해야 하는 1단계에서는 반드시 해야 할 것이 있다. 바로 '기한'을 정하는 일이다. 비전은 기업이 설정한 기간의 끝 그림을 정하는 일이다. 주위를 둘러보면 비전과 목표가 있는 사람은 많지만 언제까지 달성할지 명확하게 정한 사람들은 의외로 적다. 그러다 보니 사람들은 "분명히 하고 싶은 일은 있었는데 어느새 시간만 질질 끌다가 못하고 지금에 이르렀다"라고 말한다.

분명히 목표는 있었는데 시간만 흘려보낸 이유는 '기한'을 정하지 않았기 때문이다. 기한을 정하면 '언젠가 할 수 있을 때 하면 되지'라는 안일한 생각을 갖지 않게 된다. 특히 기업에서는 목표의식이 일하는 원동력이 되고 동기부여가 된다. 작은 목표를 성취할 때마다 직원들은 꿈(비전)을 위해 전진하고, 그 자신감과 열정으로 더욱 더 비전에 가까이 다가가게 된다. 심지어 비전을 기한 내에 달성하면 조직원들은 더 큰 성취감과 기쁨을 느끼게 된다.

비전은 기한을 정하는 것이 필수다. 1961년 5월 25일 케네디는 의회연설에서 "미국이 달에 사람을 보내는 최초의 나라가 되게 하겠다"라고 말했지만, 당시 그의 말을 믿는 사람은 거의 없었다. 그런데 그는 여기에 한 마디를 덧붙였다. "1960년대가 가기 전까지 보내겠다"라고. 그리고 1960년대가 불과 5개월 남은 1969년 7월 20일 미국은 세계 최초로 달에 사람을 보냈다. 기한을 정하고 목표를 향해 나아갈 때 그 목표는 분명히 이루어진다. 미국 뉴욕필오케스트라 상임지휘자를 지낸 전설적인 음악가인 레너드 번스타인Leonard Bernstein 역시 "위대한 성취는 계획과 부족한 시간에서 나왔다"라고 말한 바 있다. 비전은 기한을 정하는 것이 필수다.

'비전 기간을 어느 정도로 하면 좋은가?'라는 질문을 자주 받는다. 나는 5년 단위로 비전을 세울 것을 추천한다. 이미 회사에 긴 방향과 큰 목표로 비전이 존재한다면 그것을 '그랜드 비전'으로 두고 5년 단위로 비전을 세우면 좋다. 지금 시점에서 비전을 만든다면 비전 2022 또는 2023 또는 2025가 좋을 것이다. 기한도 직원들과 합의해 정하면 된다. 어떤 기업은 비전을 3년 정도 짧게 설정하는 경우도 있다. 업종 특성상 5년은 기간이 길기 때문인 경우도 있고, 회사의 경영환경이 급변하고 있어 5년을 전망하는 것이 현실성을 떨어뜨린다면 3년 정도로 잡을 수 있다. 단, 3년으로 짧게 설정하는 상황은 특수한 경우다. 3년으로 정하더라도 경영자와 직원들이 기간을 합의해 정하는 것이 좋다.

비전과 목표 수립 2단계

앞으로 5년 후 전망과 과제를 뽑아라

여러 기업의 경영자와 직원들을 만나면서 조직 내외부의 변화나 위기에 대한 대화를 나눌 기회가 있었는데, 비전 토론이 조직의 근본적인 문제를 점검하는 데 큰 도움이 된다고 말했다. 보통 비전 수립은 5년 후라는 기한을 두고 수립하는 경우가 많은데, 앞으로 5년을 전망해보면 그 과제가 선명해지는 이점이 있다. 요즘같이 상황 변화가 많은 시기에 이런 논의나 토론도 없이 조직이 운영되는 것은 더 큰 위험이다. 그런데 비전 토론을 하다 보면 현재 상황에 대해 회의를 하거나 문서를 보여주는 것보다 직원들의 공감대를 형성하는 데 더 효과적이라는 것을 느낄 수 있다.

비전 토론을 해보면 구성원들이 조직의 방향과 반대로 일하고 있는 경우를 자주 접한다. 특히 임원 그룹, 팀장 그룹, 사원 그룹 등 계층별로 나눠 토론해보면 그룹별로 미래의 방향성이 다른 경우도 있다. 예를 들어 사원 그룹은 "사업을 통합해야 한다"라고 말하는데, 임원 그룹은 "사업을 분산해야 한다"라고 말한다. 약간 차이가 있는 정도가 아니라 아예 반대되는 방향성인 것이다. 이를 하나의 방향으로 통일하지 않고 일하다 보면 어떤 일이 벌어질지 정말 걱정되는 회사가 많았다.

공통점을 발견할 때도 있다. 비전 토론을 하다 보면 거의 모든 기업들이 공통적으로 신사업 창출과 사업 확대를 제시한다. 기업환경이 계속 치열해지고 있는 가운데 세대교체 준비도 공통적으로 나온다. 경영자 교체를 포함해 임원이나 팀장 등 리더 그룹의 교체도 앞으로 5년 정도의 기한에서는 필연적으로 논의되어야 할 일이다. 이를 위해 앞으로 5년 동안 어떤 노력을 해야 하는지에 대해서도 토론에 참여하는 사람이라면 대부분 공감한다. 세대교체 이슈의 경우 단기에 해결할 수 있는 문제가 아니기 때문에 중장기 관점에서 대비해야 할 대표적인 주제다. 비전 토론의 가장 큰 장점은 무엇보다 중요한 이슈에 대한 공감대 형성이고, 그것이 변화의 시작이다.

자, 그럼 우리 회사의 5년 후 전망을 토론하려면 어떻게 해야 할까? 무작정 토론할 수도, 그렇다고 컨설턴트를 동원할 필요도 없다. 직원들과 리더, 경영자들은 항상 우리 회사와 사업에 대해 고민하고 있고 언제든 그 답을 찾아낼 수 있다. 어디서부터 해야 할지 막막하다면 주제를 정해 토론하면 답은 명확히 나온다.

이를 위한 첫 단계는 향후 5년 외부환경(사업)과 내부환경(조직)에 예상되는 변화(전망)를 토론하는 것이다. 각각 긍정적인 전망과 부정적인 전망이 있을 것이다. 이해를 돕기 위해 예를 들어 설명하겠다.

비전과 목표 수립을 위한 전망과 과제

향후 5년 외부환경(사업) 예상되는 변화(전망)	향후 5년 내부환경(조직) 예상되는 변화(전망)

과제

2017년 '순천교차로신문사'는 가치관 수립 프로젝트를 통해 가치관을 정립했다. 교차로의 임직원은 2020 비전과 목표를 도출하기 위해 전체 토론을 하면서 '앞으로 5년 내·외부 환경 전망'을 다음과 같이 도출했다.

외부환경 전망

- 지면광고 감소로 고객의 외면을 받을 것
- 종이신문의 쇠퇴
- 모바일의 비약적 강화
- 타 광고산업의 공격
- 경쟁업체를 압도, 교차로만 남을 것
- 문화사업, 사회봉사, 지역사회의 인정 높아짐
- 새로운 충성고객 확보
- 신사업 확장과 매출 창출

내부환경 전망

- 단순 사무직 감소
- 직원수 감소, 직원들의 노령화
- 직원과 회사의 결속 강화
- 업무환경 및 시스템 개선
- 급여복지 상승
- 대기업 수준의 복지
- 자금 등 투자 여력 문제
- 출근하고 싶은 회사가 될 것
- 고급 인력이 늘어날 것

내·외부 환경을 전망했다면 이를 바탕으로 과제를 도출하고, 앞으로 무엇에 집중하고 노력해야 하는지를 확인해야 한다. 사업 면에서는 신사업 진출, 수익성 개선, 기존 고객에 대한 만족도 증대, 불량률 감소, 시장 동향 파악 등이 있다. 조직 면에서는 세대교체 이슈, 소통과 협업 이슈, 전문성 강화 이슈, 공정한 평가와 보상, 복지와 급여에 대한 요구 등을 고려해야 할 것이다. 이러한 것들을 정리해 5~7대 과제를 선정해야 한다. 교차로신문의 경우 토론을 통해 8대 과제를 선정했다.

과제

- 종이신문 지지층 유지
- 새로운 수익 창출
- 인터넷·모바일 교차로로 발전적 전환
- 광고 트렌드 변화 대비
- 체계적 합리적 업무 환경 구축
- 시스템화에 따른 인원 감축 선제적 대응
- 수평적 조직문화 구축
- 세대교체 대응

세계 1위 스포츠장갑 제조사 현진스포텍도 워크숍을 통해 향후 5년 전망과 과제를 도출했다.

외부환경 전망

① 산업 생태계 변화

- 4차 산업혁명, 스마트 팩토리

• 세계 경기의 불확실성, 저성장 지속

② 레저 인구의 증가(건강, 환경의 중요성 부각)

• 개인 맞춤형 커스터마이징

• 중국 소비시장의 확대

③ 경쟁 심화(가격 경쟁력 저하)

• 타 밴더 성장(중국, 인도네시아, 파키스탄 등)

• 인건비 상승, 저임금 국가의 경쟁 심화

• 시장 축소(북미, 유럽 등 마켓 쉐어 감소)

• 주력 사업 분야의 시장 한계

• 미국, EU 등 환경규제 강화

④ 무역규제, FTA, 관세 철폐 등

⑤ 국내외 인건비 상승

내부환경 전망

① 전문인력(노련한, 경험 많은) 부족 심화

• 차세대 생산관리자 양성 및 확보 어려움

• 현 경영진의 퇴직(조언자 부재)

② 사업의 독점적 지위 수성 어려움

③ 생산성 향상의 절벽

④ 경직된 조직문화 및 사고방식

⑤ 부서 간 양극화 심화와 부서 간 소통 단절

⑥ R&D 역량 증대 욕구와 GSB(Global Souring Bible) 구축 요구

⑦ 구성원 욕구와 문화의 변화와 갈등(신규 인력의 충원, 젊은 세대,

역동, 긍정, 진보)

⑧ 내부 관리 시스템의 고도화 필요

이를 바탕으로 향후 5년의 과제를 도출했다.

과제

- 앞으로 5년 우리는 지속 성장해야 한다.
- 의류 특화시장에 진출하여 의류가 장갑을 넘어선다.
- 현재 조직 피로감을 관리하여 탄탄한 조직력을 확보해야 한다. (좋은 조직문화, 공정한 평가와 보상, 고용 안정 등)
- 향후 5년간 안정적 성장을 추구한다. (사업 경쟁력과 인재 양성을 바탕으로 탄탄한 경쟁우위를 확보)
- 2022년부터 2027년 창립 40주년까지 비약적 성장을 이룬다.

이러한 작업을 통해 도출된 과제들은 이후 작업에서 유용하게 활용된다. 또한 토론 과정에서 공감대가 상당히 높아지기 때문에 다음 단계에서 훨씬 수월한 진행을 기대할 수 있다. 이 단계에서의 토론은 조직의 구체적인 과제에 대한 토론이 이루어지므로 리더들이 반드시 참여해야 한다.

비전과 목표 수립 3단계

사업목표와 직장목표를 함께 만들어라

2014년 말 경기도 시흥 시화공단에 있는 소재 및 바이오 기업 '단석산업'의 가치관 재정립 프로젝트를 진행했다. 단석산업은 50년 역사를 이어오고 있는 매출액 5,000억 원, 직원 수 300명으로 10년 동안 2번이나 비전을 달성하며 8배 성장을 이룬 대한민국 대표 가치관 중견기업이다.

단석산업은 2005년 창립 40주년을 맞아 '단석 Vision'이라는 이름으로 가치관경영을 시작했다. 단석산업의 가치관경영이 특별한 점은 모든 임직원의 공감, 참여, 합의를 바탕으로 단석인 모두가 참여해 스스로 만들었다는 점이다. 단석산업은 'Dansuk-Fine Chemical Leader'라는 비전을 수립했다. 그리고 39주년에 매출 1,000억 원을 돌파했는데, 창립 40주년을 맞아 불과 5년 후에 3,000억 원을 달성하겠다는 대담한 목표를 세웠다.

그로부터 5년 뒤인 2010년 단석산업은 매출액 2,045억 원을 달성하며 절반의 성공을 거두었다. 하지만 2008년 국제금융위기로 한국경제가 마이너스 성장을 한 상황을 고려할 때, 당초 목표했던 3,000억 원에는 미치지 못했으나 5년 동안 매출액이 2배로 신장한 것은 단석산업의 저력을 보여준 것이라 할 수 있다.

2010년 창립 45주년에 맞춰 단석산업은 '녹색성장을 향한 창조적인 도전 5050' 비전을 수립했다. 이 비전은 창립 50주년에는 매출 5,000억 원을 달성하겠다는 목표를 담고 있었는데, 2015년에 실제로 이 꿈이 이루어졌다. 10년을 이끈 비전은 단석산업의 발전과 성취를 이끈 강력한 엔진이었다. 그리고 그 엔진을 움직인 밑바탕에는 직원들의 노력이 있었다.

2015년 단석산업은 'G.R.E.A.T(Green Respectable Evolving Authentic Triumph) 2020 No.1'이라는 2020 비전을 수립했다. '2020년까지 1조 매출, 1등 제품, 1등 직장으로 성장할 것이다. 녹색성장을 향한 창조적인 도전정신으로 고객으로부터 존경받고 지속 발전하여 2020 진정한 번영을 이룬다'라는 의미를 담고 있다. 단석산업이 또 한 번의 신화를 이루어 G.R.E.A.T한 기업으로 성장하길 기대해본다.

단석산업의 사례에서 보았듯이 비전과 목표 수립의 3단계는 먼저 'Goals 20××'을 정하는 것, 다시 말해 목표를 설정하는 것이다. 목표 설정은 '사업목표'와 '직장목표' 2가지의 카테고리로 나눈다. '사업목표'는 우리가 사업에서 이루고 싶은 것이고, '직장목표'는 우리가 원하는 직장의 모습을 말한다.

먼저 사업을 통해 이루고 싶은 사업목표는 어떤 것이 있을까? 목표

매출액, 업계 순위, 신사업 진출, 해외지사 설립 등이 있다. 2016년 비전 선포 기업들의 'Goals 2020'를 참고해보자.

2016년 비전 선포 기업의 Goals 2020(사업목표)

- 테크로스: 매출 5,000억 달성, 멀티플 비즈니스 구축, 기업공개(IPO) 상장, 글로벌 서비스 네트워크 구축, 무결점 제품 생산, BWMS 글로벌 기술표준 정립 등
- 현대자동차 새마을금고: 자산 2조 달성, 원스톱 종합금융서비스, 지속적인 고객 환원과 CS 고도화, 최고 금융전문가 집단 등
- 다우기술: 기업용 Biz 플랫폼 1등 사업자, 매출 1조, 영업이익 1천억, 1등 브랜드 5개, 우리가 쓰고 세상이 쓰는 서비스 구현 등
- SPECO: 글로벌 1위, 매출 2,000억, 세계 최고 기술력, 장비 글로벌 표준 정립 등
- KCTC: 매출액 3,500억, 영업이익률 5%, 성장률 1위, 사업구조 안정과 확장 등
- 코엑스: 마이스 전문 기업화로 매출 1,500억 달성, 코엑스 전관 전시회 5개 개최, 글로벌 전시회 7개 개최 및 해외지사 3개 개설, 국제문화교류복합지구 개발사업 및 전시컨벤션 센터 6개 위탁 운영, C-Festival 글로벌 문화 축제화 등
- KWE: 한국 Top5 물류기업, 매출 1,600억, 영업이익 80억, 통합 IT솔루션 구축 등
- 보임테크놀로지서비스: 통합유지보수 회사, 사업조직 확대, 최고 기술력 보유 등

그렇다면 둘째로 '직장목표'는 어떤 것이 있을까? 직원들이 진정으로 원하는 직장의 모습은 무엇일까? 경영자들 중에는 직원들이 연봉 인상을 가장 많이 원할 것이라고 예상하는 이들이 많다. 하지만 기업 비전 중 '연봉의 대폭 인상'과 같은 항목은 거의 없었다.

2016년 JTBC에서 방영한 드라마 〈욱씨남정기〉에는 이런 장면이 나온다. 회식자리에서 총괄이사인 이지상(연정훈)이 마케팅본부 과장인 남정기(윤상현)에게 "좋은 회사란 구체적으로 어떤 회사를 말하는 거죠?"라고 묻는다. 이에 남과장은 "우선 좋은 제품을 만들어야겠죠. 그리고 직원들이 행복하게 근무할 수 있는 회사였으면 좋겠습니다"라고 답했다. 그러자 총괄이사는 "행복이라…… 급여를 조금 올리면 되겠네요. 역시 돈이었네. 그렇죠?"라고 되묻는다. 총괄이사의 말에 남과장은 이렇게 답한다.

"글쎄요, 제가 말한 건 행복인데요. 물론 제가 말한 행복에는 그 월급이나 인센티브도 포함되지만 돈이 전부는 아닐 겁니다. 내가 이 일을 하고 있다는 자부심, 내가 이 일을 해냈다는 뿌듯함, 그걸 인정받았다는 기쁨, 그걸 함께할 수 있는 동료가 있다는 것, 그래서 어떤 힘든 일이 닥쳐도 어떻게든 그 일을 해낼 수 있을 것이라는 자신감이 쌓여가는 것, 그런 게 바로 행복 아닐까요?"

직원들이 원하는 것을 해주고 싶지만 그게 정확히 무엇인지 모르는 경영자들이 있다. 그들을 위해 '직원들이 회사에 가장 원하는 5가지'라는 자료를 공유한다. 아래 소개하는 5가지는 10여 개 기업에서 2020 목표로 정한 내용 중 가장 많았던 내용들이다. 직원 대표 30~50명이 모여 조별 토론과 전체 토론을 통해 합의한 내용인 만큼 경영자들이 참고하면 좋을 듯하다.

직원들이 회사에 가장 원하는 5가지(직장목표)

1위. 업계 최고 수준의 급여와 복지를 제공하는 회사

2위. 출근하고 싶은 회사

3위. 공정한 평가와 충분한 보상을 제공하는 회사

4위. 체계적인 교육과 해외 연수 등을 통해 최고의 전문가 집단이 일하는 회사

5위. 지속적인 고용 창출과 고용이 안정된 회사

목표 수립 단계에서 가장 중요한 것은 '상상하는 것'이다. 비전과 목표는 예상되는 것, 해야 할 것이 아니라 '오르고 싶은 산을 정하는 것'이기 때문에 상상하는 것이 중요하다. 상상하라! 상상하라! 상상하라! 비전에서 가장 중요한 것은 무한 상상이다.

이 단계에서는 많은 주제를 브레인스토밍하고 토론을 통해 여러 개의 안을 만들면서 전체 직원들이 통합하는 과정을 거친다. 먼저 조별 토론을 통해 사업목표 5개, 직장목표 5개를 도출한 뒤 조별 토론 결과를 발표한다. 그 결과물들을 취합해 공통적으로 나온 것을 우선으로 적되 비슷한 것들은 통합해 정리한다. 여기서 중요한 것은 회사가 설정할 목표에 대한 전체 참석자의 의견 일치다. 전체 토론을 통해 최종 5~10개의 목표를 정리하면 된다.

결과물은 3가지 방식으로 정리할 수 있다.

첫 번째는 '사업목표'와 '직장목표'로 구분하는 것이다. 이 경우에는

사업목표와 직장목표를 통합해 정리하지 않고 투표를 통해 각각 3~5개로 정리하면 된다.

두 번째는 '10대 목표' 식으로 나열하는 것이다. 예를 들어 코엑스는 2020년 8대 목표를 아래와 같이 정리했다.

코엑스 Goals 2020

- 매출 1,500억 달성
- 전관 전시회 5개 개최
- 글로벌 전시회 7개 개최 및 해외지사 3개 개설
- 전시컨벤션센터 6개 위탁 운영
- 국제문화교류복합지구 개발사업
- C-Festival 글로벌 문화 축제화
- 내부 승진 CEO 탄생
- 대한민국에서 가장 일하기 좋은 기업

세 번째는 카테고리를 만들어 3~4개의 카테고리에 목표를 넣는 것이다. 관련 있는 목표끼리 묶어 총 2~3개의 카테고리로 정리한 뒤 대표할 수 있는 문구로 정리하면 된다. 현대자동차 새마을금고의 경우 총 9개의 목표를 도출한 뒤 3개로 카테고리화한 다음 공통되는 내용을 다시 3개의 카테고리로 묶었다.

현대자동차 새마을금고 Goals 2020 (1차 도출)

- 전 사원 회원화

- 원스톱 종합금융서비스
- 지속적인 고객 환원과 CS 고도화
- 최고 수준의 직원 복지와 보상
- 사회봉사와 나눔 실천, 자산 2조 달성
- 즐겁게 일하는 신바람 나는 조직문화
- 최고 금융가 집단, 최고 수준의 근무환경과 업무 프로세스 구축

현대자동차 새마을금고 Goals 2020(최종안)

- 지속성장! 일등금고 기반 구축(전 사원 회원화, 자산 2조 달성, 최고 금융전문가 집단)
- 고객감동! 사랑받는 금고(원스톱 종합금융서비스, 지속적인 고객 환원과 CS 고도화, 사회 봉사와 나눔 실천)
- 최고지향! 출근하고 싶은 직장(최고 수준의 직원 복지와 보상, 최고 수준의 근무환경과 업무 프로세스 구축, 즐겁게 일하는 신바람 나는 조직문화)

기한을 정하고 목표에 대해 토론한 결과물은 직원들에게 행복감을 주고 꿈을 갖게 해준다. 기억에 남는 목표 중에는 '매출 목표 달성하고 전 직원 해외 워크숍 간다'도 있었고, '수익목표 달성하고 인센티브 1,000% 받는다'도 있었다. 사업목표를 이루면 자신이 원하는 것을 얻을 수 있다고 믿고 꿈꾸는 것만으로도 직원들에겐 행복이다. 사업목표와 직장목표를 수립하면서 회사와 직원이 함께 성장하는 회사가 늘어나길 기원해본다.

비전과 목표 수립 4단계

강한 임팩트를 주는 한 줄의 비전 슬로건을 만들어라

"백만장자가 되기를 꿈꾸는 사람이라면 백만장자가 된 다음에 무엇을 하겠다는, 바로 그 '무엇'이 있어야 한다. 그것이 '꿈 너머 꿈'이다. 꿈이 있으면 행복해지고, 꿈 너머 꿈이 있으면 위대해진다."

고도원의 《꿈 너머 꿈》의 한 구절이다. 그는 '고도원의 아침편지'에서 이 문구를 소개하면서 이렇게 덧붙였다. "꿈 너머 꿈이란 무엇인가? 꿈 너머 꿈은 꿈을 갖되 그 꿈을 이룬 다음에 무엇을 할 것인가를 한 번 더 생각하는 비전입니다. 적어도 백만장자를 꿈꾸었으면 백만장자가 된 뒤에 그 꿈을 징검다리 삼아 더 의미 있고 이타적인 발걸음을 한 번 더 내디뎌야 합니다. 그래서 꿈 너머 꿈은 단순히 개인이 행복이나 훌륭함을 넘어 그 사람을 위대하게 만듭니다."

사업목표와 직장목표를 10개 내외로 정하고 나면 비전 슬로건vision slogan을 만들어야 한다. 비전 슬로건은 비전 수립의 마지막을 장식하는 일인데, 자칫 이를 멋진 문구 만들기로 생각하고 어려워하는 경우가 많다. 비전 슬로건은 창작의 산고를 겪는 과정이 아니다. 꿈이라는 목표를 달성한 뒤 기업이 추구하는 자랑스러운 모습이 무엇인지를 정하는 일이다. 고도원이 말하는 '꿈 너머 꿈'이다. '꿈 너머 꿈'은 우리 기업의 위대한 모습을 보여준다. 세상을 행복하게 만들고 사업에서 큰 목표를 이루며 구성원들이 행복한 모습이 위대한 기업이다.

비전 슬로건의 기본 구조는 "20××년 ________________ 된다"이다. 설정한 기한과 추구하는 모습을 한 문장으로 정리하는 것이다.

"20XX년 ________________ 된다."

(추구하는 모습)

진행 방법은 다음과 같다. 조별 토론을 통해 비전 슬로건 1차 안을 만들고 전체 공유한다. 그다음 조별로 나온 1차 안을 보드에 적어 핵심 키워드 등을 도출하고, 전체 토론을 통해 2차 안을 도출한다. 그리고 매력적인 문장으로 다듬어 최종안을 완성한다.

2017년 가치체계정립 프로젝트를 통해 새로운 비전을 정립한 건강가전 브랜드 '휴롬'의 예를 통해 자세히 살펴보겠다. 휴롬은 전자의 방법으로 슬로건을 최종 확정했다. 우선 조별 토론을 통해 1차 안을 도출했다. 1차 안에 나왔던 슬로건들은 아래와 같다.

휴롬 비전 2020 슬로건 1차 안

- 전 세계 모든 가정에 건강과 행복한 에너지를 주는 즐거운 휴롬

- 즐거운 도전, 새로운 휴롬
- 서바이벌 2020, 글로벌 건강기업 휴롬
- 2020, 도전 속의 성장 그리고 행복
- 2020, 4,000억으로 재도약
- 세상을 건강하게, 글로벌 건강가전 브랜드 휴롬
- 인류의 건강과 행복에 기여하는 글로벌 소형가전 브랜드
- 기술혁신과 신뢰를 바탕으로 건강가전 시장을 지배하는 글로벌 강소기업

1차 결과물을 바탕으로 핵심 키워드를 도출한 결과 '글로벌, 건강가전, 즐거운, 행복한, 도전, 2020' 등이 나왔다. 토론을 통해 이를 재조합하고 슬로건을 구성한 결과 '글로벌 건강가전 브랜드 202010(2020년까지 20×20=4천억, 10% 이익)즐거운 도전, 행복한 휴롬'이라는 결과물을 도출할 수 있었다.

또 다른 예로 '교차로신문사'가 있다. 교차로의 조별 토론 결과는 다음과 같다.

교차로신문사 비전 2020 슬로건 1차 안

- 2020, 흥한다 교차로! 대박난다 교차로! 행복 주는 교차로!
- 모든 지역민이 자랑스러워하는 행복한 회사
- 신뢰와 나눔으로 지역 발전을 선도하는 전남 1등 토탈 미디어
- 정보의 중심, 우리의 행복, 자랑스러운 사랑방
- 지역과 세대를 만족시키는 자랑스러운 No.1 교차로

• 호남 제일의 종합미디어 신뢰받는 교차로!

• 2020년 사람이 중심 되는 호남 1등 신문이 된다

1차 결과물을 바탕으로 핵심 키워드를 도출한 결과 '자랑스러운, 행복, 지역과 세대, No.1(1등), 호남 제일' 등이 나왔다. 이후 전체 토론을 통해 키워드를 재조합하고 슬로건을 구성한 결과 '지역과 세대를 아우르는 자랑스러운 종합미디어 교차로'라는 결과물을 도출할 수 있었다.

또 다른 예로 코엑스는 'Vision 2020-세계를 향해 대한민국을 전시하다, 뛰다! 날다! 코엑스!', 현대자동차 새마을금고는 'Vision 2020-현대자동차 가족이 믿고 선택한 일등 금융 전문가'라는 비전 슬로건을 도출했다.

경영자와 직원들이 함께 비전과 목표를 만드는 것은 행복한 과정이다. 내가 만드는 회사의 미래이고 내가 살아갈 나의 미래를 만드는 일이기 때문이다. 그리고 5년 목표를 모두 이루거나 거의 이루거나 조금 이룬 후 다시 5년 목표를 만들어가는 일을 반복하는 과정에서 회사는 강해진다. 이 세상 모든 기업이 꿈을 통해 성공과 행복을 만들어가고 꿈 너머 꿈을 이루는 위대한 기업이 되길 바란다.

PART 4

어떻게 해야 동료와 갈등 없이 일할 수 있을까 – 핵심가치

우리 회사에 항상 켜져 있는 신호등이 핵심가치다

한때 tvN에서 인기리에 방영한 예능 프로그램 〈꽃보다 누나〉는 시대를 풍미했던 일명 꽃누님 4명과 대세 연예인 이승기가 짐꾼이 되어 해외여행을 하는 프로그램이었다. 첫 회에서 이승기는 여러 면에서 누나들의 심기를 건드린다. 짐꾼으로 왔는데 짐도 들어주지 않고, 비행기에서 가장 늦게 나오고, 공항에서 숙소까지의 교통편을 찾기 위해 공항에 있는 모든 사람들에게 물어보지만 결국 성과는 없었다.

이런 사고뭉치 막냇동생을 보며 누나들은 어이없어 했다. 짐꾼 이승기가 누나들을 챙기는 게 아니라 누나들이 이승기를 데리고 다니는 상황이었기 때문이다. 윤여정은 이승기를 "참 예쁘지……. 열심히 하고……. 그런데 아무 쓸모가 없어"라고 평가한다. 이승기는 하루 종일 발에 땀나도록 뛰어다니지만 '짐꾼'이 아니라 '짐짝'으로 불리며 '짐승기'라는 별명까지 얻게 된다.

그러다 결국 누나들을 크게 노하게 하는 사건이 터진다. 당시 길 안내를 담당하고 있던 이승기가 환전에 정신이 팔려 누나들에게 숙소로 가는 방향도 알려주지 않은 채 환전하러 간 것이다. 기약 없이 이승기를 기다리는 누나들을 보다 못해 제작진은 "환전보다 길 안내에 일의 우선순위를 뒀어야 했다. 방향을 알려드리고 환전하러 가겠다고 말했어야 했다"라고 지적한다.

일의 우선순위를 생각하지 않고 열정 하나만으로 눈앞에 닥친 일부터 해내려 한 이승기는 자신의 잘못을 빠르게 인정하고 비로소 우선순위를 생각한다. 이후 이승기는 누나들의 행복과 편안한 여행에 우선순위를 두고 행동한다. 누나들이 만족할 만한 숙소를 빠르게 예약하고, 누나들이 장보기를 하는 사이 숙소 위치와 숙소 상황을 꼼꼼히 체크한다. 누나들이 기다리지 않도록 빨리 모시러 가는 것은 물론 보다 편한 이동을 위해 숙소에서 가장 가까운 주차장 위치를 알아오는 성실함까지 갖춘다. 이처럼 우선순위를 아는 것은 '허당 짐승기'를 '국민짐꾼 이승기'로 성장시켰다.

예전에 '지킬 건 지킨다'라는 카피로 유명한 한 자양강장제 광고가 있었다. 달콤한 데이트를 하던 청춘남녀가 갑자기 손을 잡고 달리기 시작한다. 가쁘게 숨을 몰아쉬며 연인들이 도착한 곳은 여자의 집 앞이었다. 집 안에 걸어둔 '통금시간 밤 10시'라고 쓰인 액자가 클로즈업되면서 '지킬 건 지킨다'는 카피로 광고는 끝난다. 아무리 시간가는 줄 모르는 달콤한 데이트라도 가족 구성원으로서 약속은 지켜야 한다는 메시지를 전한다.

가정에는 가훈이 있고 교실에는 급훈이 있듯이 기업에는 '핵심가치'

가 있다. 과거에는 사훈이 비슷한 개념이었으나, 경영자가 혼자 정한 사훈에 대비되는 개념으로 공유된 가치라는 의미를 '핵심가치'라고 구분해서 사용한다.

기업에서 일의 우선순위는 '핵심가치'에 따라 결정된다. 핵심가치는 핵심Core과 가치들Values의 합성어다. 핵심가치는 직원들이 일의 우선순위이자 일하는 원칙과 기준이 된다. 핵심가치는 해도 되는 것, 하지 말아야 할 행동이 무엇인지를 정확히 알려주는 신호등과 같은 역할을 한다. 핵심가치는 우리 삶에도 중요한 역할을 한다. 매 순간 판단의 기준이 되고, 우리가 왜, 무엇을, 어떻게 할지 수많은 선택의 기로에서 행동 방향을 제시하기 때문이다.

핵심가치는 지금까지 우리 회사의 역사를 이끈 성공 DNA이자, 미션과 비전을 실현하기 위해 우리가 반드시 갖추어야 할 성장 DNA이다. 핵심가치에서 가장 중요한 것은 '사람'이다. 핵심가치가 기업의 우선순위이고, 일하는 원칙과 기준이 되기 때문에 사람의 사고와 행동을 지배한다. 짐 콜린스는 사람들이 가장 많이 묻는 "경영에서 다른 모든 것에 우선하는 한 가지 기술이 무엇인가?"라는 질문에 주저 없이 "적합한 사람을 뽑아 적합한 자리에 앉히는 일"이라고 말했다. 바로 우리 회사의 핵심가치에 맞는 사람을 말한다.

핵심가치는 3가지 중요한 역할이 있는데, 하나씩 살펴보도록 하자.

첫째, 핵심가치가 있으면 원칙과 기준이 명확해져 일을 하는 데 갈등을 줄여준다.

만약 우리 기업의 핵심가치가 명확하지 않다면 어떻게 될까? 직원들의 서로 다른 생각이 부딪혀 갈등이 많아질 것이다. 하버드경영대학원의 교수인 란제이 굴라티Ranjay Gulati는 '프레임워크 내의 자율Structure that's not stifling'이라는 논문(하버드비즈니스리뷰, 2018년 5~6월호)을 통해 '알래스카항공'의 사례를 소개했다.

알래스카항공은 직원들이 하는 자율적 의사결정의 가치를 강조하는 기업 중 하나다. 과거 한 고위 임원은 알래스카항공의 서비스 철학을 "(고객 서비스를 위해) 뭘 해도 좋다"라고 농담처럼 말할 정도였다. 이러한 방침은 물론 고객과 직원을 위하는 취지였지만 원칙과 기준이 불명확해 직원들의 혼란과 갈등이 빈번했다. 일부 직원들은 고객만족을 위해 어떤 제한도 없이 무엇이든 해도 좋다고 잘못 이해했다. "만약 승객 한 명이 터미널에 소지품을 두고 온 경우 이 승객을 위해 비행기 이륙을 지연시켜도 될까? 그렇다면 이륙 지연으로 손해를 본 나머지 승객들에게는 비싼 선물로 보상해도 괜찮을까?"

이러한 갈등과 혼란이 가중되자 회사는 기본적인 원칙과 기준 내에서의 자율적 의사결정을 통해 직원들이 훌륭한 서비스의 일관성을 유지하도록 하는 것이 필요하다고 보았다. 알래스카항공의 리더십팀은 '디즈니연구소'의 훌륭한 고객 경험을 위한 '4가지 열쇠'에서 영감을 얻었다. 이들은 서비스의 4가지 기준을 안전(Safety), 보살핌(Caring), 서비스전달(Delivery), 설명(Presentation)으로 정의하고, 직원의 태도 및 행동에 대한 가이드라인을 만들었다.

조직의 우선순위를 기반으로 한 단순한 일련의 원칙은 직원들이 자신의 일상 업무에서 합리적인 선택을 내리는 데 도움을 준다. 그 결과 직원들은 명확한 가이드라인 내에서 고객을 위한 자율적 결정을 내릴 수 있게 되었다. 2017년 알래스카 항공은 JD파워의 소비자만족평가에서 전통 항공사 중 최고등급을 받았다. 핵심가치는 원칙과 기준을 제시해 일을 하는 데 갈등을 줄여주고 효율성을 높여준다.

둘째, 핵심가치가 있으면 원칙과 기준이 명확해져 의사결정을 신속히 할 수 있다.

군대에는 '승리'와 '상명하복'이라는 명확한 원칙이 있다. 군인들은 그 어떤 상황에서도 일사분란하게 한 방향으로 움직인다. 기업에서도 마찬가지다. 소니의 잘나가던 시절의 사례를 예로 들어보겠다. 1980년대 시계 제조회사인 타이맥스가 소니에게 대규모 OEM 제안을 했다. 타이맥스의 기술력으로 시계를 만들고 소니 브랜드를 붙여 파는 것이었다. 수익만 보자면 솔깃한 제안이었다. 하지만 소니는 그 제안을 단칼에 거절했다. 이유는 소니의 핵심가치와 맞지 않았기 때문이다. 소니의 핵심가치는 '시장을 선도하는 개척정신과 혁신'이었다. 전자시계 산업은 이미 기술적으로 성숙 단계로 소니가 시장을 개척하기 힘들다는 판단에서였다.

구글 사례도 참고가 된다. 구글은 '인터넷은 민주주의가 통하는 세상입니다' 등 자신의 철학을 십계명으로 정리하고 있다. 구글의 모든 사업은 철저히 그 십계명이 지향하는 방향대로 진행된다. 모두가 같은 기준을 가지고 결정을 내리면 의사결정이 빠르고 쉬워진다.

셋째, 핵심가치는 일관성 있는 의사결정에 도움을 주어 조직 내 신뢰가 강화된다.

예전에 구글은 '최고의 상사라고 평가받는 사람은 도대체 어떤 사람일까?'라는 매우 흥미로운 프로젝트를 진행한 적 있다. 그 결과 신기하게도 '좋은 리더'가 되기 위한 여러 조건 중 가장 중요하지 않은 것은 '기술과 전문지식'이었다. 반대로 훌륭한 리더의 1순위 조건은 '일관성'이었다. 만약 리더가 매번 판단의 잣대가 달라진다면 직원들 또한 갈피를 못 잡고 이리저리 흔들리게 된다. 하지만 리더가 일관성을 유지하면 "우리 리더는 이런 걸 중요시해", "우리 사장님은 이런 상황에서 이런 결정을 할 거야"라는 믿음과 판단의 기준이 생긴다. 이는 직원들에게 명확한 행동 지침이 된다.

기업의 의사결정에 일관성을 만드는 기준이 바로 '핵심가치'다. 알리바바의 경우 항상 '성실과 정직'이라는 핵심가치를 강조해왔다. 어느 날 알리바바 온라인 판매 과정에서 사기 문제가 발생했다. 2009년 하반기부터 2,000건 이상의 사기가 발생했는데 직원들도 연루되어 있었다. 이에 마윈 회장은 최고경영자와 최고운영책임자를 포함해 문제가 된 직원 100여 명을 모두 해고하는 과감한 선택을 했다. 그리고 소비자들에게 보상금을 지급했다. 알리바바의 핵심가치에 반하는 잘못이었기 때문이다. 알리바바의 핵심가치는 어떤 경우에도 지켜져야 하며 모든 의사결정의 기준이 된다. 이와 같이 기업 경영 과정에서 발생할 수 있는 사건에 대해 핵심가치에 맞는 명료한 의사결정은 직원과 고객에게 알리바바의 핵심가치가 얼마나 중요한지, 핵심가치가 앞으로도 일관되게 지켜질 것이라는 굳은 신뢰를 갖게 했다.

핵심가치는 우리 회사에 항상 켜져 있는 신호등이어야 한다. 빨간불은 '가지 마라', 녹색불은 '가도 좋다'는 의미인 것처럼 우리 직원들이 해서는 안 되는 행동과 직원들이 적극적으로 해야 하는 행동을 알려주는 역할을 한다. 그래야 일을 하는 데 갈등이 줄어들고 빠르고 정확한 의사결정을 할 수 있으며 조직 내 높은 신뢰가 유지될 수 있다.

신호등이 없는 상태에서 좀 더 조심해야지 혹은 어떻게 하면 사고를 줄일까를 고민하는 것은 근본적인 해결책이 아니다. 회사에는 '핵심가치'라는 신호등이 필요하다.

핵심가치는 좋은 말 대잔치가 아니다

특강을 의뢰받아 한 중소기업을 방문한 일이 있었다. 교육 전에 시간 여유가 있어 그 기업의 CEO를 만났다. 사장실에 들어가자마자 화려한 한문 필체로 멋들어지게 쓰인 현판이 눈에 들어왔다. 물어보니 10년 전 경영컨설팅 회사에 의뢰해서 만든 회사의 핵심가치라고 했다. 큰 비용을 들여 만들고 유명 서예가에게 부탁해 현판까지 제작했다는 CEO의 얼굴에는 자랑스러움이 가득했다.

나는 그 현판을 사진으로 잘 찍어 강의할 때 화면에 띄웠다. "이게 뭔지 아시는 분?" 하고 묻자, 임원과 팀장 몇몇이 "우리 회사의 핵심가치입니다"라고 답했다. 하지만 대부분 직원들은 "우리 회사에 저런 게 있었어?"라는 반응이었다. 심지어 한자가 익숙지 않은 몇몇 직원들은 "뭐라고 읽는 거야?"라고 수군거렸다. 사장과 리더 몇몇만 아는 핵심가치, 직원들은 모르는 액자 속에서만 존재하는 핵심가치여서는 안 된다.

우리나라의 명문가 하면 '경주 최부잣집'을 떠올린다. 최부잣집은 300년 내력의 12대에 걸쳐 만석의 부를 이어간 조선 최고의 부자이자, 우리나라의 대표적인 노블리스 오블리주noblesse oblige를 실천한 가문으로 유명하다. 최부잣집에는 '육훈六訓'이라는 6가지 행동 지침이 있다.

1. 과거를 보되 진사 이상 벼슬은 하지 말라.
2. 재산을 만 석 이상 모으지 말라.
3. 과객을 후하게 대접하라.
4. 주변 100리 안에 굶어 죽는 사람이 없게 하라.
5. 흉년에 남의 논밭을 사지 말라.
6. 시집 온 며느리들은 3년간 무명옷을 입어라.

최부잣집의 육훈은 단순히 좋은 말이 아니라 삼대를 가기 어렵다는 부자를 12대나 이어온 생존 비결이다. 최부잣집의 육훈은 각각 어떤 의미를 담고 있을까?

첫째, '과거를 보되 진사 이상 벼슬은 하지 말라'는 것은 명예나 권력에 탐욕을 갖지 말고 휘둘리지 말라는 의미다. 높은 직위의 권력은 자칫 삼족을 멸하는 멸문지화滅門之禍를 일으키기 때문이다. 가족 구성원에게 권력의 허망함과 위험성을 알리고 롱런하는 방법을 제시한다.

둘째, '재산을 만 석 이상 모으지 말라'는 것은 재산에 대한 과한 욕심을 버리라는 의미다. 따라서 만 석 이상의 소출이 되면 소작료를 낮춰 사회에 환원했다. 세계 최고 부자들이 공통적으로 말하는 부의 감각은 100억이었다. 그 이상은 많은 돈일 뿐 개인에게 의미가 없다고 한다.

셋째, '과객을 후하게 대접하라'는 것은 각처에서 모여든 과객은 남보다 먼저 새로운 정보를 주고 관계를 맺게 되기 때문이다. 그 결과 최부잣집은 어느 집안보다 트렌드에 빨랐다. 이 가치으로 최부잣집은 대대로 만석꾼이 될 수 있었다고 한다.

넷째, '100리 안에 굶어 죽는 사람이 없게 하라'는 것은 남을 도우라는 의미다. 굶는 동네에서 부자는 '마른 어항의 붕어' 같은 것이라고 했다. 마른 어항의 붕어는 결국 자신도 죽는다.

다섯째, '흉년에 남의 논밭을 사지 말라'는 것은 남의 불행을 통해 나의 행복을 누리지 말라는 뜻이다. 헐값에 땅을 판 사람들은 유랑민이 되고, 결과적으로 소작 지을 사람도 확보할 수 없게 된다. 이는 상생의 원리를 정확히 설명하고 있다.

마지막으로 '시집 온 며느리들은 3년간 무명옷을 입으라'는 의미는 절약과 검소를 몸에 배게 하란 의미다. 사치는 집안이 망하는 지름길이다.

경주 최부잣집은 무려 300년 동안 대를 이어 가치을 지키며 부를 쌓아 '노블리스 오블리주'를 실천했다. 그런데 이런 최부잣집이 12대로 막을 내린 이유는 무엇일까? 최부잣집은 대대로 흉년이 들어 농민들이 쌀을 빌려간 것을 갚지 못하자 담보 문서를 모두 없애주었다. 죽을 쑤어 거지들에게 푸짐하게 나눠주는가 하면 보릿고개 때는 곳간을 열어 쌀을 베풀었다. 최부잣집은 평소의 선행 덕분에 활빈당의 불길 속에서도 살아남았지만, 12대 때 일본에 나라를 빼앗기자 '나라가 없으면 부자도 없다'는 신념으로 재산을 독립자금으로 기부했다. 광복 후에는 전 재산을 교육사업에 기부하면서 최부잣집은 12대로 막을 내렸다. 우리나라에 이런 집안이 있다는 게 자랑스럽다.

최부잣집의 가칙은 기업으로 치면 '핵심가치'다. 각 회사마다 신뢰, 소통, 전문성, 도전 등의 핵심가치가 있으며 홈페이지나 액자, 수첩 등에 적혀 있다. 그런데 안타깝게도 많은 회사에서 핵심가치는 그저 좋은 말로만 존재한다. 핵심가치는 절대 좋은 말 대잔치가 되어서는 안 된다. 최부잣집이 말로만 육칙을 만들어놓고 지키지 않았거나 지키다가 어느 시점에서 어려운 상황에 의해 육칙 실천을 중단했다면 12대를 이어온 우리나라 최고의 명문가로 후세에 기억되지 못했을 것이다. 핵심가치는 지속적인 실천이 이루어질 때 비로소 우리 기업의 위기를 돌파하고 지속적인 생존을 돕는 힘이 될 것이다.

스타벅스가 10년 만에 또 문을 닫았다

2018년 4월 12일, 필라델피아 스타벅스 매장에서 흑인 남성 2명이 느닷없이 수갑이 채워져 연행됐다. 스타벅스 직원이 주문을 하지 않고 앉아 있는 흑인 남성 2명을 "남자들 2명이 말썽을 부리고 있다"라며 경찰에 신고해서 생긴 일이었다. 영문도 모른 채 끌려가는 흑인들의 모습은 유튜브 동영상에 고스란히 담겨 있었다.

얼마 지나지 않아 LA 스타벅스 매장에서 흑인 남성이 화장실 사용을 거절당하는 동영상이 유튜브에 또 공개되었고 스타벅스의 인종차별에 사회적 분노가 형성되었다. 케빈 존스 회장은 필라델피아로 날아가 연행되었던 흑인 남성들에게 사과하고 관련된 직원을 해고 조치했다. 그리고 사건이 발생한 지 한 달 후인 5월 29일, 스타벅스는 미국 8,000여 개 모든 매장의 문을 닫고 직원교육을 실시했다.

스타벅스의 인종차별은 갑자기 터진 문제가 아니다. 2015년 스타벅스는 전 매장의 컵에 '인종과 함께Race Together'라고 새겨 넣는 캠페인을 진행했는데 웃음거리가 되었다. 매장에서 테이크아웃으로 커피만 주문하고 나가버리는 것을 막고 인종 관련 대화를 나누게 하려는 마케팅의 일환이었다. 더구나 곧이어 있을 주주총회에서 흑인표 확보를 위한 전략이었다는 점도 밝혀졌다.

이때 스타벅스는 인종이라는 사회적 이슈를 진정성 없이 전략과 마케팅으로 활용한다는 강력한 비판을 받았다. 이번 교육은 '인종에 대한 무의식적 편견'을 방지하겠다는 목적으로 진행되었다. 평일 오후 시간에 영업을 못하는 관계로 1,670만 달러(약 189억 원)정도의 비용 손실을 감수하는 파격적인 조치였다.

스타벅스는 10년 전인 2008년 2월 26일에도 미국 7,100여 개의 모든 매장 문을 닫은 전력이 있다. 매출 감소와 주가 하락 등 최악의 상황을 맞다가 그해 1월 창업자 하워드 슐츠가 CEO로 복귀한 직후였다. 미국 스타벅스 전 직원 13만5,000여 명이 교육에 참여했고, 매출 600만 달러(한화 70억 원)를 기꺼이 포기하는 조치였다. 당시 스타벅스는 오후 5시 30분부터 9시까지 3시간 30분 동안 '사람의 영혼을 감동시키는 스타벅스의 핵심가치를 복원하자'는 모토를 내걸고 '완벽한 맛과 향의 에스프레소를 살리고 최고의 고객 서비스' 교육을 열었다. 이후 전 세계 1만6,000여 개 매장 중 부실 매장을 과감히 정리했는데도 현재 2만8,000여 개 매장을 운영하는 초고속 성장을 이어왔다.

10년이 흐른 2018년, 스타벅스는 다시 자신들의 핵심가치와 정신을 돌아보고 결심을 새롭게 하는 중요한 시간을 가졌다. '사람의 영혼을 감동시키는 스타벅스의 핵심가치'를 직원 한 사람 한 사람의 신념으로 내재화하겠다는 것이다. 10년 전에는 '커피 맛'이 중심이었다면, 지금은 인종을 포함한 무의식적 편견에 대한 '고객 서비스'가 중심이다.

스타벅스는 전 세계 2만8,000여 개 매장에서 수십만 명의 직원들이 일한다. 어디서 어떤 일이 발생해 스타벅스의 핵심가치가 망가질지 알 수 없는 노릇이다. 문제가 터지지 전에 모든 직원에게 똑같이 교육하고 예방하는 수밖에 없다. 세계 최고 기업이 모든 매장 문을 닫고 핵심가치 교육을 할 만큼 핵심가치는 중요하고 실재적이다.

명품 장수기업의 비결, 변하지 않는 핵심가치의 힘

직원 두 명이 인도 출장 중 택시로 이동해야 하는 일이 생겼다. 이 회사의 모든 직원은 핵심가치에 따라 차량 이동 시 반드시 안전벨트를 착용해야 한다. 그런데 아뿔싸, 힘들게 잡은 택시에 안전벨트가 앞자리 조수석에만 있었다. 인도 등 개발도상국에는 뒷좌석에 안전벨트가 없는 택시들이 종종 있다. 고객과의 약속시간을 지키려면 이 택시를 반드시 타야 하는 상황, 당신이 이 직원들이라면 어떻게 할 것인가?

만약 "고객을 기다리게 할 수 없으니 그냥 같이 타고 가자"라고 결정했다면 당신은 더 이상 이 회사에 남아 있을 수 없다. 이 회사에서는 안전에 위배한 행동을 할 시 퇴사 조치도 불사하기 때문이다. 그렇다면 어떻게 하는 것이 현명한 판단일까? 방법은 있다. 일단 한 사람이 먼저 택시를 타고 가서 미팅 시간을 지키고, 나머지 한 사람은 다음 택시를 기다렸다 타고 가면 된다.

이 이야기는 미국 기업 '듀폰'의 실제 사례다. 듀폰의 핵심가치는 안전과 건강, 환경보호, 윤리준수, 인간존중의 4가지로 구성되어 있는데, 가장 먼저 나오는 것이 바로 '안전'이다. 안전이야말로 듀폰이 가장 중요시하는 핵심가치다.

듀폰의 창업주인 E.I. 듀폰은 1802년 첫 번째 화약 공장을 지을 때 폭발 반경 안에 자택을 지었다. 안전을 강조하는 백 마디 말 대신 현장 직원들과 똑같이 위험성을 느끼며 살아간다는 것을 보여주기 위함이었다. 하지만 1818년 듀폰에 어마어마한 폭발 사건이 일어났다. 직원 36명이 죽었고 많은 부상자가 발생했다. 자택에 있던 듀폰 회장의 부인과 아기를 비롯해 임직원 가족들이 부상을 입는 대참사였다.

회사가 망할 위기에서 듀폰은 이를 전화위복의 계기로 삼았다. 그는 안전을 위한 다양한 정책을 마련하고, 자신이 살 집을 다시 공장 안에 지었다. 피해 직원들을 위한 연금도 만들었다. 이러한 창업자의 진심은 직원들에게도 전해졌다. 이후로도 위기가 있었지만 듀폰은 그때마다 안전시스템을 더욱 강화했다. 이처럼 '안전'이라는 핵심가치는 듀폰의 설립 역사와 함께할 정도로 오랫동안 이어져 내려오는 변하지 않는 핵심가치다.

듀폰의 10대 안전원칙Safety Principles을 살펴보면 '리더의 책임감'을 강조하고 있다. 이는 리더들의 솔선수범이 가장 중요하다는 뜻이다. 리더가 현장 안전에 대해 책임감을 가짐으로써 구성원들의 안전에 대한 공감대를 형성할 수 있는 토대를 만들어야 한다는 것이다. 그에 따라 직원들이 적극적으로 참여해야 비로소 안전한 일터를 만들 수 있다.

그리고 퇴근 이후의 안전까지도 중요하게 생각하고 있다. 듀폰은 구성원들의 '24시간 안전 생활화'가 직장 내 안전으로 이어질 수 있다고 강조하는데, 이것이 듀폰만의 안전철학이다.

듀폰의 10대 안전원칙

1. 모든 사고나 직업병은 사전에 예방될 수 있다.
2. 안전은 경영진의 업무이며 최종적인 책임을 진다.
3. 모든 작업상의 위험요소는 관리가 가능하다.
4. 안전하게 일하는 것은 하나의 고용 조건이다.
5. 모든 직원은 반드시 안전교육을 받아야 한다.
6. 경영층과 관리자들의 안전감사(현장/시스템)는 필수적이다.
7. 위험요소는 즉시 시정되어야 한다.
8. 근무시간 외의 안전도 매우 중요하다.
9. 좋은 안전은 건강한 비즈니스를 만든다.
10. 직원이야말로 가장 소중하다.

듀폰은 1960년대부터 안전교육 관찰 프로그램(STOP, Safety Training Observation Program)도 운영하고 있다. 이 프로그램은 안전에 관한 직원들의 행동 변화를 관찰해 실질적인 의견교환을 함으로써 행동 변화를 유도하고 결과적으로 안전관리를 긍정적으로 할 수 있는 방법이다. 한마디로 직원들이 안전하지 못한 상황을 스스로 판단하는 능력을 향상시켜 안전사고를 사전에 예방하는 것이다.

이 프로그램은 교육 대상자를 이원화(리더와 직원들)해 운영하고 있다. 첫 번째, 리더에게는 작업자와 업무를 잘 관찰해 안전하지 못한 행동을 예방하고 안전의식을 높일 수 있도록 도와준다. 두 번째, 직원들에게는 모든 일과 활동에서 안전에 기반을 둔 행동원칙Behavior-based safety을 교육한다. 듀폰은 안전을 단순히 제도나 시스템으로 보는 것이 아닌 문화로 구축했는데, 그 사례들을 살펴보면 이들이 얼마나 안전에 대해 고민했는지를 알 수 있다.

듀폰을 방문한 외부인들은 서로 인사를 하고 나면 해야 할 일이 있다. 듀폰 직원들로부터 비상구는 어디 있는지, 화재가 발생하면 어떻게 해야 하는지 등 사고 발생에 대비한 설명을 듣는 것이다. 듀폰의 사무실 내에서도 안전은 강조된다. 사무실에는 직원들이 걸려 넘어지는 것을 예방하기 위해 모든 문턱을 없앴고, 화재 방지를 위해 곳곳에 휴대용 소화기나 랜턴을 비치해두었으며, 90도로 꺾이는 복도 코너에는 반드시 볼록거울을 설치해 직원들끼리 부딪치지 않도록 조치를 취했다. 직원들은 필기구 통에 연필을 꽂을 때도 뾰족한 부분이 아래로 가도록 꽂아야 한다. 날카로운 부분에 찔릴 염려가 있기 때문이다.

국가에서 발급해준 운전면허증도 듀폰에서는 쓸모가 없다. 회사에서 발급하는 별도의 면허증을 발급 받아야 한다. 직원들은 사내 운전 전문가와 사내 주행을 한 뒤 합격해야 '듀폰 면허증'을 받을 수 있으며, 이 면허증이 없으면 사내로 개인차를 가지고 들어올 수도 없다. 또한 매년 안전운전 검사를 위한 세부항목별 테스트를 받게 된다. 이 테스트에서 통과해야 면허증을 갱신해준다.

'Free Hands, Open Eyes(두 손은 자유롭게, 두 눈은 크게 뜨세요)'라는 슬로건을 내세워 STF(Slips, Trips & Falls, 넘어지거나 헛딛거나 미끄러짐) 방지 캠페인을 실시하고 있다. 이는 두 손은 핸드폰이나 시야를 가리는 과도한 짐, 뜨거운 커피나 노트북 등에서 자유롭게 하며(Hands Free), 두 눈은 얼음판, 주차장 바닥의 기름 등 위험요소를 잘 살펴(Open Eyes) STF 사고 예방을 하고 있다. 그리고 위험 발생이 최소화되도록 모든 직원들의 책상에 'Committed to Zero(사고율 제로)'라는 스티커를 붙여놓고 항상 안전에 대해 인지하고 행동하도록 하고 있다. 마지막으로 해외출장 시에도 안전이 검증된 호텔에서만 숙박할 수 있다. 이런 노력들 덕분에 듀폰은 오랫동안 사랑받는 명품 장수기업으로 자리를 지키고 있는 것이다.

맥킨지 조사에 따르면 기업의 평균수명은 1935년에는 90세였던 것이 1975년에는 평균 30세, 1995년에는 22세로 짧아졌다고 한다. 한치 앞도 예상할 수 없는 불확실성의 시대, 이제는 평균 15세를 넘기 힘들 것이라고 전망한다. 이런 가운데 듀폰은 무려 200세를 훌쩍 넘은 화석 같은 기업이다. 듀폰은 1802년 설립 이래 3세기에 걸쳐 생존하고 있으며, 미국 경제전문지 〈포춘〉이 선정한 '500대 기업'에서 단 한 번도 탈락하지 않았다. '포춘 500대 기업' 중 단연 최장수 기업이자 역사가 200년이 넘은 유일한 기업이다. 듀폰은 '가장 존경받는 50대 기업' 순위에도 매년 이름을 올리고 있다.

듀폰은 변신의 귀재다. 시대와 시장의 상황에 따라 끊임없이 변신해왔다. 화학회사로 시작한 듀폰은 불과 10여 년 만에 당대 최고의 섬유·소재 회사로 변신했다. 1930년대에는 화학 분야에서 나일론을 비롯한 혁신제품을 줄줄이 출시했다. 눌어붙지 않는 프라이팬의 소재 '테플론', 방탄조끼 재료 '케플라' 등도 모두 듀폰 작품이다. 1969년 인류 최초로 달에 내린 우주인은 25겹의 특수소재 우주복을 입었는데, 그중 23겹이 듀폰 제품이었다.

듀폰도 고난은 있었다. 2004년 듀폰은 수익률이 떨어지고 있는 섬유사업을 매각하겠다는 결단을 내렸다. 전체 매출의 25%를 차지하는 섬유사업을 매각하는 것은 과감한 결정이었다. 이후 듀폰은 세계적인 종자회사 파이오니아를 인수했다. 이 선택을 두고 언론에서는 '200년 역사에서 가장 큰 도박'이라고 떠들었다. 그러나 섬유사업 매각을 진두지휘한 찰스 할러데이 당시 회장은 "변화를 모색하면 위험을 감수해야 하지만 그래도 살 확률이 60~70%다. 그러나 변화하지 않으면 반드시 죽는다"라고 말했다. 그 결정은 옳았다. 듀폰은 이제 바이오·농식품·첨단소재 분야에서 유일한 '포춘 500대 기업'이 되었다.

모든 변신이 성공으로 이어지는 건 아니다. 짐 콜린스도 "끊임없이 변화를 추구하지만 일관된 원칙이 없는 회사는 전혀 변화를 시도하지 않는 회사와 마찬가지로 실패한다"라고 말했다. 듀폰은 화학회사에서 섬유회사, 그리고 바이오·농생명 기업으로 변신해왔지만 '듀폰다움'을 잃지 않았다. 그 비결은 안전과 건강, 환경보호, 윤리준수, 인간존중의 4가지 핵심가치의 힘이다. 200년 넘는 긴 세월 동안 사람, 사업 포트폴리오, 고객은 달라졌지만 듀폰의 핵심가치는 변하지 않고 긴 역사를 함께해왔다.

우리 회사에는 명확한 원칙과 기준이 살아 있는가

1901년 설립된 미국 최고의 백화점 노드스트롬Nordstrom은 전설처럼 내려오는 고객서비스로 유명하다. 단 한 번도 판매한 적이 없는 자동차 타이어를 현금으로 교환해주거나, 백화점에 여권을 놓고 간 고객을 위해 공항까지 찾아간 직원 이야기, 고객이 원하는 바지의 재고가 없자 다른 백화점에 가서 정가대로 사와 할인 가격에 판매한 것 등 서비스의 기적이라 할 수 있는 무수한 감동 사례가 있다. 이 위대한 기업의 핵심가치는 '고객에 대한 최우선적인 봉사'다. 직원들은 딜레마 상황에서 기업의 핵심가치를 우선순위로 삼아 생각을 행동으로 옮긴 것이다.

1923년 설립된 세계 최대 미디어 엔터테인먼트그룹 월트디즈니의 모든 직원들은 '디즈니대학Disney University'의 신입사원 연수에 반드시 참석해야 한다. 디즈니는 회사의 핵심가치에 부합하는 사람들을 뽑는 것에서 만족하지 않기 때문이다. 신입사원들은 '디즈니대학'에서 회사의 전통과 가치, 그리고 사업방식 등을 체계적으로 배우며 조직의 핵심가치를 체화한다. 예로 연수 프로그램 중 한 과정은 수일간에 걸쳐 디즈니랜드만의 상징적인 언어를 배우는 것이다. 디즈니만의 특별한 언어는 반복되는 교육을 통해 신입사원들의 의식 속에 확고히 심어지고 이를 통해 디즈니의 핵심가치는 더욱 강화된다.

오랜 역사를 지속해온 이 기업들이 오늘날까지 각 분야에서 세계 최고 기업을 유지하고 있는 비결은 '핵심가치'와 연관이 깊다. 애플의 스티브 잡스는 사망 전 인터뷰에서 '기업의 성공'과 '핵심가치'가 얼마나 밀접한지에 대해 이렇게 말했다.

"우리의 핵심가치들이 변해 무너져버린다면 저는 차라리 이 일을 그만두겠습니다. 우리는 애플 초창기와 같은 가치를 가지고 있습니다. 조금 더 노련해지고 경험도 많아졌지만 핵심가치는 변함없습니다. '사람들을 위한 최고의 제품을 만들겠다'는 우리의 가치는 5년 전 혹은 10년 전과 같습니다."

자포스, 하이얼과 같은 혁신기업도 그렇고 구글, 아마존, 페이스북과 같은 초일류 기업도 그렇고, 듀폰, P&G 등 100년이 넘는 장수기업 모두 핵심가치를 강력하게 지키고 있다.

중국 기업 하이얼Haier은 1984년 중국 칭다오에서 출발한 종합가전기업이다. 삼성, LG 등 가전왕국 한국을 넘어 2009~2017년 '9년 연속 세계 판매 1위'를 기록했으며, 약 100여 개의 가전 분야에서 1만 5,000개의 제품을 세계 160여 개 나라에 판매하고 있다. 하이얼은 '품질Quality, 서비스Service, 혁신Innovation'이라는 하이얼의 3가지 DNA를 바탕으로 날로 발전하며 세계 가전시장을 석권하고 있다.

설립 초기 하이얼의 냉장고 불량률은 20%에 달했다. 10대 중 2대는 고장 나서 반품되는 수준이었다. 장루이민 회장은 불량 난 76대의 냉장고를 공장 마당에 늘어놓았다. 그리고 제품을 생산한 직원들에게 해머를 들려주고 직접 부수게 했다. 직원들은 엉엉 울면서 자신들이 만든 냉장고를 때려 부쉈다. 일등정신으로 무장한 하이얼 전자제품의 신화는 이렇게 시작되었다.

다른 글로벌기업들은 어떤 핵심가치를 갖고 있을까? 아마존은 '고객중심, 절약정신, 즉각실천, 주인의식, 인재발굴, 혁신'을, 알리바바는 '고객중심, 변화수용, 협력, 성실과 정직, 열정, 헌신'을, 암웨이는 '정직과 신뢰, 책임감, 파트너십, 개인가치존중, 자유기업가정신, 성취'라는 핵심가치를 지키고 있다.

그렇다면 우리나라 10대 기업의 핵심가치는 무엇일까?

삼성그룹 홈페이지에는 '우리의 핵심가치는 삼성 기업정신 중에서 가장 핵심적이며 모든 삼성인의 사고와 행동에 깊이 체화된 신념을 말한다'라고 쓰여 있다. 덧붙여 핵심가치는 '삼성이 가장 소중하게 지켜온 가치이자 신념으로서 삼성의 위대한 내일을 위한 성공 DNA'라고 설명하고 있다. 일반인에게 '삼성' 하면 떠오르는 단어를 말해보라고 하면 '최고', '인재', '변화', '정도正道'라는 말을 떠올린다. 삼성은 그들의 핵심가치를 '인재제일', '최고지향', '변화선도', '정도경영'이라고 표방하고 있다. 그들이 선언하고 있는 핵심가치와 일반인이 생각하는 이미지 일치도가 매우 높은 사례다. 이는 핵심가치가 조직에 잘 정착되어 있다는 의미이기도 한다. 여기에 삼성의 핵심가치가 하나 더 있다. 삼성의 다섯 번째 핵심가치는 '상생추구'다. 삼성은 '상생추구'에 대해 '나보다 남을 먼저 생각하는 것'이라고 정의하고 있다.

현대자동차그룹 홈페이지에는 핵심가치를 '경영철학(미션)과 비전을 달성하기 위해 모든 구성원들이 내재화하여 행동과 의사결정의 기준으로 추구하는 가치'라고 설명하고 있다. 일반인에게 '현대차' 하면 떠오르는 단어를 말해보라고 하면 '도전', '글로벌'이라는 단어를 떠올린다. 현대차는 '도전적 실행', '글로벌 지향'을 핵심가치로 하고 있다. 여기에 '소통과 협력', '고객 최우선', '인재 존중'을 합쳐 5가지 핵심가치를 가지고 있다. 과거 정주영 명예회장이 있을 때 현대그룹 정신인 '창조적 예지', '적극의지', '강인한 추진력'을 시대환경에 맞게 바꾼 것이다.

한화그룹은 2011년 5월 '한화 핵심가치 선포식'을 개최했다. 그 자리에서 '도전', '헌신', '정도'라는 핵심가치가 발표되었다. 김승연 회장은 선포식을 통해 "핵심가치는 전 임직원들이 갖추어야 할 신념"이라고 정의했으며, "'도전', '헌신', '정도'는 한화 정신인 '신용과 의리'를 글로벌 무한경쟁시대에 맞게 재해석해 전 임직원의 행동지침으로 구체화한 것"이라고 말했다. 선포식 후 한화그룹 홈페이지에 한화 정신인 '신용과 의리'는 어느 곳에도 표현되어 있지 않으며, '도전', '헌신', '정도'만을 표방하고 있다.

삼성, 현대, 한화는 60년 이상 지속된 한국을 대표하는 세계적인 기업이다. 창업자인 이병철, 정주영, 김종희로부터 현재 2, 3세 경영자로 이어져 내려오는 과정에서 이들 기업의 핵심가치는 기본 뼈대를 유지해온 공통점이 있다. '최고의 삼성', '도전의 현대', '의리의 한화'는 수십만 명 직원들의 변함없는 원칙과 기준으로 자리 잡고 있으며, 일반인들이 그 기업에 대해 떠올리는 이미지가 되었다. 핵심가치는 단순히 홈페이지나 액자 속에 있는 구호가 아닌 '실재적인 조직의 운영 원리'라는 의미다.

소통은 조직의 핵심가치이자 핵심종이다

연봉, 근무환경, 복지가 모두 좋은 한 중소기업에 근무하는 사회 초년생 직원과 대화를 나눈 적 있다. 그는 회사 내 카페테리아가 있는데, 역할 분담이 안 되어 신입사원인 자기만 청소나 정리를 한다며 불평을 이야기했다. 선배나 상사에겐 말하기가 불편해서 참고 있다고 했다. 회사는 더할 나위 없이 좋지만 그 이유 때문에 관두고 싶을 정도라고 했다.

한 경영자는 임원과 면담한 후 굉장히 화가 났던 이야기를 들려주었다. 고참 임원이 느닷없이 연봉을 올려달라고 요구했다고 한다. 연봉 인상 요구가 문제가 아니었다. 평소 직원들이나 경영에 대한 의견은 일체 꺼내지도 않다가 간만에 꺼낸 이야기가 연봉이라니, 경영자와 임원의 소통이 이 정도밖에 안 되나 하는 자괴감이 들었다고 한다.

요즘 기업환경에서 직원들이 느끼는 조직의 가장 큰 문제는 무엇일까? 나는 여러 기업의 직원들에게 '우리 조직의 가장 큰 문제점 또는 조직 과제는 무엇인가?'라는 설문과 인터뷰를 진행해오고 있다. 그 결과를 보면 '소통이 안 된다', '협업이 필요하다'는 대답이 대부분이다. 저성장과 초경쟁이라는 기업환경에서 긴밀한 상호작용을 위한 소통은 필요조건이다. 그래서 기업의 경영진과 리더들도 소통을 위해 다양한 노력을 기울이지만 여전히 '소통이 안 된다'는 볼멘소리가 줄어들지 않고 있다.

2015년부터 가치관 수립이나 재정립한 기업의 가치관에 반드시 들어가는 키워드 역시 '소통'이었다. 몇 년 전만 해도 기업의 핵심가치에 '소통'은 흔히 볼 수 있는 키워드가 아니었는데, 이제 소통은 기업의 생존과 성장에 반드시 필요한 공통 핵심가치가 되었다.

자연생태 관련 용어에 보면, 다른 종種의 생존 능력이나 생태계의 연쇄 멸종에 결정적인 역할을 하는 종을 '핵심종Keystone Species'이라고 하는데, 현대 기업에서 '소통'이야말로 핵심종인 셈이다.

지금은 '미국의 세렝게티'라고 불리는 옐로스톤 국립공원은 1990년대에 황폐화된 벌판이 되어버렸다. 1995년 황폐화된 국립공원을 복원하기 위해 조사를 실시했는데, 옐로스톤에 있는 활엽수의 수령은 신기하게도 대부분 70년 이상이었다. 이런 현상은 70년 전인 1920년대부터는 나무들이 제대로 자라지 못했다는 뜻이고, 원인은 당시 초식동물의 키가 닿는 2미터 미만의 나무는 거의 죽어버렸기 때문이다.

1912년 옐로스톤으로 가보자. 당시 미 의회는 회색늑대가 인간과 가축에게 위협이 되기 때문에 모조리 죽이기로 했고, 10년 동안 10만여 마리를 죽여 1923년 회색늑대는 멸종하게 되었다. 회색늑대가 없어지자 몸집이 작은 코요테가 먹이사슬의 꼭대기에 올라서게 되었고, 몸집이 큰 사슴은 포식자가 없어졌다. 그러자 사슴의 숫자가 급격히 늘어나 초원에는 온통 평화롭게 풀과 작은 나무를 먹고 있는 사슴 천지가 되었다. 결국 생태계가 깨지고, 풀과 나무가 사라진 초원은 황폐화되었다.

그러다가 70년이 지난 1995년, 미 의회는 기하급수적으로 늘어난 사슴을 줄이기 위해 캐나다에서 31마리의 회색늑대를 공수해서 방사했다. 이때부터 옐로스톤에는 놀라운 일이 벌어졌다. 사슴의 숫자가 줄어드는 것은 물론 회색늑대에게 잡아먹히지 않기 위해 사슴의 행동패턴도 바뀌었다. 늑대가 발견할 수 있는 초원에서 사슴이 사라진 것이다. 사슴이 사라지자, 초원에는 다시 풀이 자라고 나무가 자라면서 짧은 시간에 울창한 산림이 복원되었다. 나무들이 자라나자 새들이 날아와 나무 위에 집을 짓고, 비버들이 나무를 베어 댐을 지었다. 비버가 만든 댐은 강물을 막아 물고기들이 살 수 있는 수중생태계가 복원되었다.

그사이 생태계의 제일 위에 있던 코요테의 숫자도 절반으로 줄어들었다. 코요테가 줄어들자 들쥐, 토기와 같은 설치류의 숫자가 늘어났고, 설치류를 잡아먹는 여우, 족제비는 물론 독수리까지 모여들게 되었다. 다시 자라는 나무에는 열매가 열리고, 열매를 따먹는 곰까지 공원에서 살게 되었다. '미국의 세렝게티'라는 명성을 얻은 옐로스톤은 이런 역사를 가지고 있다.

생태계의 균형이 깨진 황폐화된 옐로스톤은 70년 만에 돌아온 31마리의 회색늑대에 의해 복원되었다. 옐로스톤에서 회색늑대는 다른 종의 생존능력을 결정하고 생태계의 연쇄 멸종에 결정적인 역할을 한 핵심종이다. 2013년 〈사이언스〉지는 전 세계 32곳의 먹이사슬을 연구한 결과 핵심종의 역할은 지역에 상관없이 공통된 것이라는 연구 결과를 발표했다.

옐로스톤에서 '회색늑대'가 핵심종이었듯이 '소통'은 우리 기업의 생존과 지속 가능한 성장을 이끄는 핵심가치이자 핵심종이다. 과거 산업화와 고도 성장기에 소통은 중요한 가치가 아니었다. 지시하는 대로 말 잘 듣고 열심히 일하는 것이 가장 중요한 가치였다. 불량 없이 많이 만들기만 하면 기업에 부를 안겨주었다. 고도 성장기를 지나 안정적 성장기에는 좋은 품질과 디자인, 강력한 마케팅과 영업능력이면 생존하고 성장할 수 있었다.

하지만 최근 몇 년간 낮은 성장률과 침체된 내수, 치열한 글로벌 경쟁 상황에서 기업환경은 매우 어려워졌다. 내부환경도 마찬가지다. 불안정한 고용환경과 직원들의 가족 중심 경향, 그리고 기성세대와 확연히 다른 정서를 가진 청년세대의 증가, 자유로운 사회 분위기 등으로 인해 강력한 리더십에 의존하는 과거의 조직문화도 큰 변화를 겪고 있다.

지금 대부분의 기업들은 내외부적으로 어려운 환경에 놓여 있다. 이 시점에 기업 내에서 강력한 힘을 발휘할 수 있는 것이 바로 '소통'이다. 치열한 외부 위협에 대응하려면 직원들의 정보가 공유되고 통합되어야 한다. 외부 정보가 취합되고 융합되지 않으면 외부 상황을 올바로 판단할 수 없다. 내부적으로 직원들이 같은 생각을 해야 하는데, 소통이 되지 않으면 직원들이 어떤 생각을 하는지 알 수 없기 때문에 생각의 통일도 어렵다.

상하, 동료 관계도 마찬가지다. 상대가 무슨 생각을 하는지 모르는 상황에서 높은 수준의 협업을 기대하기란 어렵다. 무엇보다 위기에 처한 기업은 창의성을 발휘해 더 훌륭하고 새로운 제품과 서비스를 만들어야 하고, 도전과 열정으로 사업과 시장을 확장해야 한다. 그런데 조직에서 소통이 안 되면 개인과 조직에 창의, 도전, 열정과 같은 가치가 살아 움직이기 어렵다. 무엇보다 소통 없이는 사람과 사람 사이에 수준 높은 신뢰를 구축하기 어렵다.

소통은 존중을 기반으로 열린 마음으로 사람을 대하는 것이다. 조직에서는 활발한 대화와 토론으로 소통을 한다. 모두 소통이 중요하다고 말한다. 특히 관리자, 임원, 경영자일수록 소통의 중요성을 더욱 실감하고 나름의 노력을 다하고 있다. 그런데 직원들은 상사들이 소통이 부족하다고 말한다. 노력했는데도 부족하다고 한다면 그만큼 중요하다는 의미로 받아들이고 더 노력해야 한다. 확실한 것은 직원들에게 변화와 혁신, 열정과 도전, 신뢰가 중요하다면 소통은 가장 중요한 핵심가치다. 소통은 기업의 생존과 성장을 결정하는 경영의 핵심 종이다.

소통하라! 소통하라! 더 많이 소통하라!

핵심가치 수립 1단계

핵심가치 수립을 위한 3가지 질문

C기업의 강의장에서 핵심가치 수립을 위한 워크숍이 한참 진행 중이었다. 신사업을 담당하는 팀장이 먼저 나서 "우리는 지나치게 신중했어요. 성실히 일했지만 새로운 시도에 소극적이었죠. 이런 자세는 재빨리 기회를 포착해 움직여야 하는 신사업 쪽에서 아주 불리합니다"라고 말했다. 그러자 다른 직원이 "우리를 성공하게 만들었던 '성실' 같은 가치를 버릴 수는 없습니다"라고 받아쳤다. 그들이 핵심가치에 합의하는 데는 장장 4시간이나 걸렸다. 결국 그들은 치열한 논의 끝에 '도전과 실험, 인재 중시, 정직과 성실'이라는 3가지 가치에 합의했다. 특히 이전에 부족했던 '도전과 실험'을 가장 중요한 가치로 삼았다.

사실 핵심가치 도출을 어렵게 하려면 끝도 없다. 나는 전문가로서 쉽지만 명확한 방법을 추천한다. 바로 42개의 '가치 카드'를 활용하는 방법인데, 먼저 다음의 3가지 질문에 대해 생각해보자.

핵심가치 수립을 위한 3가지 질문

우리를 오늘날의 성공으로 이끈 원칙과 기준은 무엇인가?

현재 우리 조직에서 가장 중요하게 생각하는 원칙과 기준은 무엇인가?

우리 조직의 미션, 비전을 달성하기 위해 필요한 원칙과 기준은 무엇인가?

첫 번째 질문은 '우리를 오늘날의 성공으로 이끈 원칙과 기준은 무엇인가?'이다. 세계 1위 가성칼륨 생산기업인 유니드는 이 질문에 '신뢰'라고 답했다. 유니드는 지금의 자리에 오르기까지 무수한 실패의 위기를 겪었고 그 과정은 결코 쉽지 않았다. 하지만 그들은 좌절하지 않고 정직과 책임감을 바탕으로 고객에게 다가갔으며, 탁월한 역량을 갖추기 위해 무수히 노력했다. 그 결과 고객의 신뢰를 얻게 되었고 세계 1위의 자리에 오르게 되었다.

두 번째 질문은 '현재 우리 조직에서 가장 중요하게 생각하는 원칙과 기준은 무엇인가?' 혹은 '현재 우리 조직의 문제점과 해결을 위해 필요한 가치는 무엇인가?'이다. 이 질문에 대다수의 기업이 '소통'이라고 답했다. 요즘 기업의 최대 과제는 소통이다. 세대 간, 상하 간, 부서 간 꽉 막힌 소통이 조직의 발전을 저해하고 있다.

마지막 질문은 '우리 조직의 미션, 비전을 달성하기 위해 필요한 원칙과 기준은 무엇인가?'이다. B기업은 50년 역사를 자랑하는 전통기업으로 철저한 관리 시스템과 프로세스로 효율성을 추구하며 성장해온 기업이다. 하지만 창의성이 요구되는 시대적 환경과 조직원들의 사고 변화에 따라 '자율과 책임'이 필요하다고 판단해 핵심가치에 넣었다.

핵심가치 수립을 위한 3가지 질문에 대해 생각해봤다면 CEO 인터뷰, 임원그룹 워크숍, 직원대표 워크숍, 전 직원 토론회를 통해 이 3가지 질문에 대해 각 그룹별로 중요하게 생각하는 핵심가치를 도출해야 한다. 도출 진행 순서는 ① 개인별 도출, ② 조별 토론 및 선정, ③ 전체 토론 및 선정으로 진행된다.

먼저 개인별로 아래의 표에 쓰인 42개의 핵심가치 중에서 3가지 질문에 해당하는 핵심가치를 찾는다. 예시에 없는 새로운 가치를 추가해도 좋다. 다음 단계는 '공통된 핵심가치'를 찾는 것이다. 조별로 결과물을 취합한 다음 토론을 통해 최종 3~5가지를 선정한다. 우리 조직의 핵심가치는 위에서 제시한 3가지 질문에 모두 "예"라고 답할 수 있어야 한다. 오늘날의 성공을 만든 가치가 반드시 조직의 미래를 위해 필요한 가치가 아닐 수도 있고, 오히려 상충되는 경우도 있다. 따라서 필요충분조건이 성립되어야 핵심가치가 된다. 이를 바탕으로 토론을 진행해야 한다. 마지막으로 조별 토론 결과를 종합해 가장 많이 나온 순대로 정리하고, 동일한 방식으로 전체 토론을 거쳐 해당그룹의 핵심가치 우선순위를 3~5개로 정리한다.

42개의 핵심가치 카드

도전 Challenge	균형 Balance	신뢰 Trust	성취 Accomplishment	탁월 Superiority	긍정 Positive Mind
관용 Generosity	효율 Efficiency	자율 Autonomy	완벽 Perfection	공정 Fairness	변화 Change
혁신 Innovation	유머 Humor	소통 Communication	용기 Courage	용서 Forgiveness	예의 Etiquette
성장 Growth	스피드 Speed	정직 Honesty	충성 Loyalty	헌신 Devotion	자존감 Dignity
목표 Goal	책임 Responsibility	팀워크 Teamwork	감사 Gratitude	존경 Respect	안정 Stability
감성 Sensitivity	지식 Konwledge	열정 Passion	아름다움 Beauty	즐거움 Fun	전문성 Specialty
인내 Patience	신실 Sincerity	다양성 Diversity	성실 Faithfulness	창의 Creativity	안전 Safety

다음으로는 각 그룹별 최종 결과물을 바탕으로 핵심가치 후보군을 정리하면 된다. 핵심가치 후보군은 보통 20개 내외로 정리된다. 각 그룹별 Best와 전체통합 Best를 득표수대로 정리해두면 다음 단계에서 토론을 진행할 때 도움이 된다. 이후 핵심가치 도출 방법에 대해서는 뒤에서 자세히 설명하고 있으니 천천히 책을 읽으며 따라하면 된다.

핵심가치 토론은 미션, 비전과 목표에 비해 각 그룹별 생각의 차이가 큰 경우가 많다. 하지만 걱정할 필요는 없다. 추후 각 그룹의 대표가 모인 가치관 수립 워크숍을 통해 충분한 토론을 거쳐 최종선정하기 때문이다. 이 단계에서는 3가지 질문을 바탕으로 각 그룹의 생각을 정리해 전체 핵심가치 후보군을 정리하는 것을 목표로 한다.

핵심가치 수립 2단계

핵심가치 선정과 명료화

핵심가치 수립 2단계는 1단계에서 도출된 핵심가치 후보군을 바탕으로 합의를 통해 핵심가치를 최종 선정하고 명료화하는 과정이다. 핵심가치를 선정하고 명료화하는 데는 3단계로 구분할 수 있는데, 하나씩 살펴보도록 하자.

1. 합의를 통해 핵심가치를 선정하라

1단계에서 도출된 결과물을 바탕으로 가치관 수립 워크숍을 통해 핵심가치를 선정하는 단계다. 우선 각 조별로 가장 중요하다고 생각하는 가치 3가지를 선정한다. 참석자들이 각자 자신이 중요하다고 생각하는 핵심가치 3가지를 메모지에 적어 제출하면 그중에서 가장 많은 표를 받은 것을 조원들 간의 합의를 통해 최종 선정하는 것이다.

A화학 직원토론 결과 종합 - Core Values

1. 토론 내용: A화학의 핵심가치가 되었으면 하는 가치 선정(3~4개)

선정기준) 현재 회사 및 직원이 중요하게 생각하는 가치

향후 회사의 미션과 비전을 달성하기 위해 지켜야 할 가치

2. 전체 토론 결과 종합: 우선순위 5개 도출(총 20개)

(1~5위)

전문성(18%)

소통(13%)

도전(12%)

신뢰(10%)

혁신, 안전(각 7%)

(기타) 즐거움 - 성취 - 효율성 - 원칙

구분	핵심가치	득표	비율
1	전문성	12	18%
2	소통	9	13%
3	도전	8	12%
4	신뢰	7	10%
5	혁신	5	7%
6	안전	5	7%
7	즐거움	4	6%
8	성취	2	3%
9	효율성	2	3%
10	원칙	2	3%
11	팀워크	3	4%
12	품질	1	1.5%
13	미래지향	1	1.5%
14	목표의식	1	1.5%
15	동반성장	1	1.5%
16	기본	1	1.5%
17	최고	1	1.5%
18	고객행복	1	1.5%
19	친절	1	1.5%
20	매력	1	1.5%
	합계	68	100%

3. 부문별 핵심가치 도출 결과:

공통 우선순위 4개 도출(총9개)

(공통 우선순위)

전문성(5개 부문 모두 선정)

소통(3개 부문 선정)

신뢰(3개 부문 선정)

도전(3개 부문 선정)

ⓐ연구부문: 도전 - 소통 – 전문성 – 신뢰

ⓑ제1사업부문: 전문성 – 원칙 준수 – 신뢰

ⓒ제2사업부문: 혁신/도전 – 전문성 – 소통

ⓓ경영전략부문: 소통 – 전문성 – 도전/혁신

ⓔ울산공장: 안전/품질 – 신뢰/동반성장 – 전문성/미래지향

이렇게 각 조별로 핵심가치가 정해졌다면 이를 다시 취합해 가장 많은 조에서 선정한 것을 최종 핵심가치로 정하면 된다. 혹 의견이 대립되는 경우 각 조 사이의 합의가 필요한데, 다소 시간이 걸리더라도 적절한 합의를 이끌어내기 위해서는 충분히 논의해야 한다.

A화학의 경우 부문별 워크숍을 통해 부문별로 핵심가치를 도출했다. 이 데이터를 바탕으로 전체 토론 결과를 종합해 총 20개의 핵심가치 후보군을 만들었고, 가장 많이 나온 우선순위 5개의 핵심가치를 도출했다. 이를 바탕으로 가치관 수립 워크숍에서 토론과 합의를 거쳐 '안전, 신뢰, 소통, 전문성, 도전'이라는 5대 핵심가치를 선정했다.

2. 핵심가치의 의미를 명료화하라

다음으로 '핵심가치 명료화'는 핵심가치에 대해 구성원들이 같은 생각을 가질 수 있도록 그 회사만의 의미로 정의하는 것이다. 우리가 보기에 같아 보이는 '신뢰'라는 핵심가치도 기업마다 그 의미가 다르다. 예를 들면 이렇다.

- 늘 원칙을 지키고 예측 가능하게 행동한다(두산인프라코어)
- 정직하고 당당하게 일하며 서로 존중하고 협력한다(삼익악기)
- 사실에 입각하여 생각하고 일관성 있게 행동한다(벤타코리아)
- 스스로와 서로에게 떳떳하게 행동하고 뛰어난 역량을 갖춘다(동서식품)
- 서로에게 정직하고 탁월한 역량을 갖추어 책임 있게 행동하는 것

(유니드)

이처럼 핵심가치는 단어가 중요한 게 아니라 그 단어가 뜻하는 '의미'가 중요하다. 따라서 사전적 의미가 아닌 그 기업만의 핵심가치의 의미를 정해야 한다. 하나의 사례로 휴맥스의 핵심가치를 살펴보자. 휴맥스는 4가지 핵심가치를 갖고 있으며 각각의 의미는 다음과 같다.

- **Integrity**

  스스로에게 떳떳하도록 생각하고 행동하는 것, 공동의 이익을 위해 생각하고 행동하는 것
- **Communication**

  상대방의 기대와 니즈에 귀 기울이고 반응하는 것, 합리적인 의사결정을 위해 수평적이고 개방적으로 소통하는 것
- **Commitment**

  결과에 대하여 책임지는 것, 동료와 조직을 위해 파트너로서 공헌하는 것
- **Innovation**

  변화하는 현실을 통찰하고 창조적 대안을 발굴하여 최고의 목표를 위해 스스로 변화하고 성장하는 것

휴맥스의 핵심가치는 의미가 명확하고 구체적으로 기업이 지향하는 바를 잘 나타내주고 있다.

그렇다면 우리 회사의 핵심가치의 의미는 어떻게 도출해야 할까? 방

법은 다음과 같다. 조별로 1개의 핵심가치를 맡아 그 의미에 대해 토론한 다음, 전체 토론을 통해 그 결과를 다듬고 수정한 후 결정하면 된다. 만약 조 개수가 핵심가치의 수보다 많다면 2개 조가 1개의 핵심가치 의미를 각각 토론하고 취합한 뒤 전체 토론을 통해 정리하면 된다.

3. 표현을 바꿔라

핵심가치를 선정하고 명료화하는 마지막 단계는 표현을 다듬어 완성하는 것이다. 보통 핵심가치는 신뢰, 소통, 도전, 전문성, 즐거움 등 단어로 표현하는데, 좀 더 다르게 표현하면 특별하게 만들 수도 있다. 핵심가치를 특별하게 만드는 대표적인 3가지 스타일을 소개하겠다.

첫 번째, 문장으로 만드는 방법이다. 월드비전의 경우 '우리는 그리스도인입니다, 우리는 가난한 사람들을 위해 헌신합니다, 우리는 사람을 소중히 여깁니다, 우리는 청지기입니다, 우리는 동역자입니다, 우리는 응답합니다'라고 표현했으며, 홀트아동복지회는 '믿음을 지킵니다, 서로 협력합니다, 함께 즐겁게 일합니다, 최고의 역량을 갖춥니다, 바람직한 성장을 추구합니다'라는 문장으로 정리했다.

두 번째, 수식어를 붙여 표현하는 방법이다. 대표적으로 디와이그룹은 '깨끗한 일터, 즐거운 사원, 튼튼한 회사'라고 정리했으며, 동서식품은 '떳떳한 관계의 신뢰, 최고를 지향하는 열정, 미래를 위한 창의'라고 표현했다.

세 번째, 영문명 앞 자를 따서 새로운 의미를 붙이는 것이다. 예를 들면 군장에너지의 핵심가치는 'SPECIAL'인데, 'Safety(안전), Passion(열정), Expertise(전문성), Communication(소통), Impression(감동), Appreciation(긍정), Leader(최고)'라는 7대 핵심가치의 앞 자를 따서 만들었다. 하나금융그룹의 경우 'POWER on Integrity'라고 표현했는데, 이는 금융인의 기본적인 윤리인 'Integrity(정직, 성실, 투명)'을 바탕으로 'Passion(열정), Openness(열린 마음), With Customer(손님 우선), Excellence(전문성), Respect(존중과 배려)'라는 5개의 핵심가치로 맹렬히 나아가겠다는 의지를 담고 있다.

우리 기업의 핵심가치를 특별하게 만들고 싶다면 위 예시들을 참고해 멋지게 표현해보자.

핵심가치를 선정할 때 가장 많이 하는 질문이 '핵심가치는 몇 개가 적당한가?'다. 사실 이 질문에 대한 정답은 없다. 적게는 1개부터 많게는 8~9개까지 갖고 있는 기업도 있다. 다만 핵심가치 개수가 너무 적으면 조직의 우선순위를 모두 담지 못하고, 너무 많으면 복잡하고 기억하기가 어려워 3~7개 정도를 권장한다.

이 질문에 대해 곰곰 생각하다가 나는 흥미로운 사실을 발견했다. 2013년까지 국내의 대다수 기업들은 평균 3개의 핵심가치를 선정했다. 그런데 2014년부터 해가 거듭될수록 4개, 5개로 매년 하나씩 늘어나더니 현재는 6~7개까지 늘어나고 있다. 경영환경이 급변하는 속도가 빨라졌고 조직 구성원이 다양해지면서 사회, 고객, 조직 구성원이 요구하는 내용이 전보다 다양해진 것이 그 이유라 판단된다. 정리하자면 핵심가치 개수는 3~7개 정도를 기본으로 하되 각 기업의 상황에 맞춰 유연하게 결정하면 된다.

핵심가치 수립 3단계

행동약속까지 만들어야 완성이다

국민MC 유재석은 대한민국 대표 미담자판기로 불린다. 예의 바르고 자상한 매력에 전 국민에게 사랑받는 연예인이다. 유재석이 동료와 선후배들을 진심으로 위하는 이유는 자신의 핵심가치를 '배려'로 삼았기 때문이다. 유재석은 자신과의 약속을 '배려'로 정하고 그에 맞는 행동으로 실천하고 있다. 예를 들면 '상대방의 이야기를 잘 들어주고 끝까지 경청한다', '신인, 무명 후배를 만나면 꼭 차비를 준다', '후배들에게 단체 문자가 아니라 이름을 넣어서 답장한다' 등이다.

이처럼 핵심가치를 올바르게 실천하려면 바람직한 행동을 알아야 한다. 미션, 비전과 목표, 핵심가치의 의미가 무엇(What)인지, 지켜야 하는 이유(Why)가 정의되었다면 임직원들은 어떻게(How) 해야 하는지를 구체적으로 정해야 한다. 여기에서 '어떻게(How)'가 바로 '행동약속'이다. 약속은 무언의 말이며 행동의 언어다. 많은 기업들이 미션,

비전, 핵심가치를 정한 다음 홈페이지에 설명해두었지만 행동약속을 정하지 않는다. 그러다 보니 가치관은 단순히 좋은 말에 지나지 않는 학교의 급훈 정도로 전락하게 된다.

앞서 소개했던 '수지농협'의 경우 임직원의 행동약속으로 '준비는 철저하게! 실행은 빠르게! 마무리는 확실하게!', '밝고 활기찬 인사로 하루를 시작한다', '공통업무에 적극 참여한다', '개인의 정보, 지식, 경험을 적극 공유한다', '결정된 목표에 부정적인 표현을 하지 않는다', '고객의 이익에 반하는 업무추진을 하지 않는다'와 같이 구체적으로 행동을 정의하고 실천을 약속하고 있다. 구체적인 행동약속 없이 가치관 실천은 어렵다.

행동약속이란 무엇인가

가치관경영을 전파하고 기업을 도우면서 감동을 느끼는 순간들이 있다. 먼저 모든 구성원들의 공감, 참여, 합의로 그 조직의 가치관을 수립하는 때다. 두 번째는 모든 구성원들이 "이제 우리 모두 이런 행동을 함께 합시다"라고 행동약속을 정할 때다. 이런 모습을 여러 번 봤지만 그때마다 느끼는 감동이 있다. 기업에서 모든 직원들이 공동의 목적과 목표를 달성하기 위해 같은 생각과 같은 행동을 한다는 것은 그 자체로 감동이다. 과연 가능하냐고 의심하는 이들도 있지만 물론 가능하다고 장담한다.

일반적으로 가치관 수립이라고 하면 미션, 비전과 목표, 핵심가치를 만드는 것까지만 생각한다. 하지만 반드시 행동약속까지 만들어야 한다. 가치관을 만들고 나서 "지금부터 무엇을 해야 하지?"라는 질문이 나오면 안 된다. 기업 가치관을 수립했다면 그다음은 '실천'이다. 조직 구성원들이 가치관에 맞는 어떤 행동을 해야 하는지를 정하는 것인데, 이것이 '행동약속'이다. 한마디로 행동약속이란 가치관 실천을 위한 바람직한 행동이 무엇인지를 정하는 것이다. 요즘은 인터넷에서 검색만 해도 수백 개 기업의 행동약속을 찾을 수 있다. 기업 내에서 행동약속을 정하는 담당자라면 검색한 내용을 조합하기만 해도 그럴듯한 행동약속을 만들 수 있다.

여기에서 놓치지 말아야 할 사실이 있다. 사람들은 일반적으로 누군가 시키는 일을 하는 것을 그리 좋아하지 않는다는 점이다. 행동약속을 정했지만 실천하지 않을 수 있다는 뜻이다. 따라서 행동약속을 정할 때는 직원들이 합당하다고 생각하는 바람직한 행동을 스스로 정하고 합의해야 한다. 기업별로는 일반적으로 행동규범, 행동지침, 행동원칙 등 다양한 용어로 불리는데 나는 '행동약속'이라는 표현을 권장한다. 왜냐하면 행동지침(지침: 지시와 방침), 행동원칙(원칙: 규칙이나 법칙), 행동규범(규범: 마땅히 지켜야 할 것)이라는 표현은 스스로 정한 것도 아니고 누군가가 시키는 일이라는 느낌을 주기 때문이다. 그에 반해 행동약속(약속: 스스로 정한 것)은 스스로 정한 것이라 몸소 실천해야 한다는 의미로 받아들여지기에 이 표현을 권장한다.

좋은 행동약속의 5가지 조건

행동약속은 바람직한 행동을 정하는 것이다. 우리는 아침에 일어나

세수를 먼저 할지, 이를 먼저 닦을지 고민하지 않는다. 신발을 신을 때 오른발을 먼저 넣을지, 왼발을 먼저 넣을지도 고민하지 않는다. 습관이 되어 자연스러워졌기 때문이다.

이처럼 조직의 행동약속도 습관이 되어 자연스러워져야 한다. 그러려면 제대로 만들고 평가할 수 있어야 한다. '착하게 살자', '열심히 해보자', '최선을 다하자'라는 말은 어떤 행동인지 사람마다 다르게 생각할 수 있고, 느끼는 정도도 달라 행동약속을 제대로 실천하는지 판단하기 어렵다. 그래서 나는 행동약속을 정하는 데 필요한 5가지 조건을 제시하려 한다.

행동약속을 정하는 데 필요한 5가지 조건

첫째, 관찰할 수 있는 행동일 것(예: 눈을 맞추고 미소로 인사한다, 회의 종료 후 회의록을 배포한다 등)

둘째, 객관적으로 평가할 수 있는 행동일 것(예: 중간보고를 한다, 미팅은 10분 전에 도착한다 등)

셋째, 훈련할 수 있는 행동일 것(예: 약속은 기한을 정하고 반드시 지킨다, 공식 회의 시 존칭과 경어를 사용한다 등)

넷째, 현재보다 발전적 상태로 이끌 수 있는 행동일 것(예: 고객 미팅 종료 후 회의록을 발송한다, 도전하는 일에 부정적 결론을 먼저 내리지 않는다 등)

다섯째, 위 4가지에 해당하지 않더라도 우리 조직에 꼭 필요한 생각이나 행동일 것

행동약속 도출을 위한 3단계

행동약속 도출은 가치관을 실행에 옮기기 위해 구성원 간의 합의된 약속을 정하는 과정이다. 그렇다면 행동약속을 도출하기 위한 과정을 하나씩 살펴보도록 하자.

첫째, 가치관 실천을 위한 Do&Don't를 찾는다.

가치관을 실천하기 위해 반드시 해야 할 행동(Do)과 절대 하지 말아야 할 행동(Don't)은 무엇이 있을까? 이에 대한 답부터 찾아보자. 이는 회의, 지시 보고, 문서 작성, 협업, 근태 등 수시로 발생하는 업무 과정에 대해 '해야 할 행동'과 '하지 말아야 할 행동'을 토론하는 것이다.

	반드시 해야 할 행동 Do	하지 말아야 할 행동 Don't
미션		
비전		
핵심가치		

먼저 개별적으로 '반드시 해야 할 행동과 절대 하지 말아야 할 행동'을 각각 2개씩 포스트잇에 적는다. 이때 주의할 점은 포스트잇 한 장에 한 가지 아이디어만 적고 행동을 구체적으로 표현하는 것이다. 또 하나의 문장에는 하나의 내용만 담도록 한다.

그다음으로 포스트잇을 취합하고 조별 토론을 통해 조별로 '반드시 해야 할 행동과 절대 하지 말아야 할 행동'을 다시 3개씩 작성한다. 행동약속 도출 기준은 ① 관찰할 수 있는 것, ② 행동을 지칭하는 단어, ③ 객관적으로 평가할 수 있는 것, ④ 훈련할 수 있는 것, ⑤ 현재보다 발전적 상태로 견인할 수 있는 것이며, 이를 행동 가능한 언어로 표현해야 한다.

예를 들면 반드시 해야 할 행동에는 '기본예절을 지킨다', '상대방을 배려하고 존중한다', '칭찬하고 격려를 아끼지 않는다', '책임감 있게 행동한다', '긍정적인 마인드를 갖는다', '솔선수범한다', '자기계발을 통해 전문성을 갖춘다' 등을 들 수 있다. 반면 하지 말아야 할 행동으로는 '실패를 비난한다', '회사와 동료에 대해 비방하고 불평한다', '회의 및 업무시간을 준수하지 않는다', '정적인 태도로 일관한다', '책임회피나 책임을 전가한다', '불필요한 회의를 한다' 등이 있다.

둘째, 갤러리 워크gallery work를 통해 행동약속 5~7개를 선정한다.

조별로 도출한 리스트를 플립차트나 전지에 적은 후 벽에 붙인다. 모두 일어나 전체 조의 도출 결과를 확인한 후 마음에 드는 행동약속에 스티커를 붙인다. 개인당 10개의 스티커가 주어지며, 자기 조를 제외하고 마음에 드는 다른 조의 행동약속에 스티커를 붙이는 것이다. 가장 많은 스티커가 붙여진 행동약속 5~7개를 선정한다.

셋째, 언어를 다듬어 최종 확정한다.

다음에 소개하는 행동약속의 3가지 구성 기준에 맞춰 언어를 다듬어 최종 확정하면 된다.

- 표현의 명확성: 도출된 행동약속의 의미가 명확하게 전달되는

가?

- 행동 지향성: 도출된 행동약속이 행동 변화를 이끌 수 있는가?
- 판단 가능성: 도출된 행동약속을 구성원들이 지켰는지 판단할 수 있는가?

다음에 소개하는 기업들의 행동약속을 참고해 우리 회사에 가장 필요한 행동약속을 만들어보자.

행동약속 예시

코엑스 행동약속

1. 약속은 반드시 지킨다.
2. 먼저 밝게 인사하고 잘 받아준다.
3. 긍정적인 언어를 사용한다.
4. 상대방을 배려하고 경청한다.
5. 상대방의 능력을 인정하고 전문성을 존중한다.
6. 밝고 활기찬 조직 분위기에 앞장선다.
7. 모든 회의, 모임, 행사의 끝은 핵심가치를 제창한다.

월드비전 행동약속

1. 우리는 모든 회의, 행사, 모임의 시작과 끝을 기도로 합니다.
2. 나는 먼저 인사하고 잘 받아줍니다.

3. 나는 존칭과 경어를 사용합니다.

4. 나는 협조 요청에 긍정적이고 신속하게 응답합니다.

5. 나는 동료의 성장과 변화를 위해 진심으로 직면하여 대화합니다.

6. 나는 문제점만을 지적하지 않고 대안을 개진하며 결과를 함께 책임집니다.

7. 나는 하루에 한 번 이상 동료를 칭찬하고 격려합니다.

스피드를 위한 GE Belief 5 행동원칙

1. 고객이 우리의 성공을 결정한다.

2. 속도를 내려면 군살을 빼라.

3. 이기려면 배우고 적용하라.

4. 서로 힘을 실어주고 격려하라.

5. 불확실한 세상에서 성과를 올려라.

사우스웨스트항공 행동규범

1. 모든 개인을 존중한다.

2. 개인의 역량 개발에 관심을 가진다.

3. 내부육성을 통해 적합한 인재를 양성한다.

4. 창의적인 노력과 혁신을 장려한다.

세종병원 5대 행동약속

1. 업무 시작 전 환자안전국제규정을 제창한다.

2. 대화는 눈을 마주치고 웃으며 시작한다.

3. 서로 존칭(직함)과 경어를 사용한다.

4. 약속시간을 반드시 지킨다.(회의, 진료, 회진)

5. 긍정적인 표현을 사용하여 대화한다.

기업에서 필요한 윤리교육은 '정직'과 '공평'이다

에피소드 1. 단순 실수를 숨기다 큰 손실을 일으킨 사례

신용카드 단말기를 만드는 기업에서 상당한 투자를 통해 신제품을 개발했다. 생산 공정 작업을 마무리하고 양산 단계에 앞서 내부 시제품 시연회를 개최하는 자리였다. 몇 개의 시제품 시연을 하던 중 전원 버튼을 켠 순간 '펑!' 소리와 함께 단말기 하나가 폭발하는 사고가 발생했다. 작은 기계의 폭발이라 부상자나 화재가 발생하지는 않았지만, 시제품에서 폭발사고가 난 것은 심각한 문제였다. 연구원들은 여러 가지 원인을 따져보고 검증을 해보았지만 제품 오류 문제를 찾기가 어려웠다. 결국 이미 완성된 생산라인 전체 공정을 재구축하는 엄청난 후속작업이 진행되었다.

그런데 최종 밝혀진 원인은 너무나 단순했다. 담당 연구원이 시제품의 음극과 양극을 잘못 연결했던 것이다. 연구원은 단순한 실수로 질책받을 것이 두려워 입을 다물었다. 그 결과 연구원들은 사고 원인을 찾기 위해 많은 시간을 투자했고, 공장은 생산라인 전체를 재점검하면서 제품 출시도 늦어졌다. 영업파트 직원들 역시 신제품 출시를 기다리던 고객들의 컴플레인에 시달렸다.

동료 연구원들이 고생하고, 고객들의 불만에 쩔쩔매는 영업부 직원들을 보며 담당 연구원은 솔직하게 이야기하기가 더 어려워졌다. 결국 며칠 동안 고생하며 사고 원인을 찾고 보니 모두가 너무 허탈했다. 담당 연구원이 자신의 실수를 알아차렸을 때 질책을 감수하고서라도 잘못을 시인했다면 금방 해결할 수 있었던 일이 회사에 불필요한 낭비와 손실을 가져다준 사례다.

에피소드 2. 내부 공모로 큰 손실을 일으킨 사례

국내 스마트TV 반도체 부품을 공급하는 기업에서 발생한 일이다. 이 회사에서 만든 반도체 부품에서 불량이 발생해 TV디스플레이가 먹통이 되어버렸다. TV 제조사는 테스트 과정에서 이 문제를 발견, 강력한 컴플레인을 내고 문제의 명확한 원인과 재발 방지 대책을 제출하라고 요구했다.

원인은 간단했다. 반도체 부품 제조과정에서 화학약품의 투입 배율에 문제가 있었던 것이다. 그런데 문제 처리가 간단치 않았다. 삼성, LG 등 세계적인 가전업체에 중요한 부품을 공급하는 만큼 제조사와 부품 공급업체 간에 생산공정에 대한 철저한 품질관리 시스템을 공유하고 있었기 때문이다.

이 회사의 주요 공정은 이랬다. 1단계 - 매뉴얼에 입각한 철저한 투입 배율 준수와 원재료 관리, 2단계 - 2인 1조 작업에 의한 개인의 실수 예방, 3단계 - 품질테스트 데이터 보고를 통해 이상 발생 시 검증 등으로 작은 실수조차 예방 가능한 매뉴얼과 프로세스가 많았다. 그러나 이런 절차는 지켜지지 않았고, 고객사에 납품될 때까지 아무런 문제가 없었다는 게 더 큰 문제였다. 공장장 등 책임자 입장에서는 도저히 이해가 되지 않는 상황이었다. 매뉴얼과 프로세스를 지켰는데 왜 이런 일이 생긴 걸까? 원인은 쉽게 밝혀지지 않았다. TV 제조사의 계속된 독촉이 이어졌으나 원인 파악이 안 되니 신속하게 보고를 할 수도 없었다.

최종 밝혀진 원인은 이랬다. 담당자의 부주의로 1단계 작업표준이 지켜지지 않았다. 그런데 2단계인 2인 1조 작업도 이루어지지 않았다. 물량을 맞추려다 보니 어느 순간부터 관행상 혼자서 하는 작업이 진행되었다. 문제가 발생하자 문제를 일으킨 작업자와 다른 작업자가 공모해 자기들은 2인 1조로 작업했다고 거짓말을 했다. 게다가 문제를 파악한 관리자는 질책을 두려워한 나머지 품질테스트 데이터를 조작해 아무런 문제가 없는 것처럼 바꿔놓았다.

이런 식으로 전 과정에서 문제가 발생했지만, 질책을 걱정한 직원들과 관리자들이 문제점을 은폐 조작해 미궁에 빠진 사례였다. 결국 이 기업은 고객사에 원인 보고를 지체하게 되어 심각한 신뢰 저하는 물론 공급업체를 듀얼로 운영하면서 공급물량 축소라는 심각한 불이익까지 받게 되었다.

에피소드 3. 윤리 위반을 적발한 기업의 대응 사례

대기업 그룹사에서 운영하는 A리조트에 협력업체와의 부적절한 거래에 대한 긴급 감사가 진행되었다. 감사 결과 엄청난 윤리 위반 사례가 적발되었다. 협력업체에 대한 구매 단가가 몇 년간 일반적인 상식을 뛰어넘는 수준으로 계속 인상되었다. 대금 지불조건도 협력업체에만 유리하게 되어 있었다. 거래처에서 돈을 받기도 전에 협력업체에 비용을 지불하는 바람에 거래처와 계약이 해지되었는데도 협력업체에는 이미 비용 지불이 처리되어 되돌려 받지 못하는 건도 있었다. 이 과정에서 내부직원과 협력업체 직원 간에 뇌물수수 사건도 여러 건 있었고, 명절 때면 고가의 선물을 받은 사례까지 적발되었다. 협력업체와의 총체적 비리라는 말이 딱 맞는 상황이었다.

그런데 그룹 감사실의 처분 결과는 의외였다. 적발된 비리 관련 사항을 하나도 빼지 않고 공개했지만, 직원들에 대한 징계는 없었다. 다만 이후에 동일한 문제가 발생하는 경우 '원스트라이크 아웃(one strike-out)'으로 "해고 외에 다른 처벌은 없다"라고 발표했다. 어떻게 이런 처분을 한 것일까?

이 리조트는 몇 년 전 경영 합리화를 위해 직영으로 운영하던 사업부를 회사에서 분리해 사업과 인력을 매각하고 임대계약 방식으로 바꿨다. 1,000여 명에 달하던 본사 직원들을 100여 명으로 줄였고, 회사를 옮긴 900여 명의 직원들은 골프장, 스키장, 호텔, 레스토랑, 청소, 보안회사 소속이 되었다. 그리고 리조트 본사와 각

사업장이 운영 계약을 체결, 별도 법인으로 운영되었다. 얼마 전까지만 해도 같은 회사 동료들이었지만 이제는 다른 회사 직원이 된 것이다.

하지만 1년 정도 운영하다 보니 여러 가지 문제가 발생했다. 당초 사업장을 매각하면서 운영 계약을 맺었는데, 운영경비를 너무 낮게 책정해 운영상 문제가 컸다. 한때는 동료였던 협력업체 직원들이 어려움을 하소연하니 안 들어줄 수도 없고, 그렇다고 한꺼번에 올릴 수도 없어 몇 년간에 걸쳐 계속적으로 운영 경비를 인상해주었다. 한편 협력업체 직원 입장에서는 편의를 봐주는 예전 동료에게 고마움의 인사 표시를 했는데 그 액수가 과했다. 그룹 감사실은 그동안의 사정을 파악한 후 계약 내용을 전면적으로 검토해 현실화하도록 했다. 그리고 협력업체에는 내부직원들에게 선물이나 금전적인 편의를 일체 건네지 말라고 통보했다. 이후 이 리조트에서는 동일한 문제가 일체 발생하지 않았다고 한다.

기업의 윤리교육 문제 있다

기업에서 윤리 관련 문제가 발생하면 회사에서는 우선 직원들에게 윤리교육을 실시한다. 문제가 발생했으니 경각심을 일깨운다는 측면에서 의미가 없는 것은 아니지만, 이 교육은 상당히 잘못되었다. 윤리교육을 하는 강사들이 항상 하는 말이 있다. "윤리교육은 힘들어요. 여러분이 몰라서 못 하는 게 아닙니다. 윤리는 몸에 배야 합니다. 바늘도둑이 소도둑 됩니다. 회사 비품 하나도 허투루 사용하거나 집에 가져가지 마세요."

직원들을 좀도둑 취급하는 게 윤리교육은 아닐 것이다. 여기에 '윤리교육' 하면 빠지지 않는 사례가 있다. 바로 존슨앤존슨 타이레놀 사건이다. 한 정신병자가 타이레놀에 독극물을 넣어 여러 사람이 사망했는데, 존슨앤존슨은 타이레놀을 전량 수거해 폐기했다. 이후 존슨앤존슨은 고객의 신뢰를 얻어 매출과 수익이 더 높아졌다. 그런데 정확히 알아야 할 것은, 타이레놀 사건은 기업 경영 차원에서 사회책임 경영을 한 사례일 뿐 개인의 직무윤리와는 상관 없는 사례다.

'윤리'는 사람으로서 마땅히 행하거나 지켜야 할 도리, 바른 길을 말한다. 이 말은 '누구나 지켜야 하는 도리'라는 뜻이다. 이런 교육을 기업에서 굳이 시간을 내어 해야 하는가? 기존에 직원들을 대상으로 한 윤리교육은 2가지 문제점이 있다.

첫째, 기업은 윤리적 인간을 양성하는 것이 목적이 아니다. 기업의 모든 활동은 기업의 생존, 성장, 발전이라는 성과에 방향성을 맞춰야 한다. 기업교육이 일반적인 윤리적 인간에 초점을 맞추면 기업은 사회의 다양한 조직과 헷갈릴 수 있고 목적성을 상실할 수 있다. 여기서 '핵심가치'와 '윤리'의 구분이 필요하다. 핵심가치는 기업의 우선순위이자 일하는 원칙과 기준이다. 사람이라면 누구나 지켜야 하는 도리인 윤리는 기업의 핵심가치와는 완전히 다르다.

둘째, 전 직원을 잠재적 범죄자로 가정하고 '이런 짓을 하면 안 된다'는 식의 교육은 안 된다. 도둑질하지 마라, 거짓말하지 마라, 폭력을 사용하지 말라 등의 메시지를 전달하는 것은 문제가 있다. 실제 기업에서 발생하는 윤리적 이슈는 특정한 부분에 한정되고, 아주 극소수의 사람에게 해당하는 내용이다. 그런데 특정한 사람에게서 윤리적 이슈가 발생했다고 전 직원을 대상으로 이런 교육을 하는 것은 조직의 사기 진작에 심각한 문제를 일으킨다. 전 직원이 아까운 시간을 허비하면서 한두 시간 동안 이런 교육을 받는 것은 모두에게 손해다.

기업에서 필요한 윤리교육은 '정직'과 '공평'이다

기업에서 필요한 윤리교육은 '하라(Do)'보다는 '하지 마라(Don't)'에 해당된다. '부모님께 효도하라', '노인을 공경하라', '불우이웃을 도와라' 등에 대해서는 굳이 하라고 이야기를 할 필요가 없다. 그렇다고 '도둑질하지 마라', '폭행하지 마라' 등의 이야기도 범법행위에 관한 것이라 법과 치안의 영역이다.

기업의 윤리 이슈는 '정직'과 '공평' 2가지 영역에 집중된다. 그중 '정직'을 먼저 살펴보자. '정직'이 밖으로 드러나는 형태는 거짓말을 하거나 침묵하거나 둘 중 하나다. 기업은 공동의 목적과 목표 달성을 위해 다양한 사람들이 서로 지식과 정보를 공유하고 협력하면서 일을 한다. 거짓말은 신뢰를 무너뜨리기 때문에 매우 중요한 윤리 이슈다.

일반적으로 기업에서 '정직'은 '솔직하게 말하고 행동하는 것'으로 정의되는데, 잘 지켜지지 않는 편이다. 이는 직원들이 윤리적으로 문제가 있어서가 아니다. 거짓말이 나쁘다는 것은 모두 알고 있지만, 솔직하게 말하면 결과가 좋지 않기 때문에 거짓말을 하게 된다. 잘못된 일이지만 모른 척하고 있다가 들키든, 솔직하게 말해서 알게 되든 소위 '깨지는 것'은 똑같기 때문이다. 그러다 보니 숨기고 있다가 걸리지 않으면 다행이고, 걸리면 각오한 일이라는 식이다. 에피소드 1에서 담당자가 "전극을 반대로 연결하는 실수를 했다"라고 솔직하게 말했다면 모든 사람들이 힘들게 고생하지 않아도 되었다.

기업에서 '정직'의 문제는 '솔직하라'라는 말로는 해결이 안 된다. 직원들이 알고 있는 '정직'의 정의를 바꿔주어야 한다. 기업에서 '정직'은 '솔직하게 말하면 용서하는 것'으로 정의되어야 한다. 지금까지 기업에서는 '숨기면 10번 중 1번만 걸린다'가 통했다면 이제부터는 '솔직하게 말하면 용서하는 것'으로 바뀌어야 한다.

다음으로 기업의 윤리 이슈 중 '공평'에 관해 알아보자. 몇 년 전 여의도에서 전 직장동료를 상대로 한 칼부림 사건이 있었다. 전 직장동료는 실적이 나쁜 피의자를 지속적으로 무시했고, 그는 결국 퇴사했다. 이후 마땅한 일자리를 구하지 못한 그는 실업자 신세로 지내다가 3년이 지난 시점에 예전 회사로 찾아가 전 직장동료에게 칼부림을 한 사건이었다. 피의자의 경우 장기간의 실업으로 정신적으로 문제가 있긴 했지만, 이 사건으로 인해 기업의 불공평한 대우와 조직 분위기에 대한 문제를 다시 한 번 생각해보게 되는 계기가 되었다.

기업에서 '공정(公正)'과 '공평(公平)'은 다르게 사용되는 개념이다. 공정은 '윤리' 개념이 아닌 '핵심가치' 개념이다. 공정이란 성과가 있는 사람에게 더 좋은 대우를 하는 것이다. 승진과 보상이 따르는 기업에서 성과창출을 위해 매우 중요한 개념이다. 반면 '공평'이란 성과가 나쁘다고 사람을 차별하지 않는 것이다. 사람을 차별하지 않는 것은 '윤리' 개념이다. 모든 사람은 학력, 나이, 고향, 종교, 인종에 의해 차별당하지 않아야 한다. 영리조직인 기업에서는 성과가 나쁘다고 사람을 차별하지 않는 것이 '윤리'다.

기업은 성과에 따라 차등 대우를 한다. 성과가 낮으면 승진이나 연봉에서 불이익을 주고, 저성과가 개선되지 않으면 절차에 따라 해고시킬 수도 있다. 그런데 실적이 나쁘다는 이유로 인격적인 무시, 따돌림과 같은 차별적인 대우를 하는 것은 정당화될 수 없다. 아직도 몇몇 기업에서는 "매출이 인격"이라며 "돈 못 버는 사람은 인간 대접 안 한다"라는 말을 자랑스럽게 해댄다. 이는 '공정'과 '공평'을 혼동하고 있을 뿐 아니라 인간의 기본권과 인격을 파괴하는 윤리적으로 문제가 있는 행위다. 차별대우로 인해 정신병에서 자살로까지 이어지며, 직원 간 폭행, 살인사건까지 발생하는 것은 매우 위험한 신호로 받아들여야 한다.

다시 한 번 강조하지만, 기업에게 필요한 윤리 이슈는 '정직'과 '공평'이다. '정직과 공평'은 '신뢰'에 가장 큰 영향을 미치는 윤리 이슈다.

기업 윤리교육 특강 절대로 하지 마라

바라건대 기업에서는 더 이상 직원들을 모아놓고 윤리교육을 하겠다고 특강을 진행하지 않았으면 좋겠다. 특강을 통해 직원들이 변화될 것을 기대하는가? 아니면 뭔가 해야 하니까 하는 것인가? 기업의 모든 활동은 직원들의 행동 변화로 이어져야 하는데 그렇지 않다면 안 하는 게 낫다.

윤리교육을 하려면 차라리 워크숍을 하라고 권하고 싶다. 기업의 현재 상황을 공유하고, 문제의 원인을 함께 진단하며, 올바른 행동을 합의하고 다짐하는 워크숍이 타당한 교육 방법이다. 직원 수가 적으면 전 직원이 함께 하고, 직원 수가 많으면 대표를 선발해 워크숍을 진행한 다음 결과를 공유하면 된다. 기업에서의 윤리 이슈는 원인을 파악하고 환경을 만드는 것이 올바른 해결책이다.

기업이 윤리적 문제에 대처하는 올바른 방법

마지막으로 소개할 것은, 윤리적 문제가 발생했을 때 기업은 어떻게 대처해야 하는지에 관한 내용이다. 에피소드 3의 리조트를 참조해보자. 윤리적으로 발생한 문제를 개인적 차원의 일탈로 보는 것은 기업 차원에서 시사점이 없다. 개인에 대해서는 해고 등의 조치를 취할 수 있지만 발생한 문제의 이면을 잘 살펴봐야 한다.

대부분의 윤리적 문제는 기업의 성과를 내기 위해 활동하는 가운데 발생한 경우가 많다. 이럴 때 어떻게 해야 할까? 손자병법 식으로 한 사람을 벌주어 백 사람을 경계하는 '일벌백계(一罰百戒)'는 좋은 해결책이 아니다. 직원들은 그런 일이 자신에게도 일어날 수 있음을 알고 있다. 회사를 위해 최선을 다했는데 회사가 자기를 보호해주지 않는다면 과연 직원들이 자신의 몰입과 열정을 이끌어낼까?

윤리 문제를 두둔할 수는 없지만 공정할 필요가 있다. '공정'이란 미리 합의한 기준, 정해진 기준에 의해 평가하는 것이다. 처음으로 발생한 윤리 문제에 대해서는 원인 분석이 우선이다. 그리고 발생한 사건을 투명하게 공개하는 것이 중요하다. 그다음으로 윤리 문제가 발생하는 환경을 제거한 후 원칙과 기준을 세우는 것이 필요하다. 이런 일을 모두 거친 후에는 또다시 동일한 문제가 발생하는 경우 '일체의 관용은 없다'라는 사실을 정확히 알려야 한다. 이를 정리하면 아래와 같다.

1단계 - 모든 상황을 공개하라.

2단계 - 원인을 파악하고 환경을 개선하라.

3단계 - 개인에 대해서는 최소 수준의 징계를 하라.

4단계 - 전사적인 원칙과 기준을 합의하라.

5단계 - 재발 시 '원스트라이크 아웃'에 일체의 관용도 없다.

PART 5

어떻게 해야 성공적으로 가치관을 만들 수 있을까 – 가치관 수립

가치관경영을 하는 기업의 위기가 가치관경영의 위기는 아니다

전기부품 제조업체에서 있었던 일이다. 회사는 사장 주도로 가치관을 만드는데, 10년 후 매출 1조 원을 하는 세계적인 기업이 되겠다는 비전을 세웠다. 이를 위해 기업은 '신뢰, 변화, 도전'이라는 핵심가치를 세웠고, 신뢰는 '정직과 책임을 다하여 신뢰를 얻는다'라는 의미로 정했다.

직원들은 매일 핵심가치 구호를 제창하고, 다양한 신규사업을 벌이며 열정적으로 일했다. 매출은 5년 만에 2배가 되었고 세계시장도 적극적으로 확장시켜 나갔다. 하지만 문제가 생겼다. 직원들은 핵심가치에 따라 신뢰, 변화, 도전을 실천하며 많은 성과를 냈지만 그에 따른 보상은 거의 없었다.

무엇보다 직원들의 불만은 투명하지 못한 경영이었다. 경영 정보는 공유되지 않을 뿐 아니라 소위 사장의 측근 임원 외에 다른 임원들조차도 회사 돌아가는 상황을 알지 못했다. 게다가 사장은 자신이 한 말을 수시로 번복하고 종종 거짓말도 했다. 또 경영상태가 조금만 어려워져도 직원들을 해고했다. 대놓고 말하지 못하지만 직원들은 경영진을 신뢰하지 않았다. 그들은 “변화와 도전은 모르겠지만 ‘신뢰’는 우리 회사의 핵심가치가 아니다”라고 공공연히 말했다. 심하게 표현해 “핵심가치인 ‘신뢰’를 바꾸지 않으면 핵심가치를 지키지 않겠다”라고 말했다.

그러던 어느 날 대표이사가 구속되었다. 정부로부터 연구비를 부풀려 타낸 후 그 돈으로 부동산에 투자하고 허위문서를 제출한 것이 적발된 것이다. 더욱 안타까운 일은 대표이사가 구속되었지만 회사에서는 이러한 사실을 직원들에게 알리지도 않았다. 물론 직원들은 입소문으로 이 사실을 알고 있었다. 이 회사의 경우 ‘신뢰’라는 핵심가치는 제대로 선택한 것이 맞다. 만약 경영진이 핵심가치에 맞게 행동했다면 직원들의 신뢰를 얻었을 것이고, 대표이사가 구속되는 사태도 없었을 것이다.

가치관경영을 전파하는 사람으로서 이런 기업을 접할 때마다 가치관경영 기업의 위기를 말하는 것이 주저된다. 하지만 ‘가치관경영 기업의 위기’와 ‘가치관경영의 위기’는 다르다. 특히 최근에는 유난히 프랜차이즈 기업의 직원과 파트너에 대한 갑질 논란이 불거졌다. 안타깝게도 이 기업들은 대부분 나름대로 가치관경영을 한 기업들이었다. 그러다 보니 가치관경영을 한 기업의 위기가 자칫 가치관경영의 위기로 보일 수 있어 이러한 상황에 대한 진단이 필요했다.

가치관경영이란 기업이 가장 중요하게 생각하는 것들(가치관)을 구성원들이 신념으로 받아들이는 경영이다. 기업이 돈이나 실적만이 아니라 어떠한 신념을 가지고 있고, 단지 돈을 잘 벌기 위해 경영하는 것이 아닌 신념을 구현하는 경영을 한다는 것은 상당히 멋진 모습이다. 그리고 국내외를 막론하고 가치관경영을 하는 기업은 규모가 크든 작든 업종과 산업에서 일반적인 기업에 비해 상당한 성공을 거두어왔다.

문제가 불거진 회사들은 나름대로 가치관경영을 해온 기업들이다. 탁월한 사업적 혜안과 리더십을 갖춘 창업자가 20~30년 동안 가치관경영을 통해 성공신화라 부를 만큼의 탁월한 성취를 이루었다. 문제는 탁월한 성취에 취한 가운데 가치관경영의 근본적인 신념과 반대되는 사건이 터졌고, 기업이 표방해온 가치관이 조롱의 대상이 되고 창업자와 직원들이 세상에 사죄하는 형국이 되었다.

사실 가치관경영은 일반적인 경영과 차별화된 관점을 가지고 있다. 첫째, 기업에서 가장 중요한 것은 사람이고 사람에게는 생각이 중요하므로 생각을 한 방향으로 정렬하여 강한 신념을 기반으로 경영하자는 것이다. 둘째, 기업은 단기적 실적이 중요한 것이 아니라 궁극적 목적과 장기적 목표를 이루는 것이 중요하므로 장기적 성과가 중요한 마라톤 경기처럼 경영되어야 한다는 것이다. 문제가 된 기업 사례들은 가치관경영을 표방하였음에도 어느 시점에 사람을 중요시하지 않았고 단기적 실적에만 매달려 파국을 맞게 된 것이다.

문제가 된 기업들은 공통적으로 이 2가지 관점에서 정확히 어긋난 상황을 만들었다. 먼저 '사람'을 중요하게 생각해야 하는데 아르바이트든 직원이든 파트너든 사람에게 큰 잘못을 저질렀다. 다음으로 '마라톤 경기'처럼 단기적 실적 때문에 장기적 성과를 훼손해서는 안 되는데 단기적 성과를 위해 오버페이스를 해버렸다. 결국 금메달은 고사하고 완주도 못할 위기에 놓이게 된 것이다.

이처럼 가치관경영 기업의 위기에 대해 진단한 결과 3가지 문제점을 발견할 수 있었다. 가치관경영으로 성공신화를 만들었던 기업의 위기에 대해 자세히 살펴보겠다.

부분적, 단편적, 협소한 신념체계가 문제다

성공신화를 이룩한 기업의 공통점은 시작은 미미했지만 20~30년 후 탁월한 성취를 거두었다는 것이다. 창업자의 사업적 혜안이 필요조건이었다면 직원들의 헌신과 열정은 충분조건이었다.

특히 창업자에게는 강력한 신념을 전파하는 카리스마가 있었다. 사업적으로는 단순히 물건을 만들어 파는 것이 아닌 세상과 고객에게 주는 의미를 정확히 알고 고객의 욕구에 헌신하는 것이 사업의 본질임을 강력하게 설파했다. '일의 의미와 가치'라는 도덕적 우위도 확보했고 국가와 사회에 공헌한다는 원대함을 갖춘 사람도 많았다. 조직적으로는 직원들에게 "우리도 부자가 될 수 있다", "많이 배우지 못하고 가진 돈이 적어도 열심히 노력하면 성공할 수 있다"는 성공 프레임을 제시하기도 했다. 그리고 이를 위해서는 '헌신과 열정'이 필요함을 끊임없이 강조했다.

'고객에게 기여한다'라는 명확한 목적, '성공과 부자'라는 명확한 목표, '헌신과 열정'이라는 명확한 우선순위가 있었으니 조직은 일사불

란하고 군더더기가 없으며 새로운 방식으로 일해 큰 성과를 냈다. 하지만 이러한 성공신화는 10년, 20년, 30년이라는 세월이 흐르면서 문제점이 발생하고 있다. 현실을 개척하기에는 부족한 신념체계로 조직이 운영되기 때문이다.

예전에 내세웠던 '최고, 헌신, 성공, 열정'은 중요한 가치임에 틀림없지만 이것이 전부는 아니다. 부분적, 단편적, 협소한 신념체계로 성공신화를 만들다 보니 성공 이후에는 이 신념체계가 전부가 되어버린 것이다. 강력한 카리스마를 가진 창업자가 기업을 이끄는 경우 그 위험성은 더욱 커진다. 문제제기를 할 수도, 문제제기가 받아들여지지도 않는 경우가 많기 때문이다.

기업의 존재목적은 세상, 고객, 파트너, 직원, 지역사회에 무엇으로 어떻게 기여할 것인가를 표현한다. 기업의 큰 목표는 사업은 물론 직장에 대한 목표를 표현한다. 핵심가치는 일하는 원칙과 기준으로서 신뢰, 소통, 도전, 전문성, 자율, 즐거움 등 다양한 가치를 포함한다. 기업이 가장 중요하게 생각해 신념화할 것을 종합적으로 정립한 것이 가치관이다.

그런 면에서 20~30년 전에 창업자가 가진 경영이념이나 경영철학이 지금까지 그대로 이어져왔다면 부분적, 단편적, 협소한 신념체계라는 약점을 가질 수밖에 없다. 따라서 지금이라도 가치관을 점검하고 전 구성원이 참여해 기업의 가치관을 새롭게 정립해야 한다. 현재 우리나라에서 맨주먹으로 성공신화를 이룩한 많은 중견기업은 잠재적 위험군이라 할 수 있다. 반면 대기업은 이런 위기를 집단의 힘으로 극복하고 제대로 된 가치관을 정립한 상태이므로 위험군은 아니라고 본다.

가치관은 복잡하게 만들지 않아도 된다. 오히려 단순한 것이 더 좋다. '사람존중', '사회기여', '성과창출', '직원행복'이라는 4가지 영역이 정립된다면 부분적, 단편적, 협소한 신념체계에서 벗어날 수 있다.

만들어놓고 지키지 않는 리더십, 지키지도 못할 것 폐기하자고 하는 직원들

몇 년 전 한 회사에서는 직원들의 임금을 제대로 지급하지 않아 사회적 지탄을 받고 임직원 일동 명의로 사과문을 게재한 경우가 있었다. 이 회사 역시 정직을 추구하는 경영이념이 있었지만 제대로 지켜지지 않은 셈이었다. 이처럼 훌륭한 경영이념은 있지만 그와는 상충된 경영 행보를 걷는 경우 진심 어린 사죄와 사과 말고는 할 말이 없다.

A사도 비슷한 상황이었다. 가진 것 별로 없고 배움도 많지 않은 젊은이들을 모아 '부자와 성공의 길'을 신념으로 만들어주면서 기업은 성공의 길을 걸어왔다. 그런데 창업자의 잘못된 언행과 태도로 인해 사회적으로 수많은 지탄을 받았다. 이 회사 역시 사람을 존중한다는 훌륭하고 멋진 가치관을 만들고 전파해왔는데 부끄럽게도 사죄의 글을 올릴 수밖에 없었다.

두 기업의 사례처럼 신념을 중시하는 회사가 신념으로 정립한 자신들의 가치관에 정면으로 위배하는 행동을 한 경우는 수도 없이 많다. 더욱 안타까운 점은 올바른 가치관으로 직원들을 이끌어나가야 할 경영자나 임원이 도리어 가치관을 위배해 고객과 직원들의 신뢰를 잃는다는 것이다. 이러한 상황은 비단 두 기업만의 이야기가 아니다. 많지는 않으나 가치관경영을 하는 기업들 중 몇몇에 이런 문제들이 발생하고 있다.

상황이 이렇다 보니 직원들은 "지키지 못할 바에야 폐기하는 편이 낫다"라고 말한다. 하지만 '사람존중, 직원행복, 소통과 협력, 정직과 신뢰'를 정말 폐기해도 되는 것일까? 지켜지지 않는다고 가치를 폐기하는 것은 올바른 해결책이 아니다. 어느 기업이나 하루아침에 할 수 있었다면 가치관을 만들 필요도 없었다. 지금이라도 점검하고 다시 추스르고 나아가야 한다. 상호존중이 안 된다면 무엇이 안 되고 무엇이 필요한지 토론하고 다시 실행해야 한다. 문제가 있다고 생각하는 지금이 문제를 해결할 적기다.

종합적이고 지속 가능한 가치관 실행체계를 만들어야 한다

앞의 사례들과 달리 가치관을 제대로 정립하고 지속 가능한 성과창출과 직원행복을 추구해가는 기업들도 많다. 단기적 실적이 아니라 장기적 성과창출과 직원행복을 목적과 목표로 하는 기업이 그런 목적과 목표가 없는 기업보다 잘되는 것은 당연한 일이다.

그런데 문제가 있다. 최고경영자가 창업자에서 2세 경영자로 바뀌거나 전문경영인으로 바뀌는 경우 리더십에 의해 가치관이 흐지부지되는 경우가 있다. 리더에 의해 가치관이 흐려진다면 제대로 만들지 않은 것이라고 할 수 있다. 하지만 몇몇 기업의 경우 실제로 너무나 강력한 카리스마를 가진 경영자에 의해 가치관이 무너지고 예전으로 돌아가는 사례가 발생한다. 이럴 때는 어떻게 해야 할까?

가치관은 신념체계다. 좋은 생각, 올바른 생각만으로는 부족하다. 기업은 생존과 지속 가능한 성장, 발전을 통해 기업의 목적과 목표를 이루어가야 한다. 그러려면 '신념'이 가장 중요하고 이를 지속할 수 있는 힘과 근육이 필요하다. 즉 직원들의 역량을 지속적으로 성장시켜야 한다. 착하고 좋기만 해서는 안 된다. 능력 있고 일도 잘해야 한다. 이와 함께 일하는 방식과 업무 프로세스도 제대로 갖춰야 한다. 가치관, 조직역량, 일하는 방식과 프로세스를 삼각축으로 만들어 흔들리지 않는 강한 조직문화를 만들어야 한다.

가치관경영으로 성공신화를 이룩한 기업이 더 이상 실패하지 않기를 바란다. 그러려면 통렬한 반성과 혁신으로 재기해야 한다. 분명한 것은 현재 위기를 자초한 기업은 가치관경영으로 지금의 성공신화를 만들었다. 가치관경영이 아니었다면 이룰 수 없는 성과였다. 다만 가치관경영 기업의 위기가 우리 회사에도 찾아올 수 있음을 인지하고 위기를 겪는 기업들의 사례를 반면교사로 삼아야 할 것이다.

성공적인 가치관 수립의 기본 철학 - 공감, 참여, 합의로 만들어라

2015년 진행한 금융장비 전문업체인 '보임테크놀러지'의 가치관 수립 프로젝트는 기억에 남는 프로젝트 중 하나다. 120일간의 과정이 즐겁고 행복했기 때문이다. 당시 나는 자문교수로 전 과정에 참여해 직원들과 함께 가치관을 만들어나갔다. 프로젝트 시작 당시만 해도 직원들의 반응은 기대 반, 우려 반이었다. "이 프로젝트가 우리의 새로운 미래를 위한 변화의 시작점이 되었으면 좋겠다"라는 기대와 "괜히 기대했다가 나중에 실망하는 거 아냐? 솔직히 이 프로젝트 한다고 뭐가 크게 달라지겠어?"라는 우려가 공존했다.

하지만 프로젝트가 진행될수록 직원들의 생각과 행동에서 변화가 눈에 띄게 보였다. "이번 기회를 통해 경영진의 생각을 알 수 있게 되어 좋습니다", "조직 내 긍정적 소통이 늘어나 침체됐던 조직 분위기가 다시 활기를 띄고 있어요", "전 직원의 참여로 이루어지니 내 회사라는 애사심도 강하게 들고 미래에 대한 기대감도 생겼어요"라는 반응이 나오기 시작했다. 직원들의 표정과 조직 분위기가 밝아지니 직원들은 프로젝트에 더욱 적극적으로 참여했다. 직원들의 하나 된 노력과 자발적인 참여 덕분에 훌륭한 가치관이 만들어졌다. 가치관 수립 후 직원들은 하나같이 이렇게 말했다.

"이 가치관은 진짜 내가 만들었다는 생각이 듭니다."

가치관 수립 프로젝트는 결과도 중요하지만 과정이 매우 중요하다. 그 과정 하나하나가 좋은 변화를 만들어가는 단계가 되기 때문이다.

기업 경영은 하루에도 수많은 의사결정을 내려야 한다. 방식도 다양한데 가장 대표적인 것이 '하향식 접근방법Top-Down'과 '상향식 접근방법Bottom-Up'이다. 실제로 의사결정을 할 때는 2가지 방식을 적절히 조합하는 것이 효과적이다.

사람들은 가치관 수립 과정에서는 어떤 방법을 사용해야 하는지 궁금해 한다. 우리나라의 경우 과거에는 대부분의 기업에서 가치관 수립을 할 때 CEO의 지시를 받아 담당 부서에서 컨설턴트와 협업을 통해 만들었다. 일종의 하향식 접근방법이자 상명하달 방식이었다. 반면 최근에는 많은 기업들이 직원들의 참여를 보장하는 상향식 접근방식에 관심을 갖고 적용하려고 시도한다. 결론적으로는 2가지 방식을 조화롭게 적용해 만들면 된다.

> "자기 회사 가치관을 스스로 만들지 못하는 직원들은 없다."
>
> "CEO가 주는 가장 큰 선물은 직원들에게 자기 회사 가치관을 만들 기회를 주는 것이다."

이것은 지금까지 수많은 기업들의 가치관 수립에 참여하면서 깨달은 결론이다. **기업의 가치관 수립은 없는 가치관을 만들어내는 것이 아니라 이미 존재하는 가치관을 '찾는' 과정이다.** 짐 콜린스는《성공하는 기업의 8가지 습관》에서 "기업 가치관은 경영진의 뜻대로 만들어 낸 단어 중에서 골라내는 게 아니라 이미 구성원들 사이에 존재하는 내용 안에서 발견하는 것이다"라고 했다. 이처럼 어딘가에 숨어 있는 가치관을 찾는 과정이 바로 가치관 수립 과정이다.

가치관을 찾는 과정에서 가장 중요한 것은 '창업경영자는 왜 이 회사를 만들었는가?', '이 회사를 통해 사회에 어떤 가치를 주려고 했는가?', '이 회사를 통해 무엇을 이루려고 했는가?'다. 그리고 창업경영자의 생각이 조직에서 어떻게 진화하고 발전해왔는지를 직원들이 직접 찾는 것이다.

결론적으로 가치관 수립은 '상향식 접근방법'을 적극적으로 채택해야 한다. 회사에 관한 중요한 의사결정을 할 때를 생각해보라. 최종 결정은 경영자가 하지만 결정하기 전에 직원들의 의견을 수렴한다. 특히 임원진의 의견을 적극적으로 경청한다. 가치관 수립도 이와 같다. 회사의 지향점과 우선순위를 정하는 중요한 과정이기 때문에 직원들에게 과제에 대한 공감을 얻고 참여시키고 의견을 모으게 하는 합의 과정은 반드시 필요하다.

가치관은 만드는 것도 중요하지만, 더 중요한 것은 가치관이 조직에서 살아 숨 쉬게 하는 것이다. 그러려면 구성원들이 자발적으로 가치관을 실천할 수 있도록 만들어야 한다. 아무리 멋진 문구로 가득 찬 가치관이라도 제대로 실천하는 사람이 없으면 아무런 의미가 없다.

경영자부터 임원, 중간관리자, 말단사원까지 모든 조직원들이 이를 중요한 기준으로 삼고 실천해야 한다.

그런 가치관을 만들기 위해서는 직원들의 참여를 적극적으로 유도해야 한다. 가치관 수립은 CEO나 조직 내 가치관경영에 관심 있는 몇 사람의 의지만으로는 불가능하다. 조직의 모든 구성원들이 가치관에 공감하지 못하면 가치관경영은 결코 실현될 수 없다. 그래서 기업의 가치관은 경영자, 임원, 사원들 모두 또는 대표를 구성해 함께 참여하고 합의하는 방법론이 필요하다. 이러한 과정을 거친 기업 가치관을 공감, 참여, 합의에 의해 만들어진 '공유된 가치들Shared Values'이라고 정의한다. 전 직원이 마음과 마음을 모아 협의하고 상호 수긍하여 도출해야 지속 가능한 가치관이 탄생하는 것이다.

전 직원의 공감, 참여, 합의를 통한 가치관 수립은 모든 직원들이 한자리에 모여 토론이나 워크숍을 하는 것을 의미하지 않는다. 직원 수가 많다면 전 직원들을 대상으로 설명회나 특강을 통해 필요성에 대한 공감대를 형성하고 설문조사, 인터뷰 등 여러 가지 방법으로 의견을 제시할 수 있도록 하면 된다. 그런 다음 전 직원들을 대표할 수 있는 직원대표 군을 형성해 워크숍을 통한 합의 과정을 거치면 된다. 다만 최종적으로 도출된 가치관에 대해서는 다시 한 번 전 직원들의 의견을 물어야 한다.

공감, 참여, 합의가 제대로 되었는지를 판단하는 방법은 아주 간단하다. 가치관 선포식을 통해 "이번 우리 회사의 가치관은 여러분 모두가 참여하여 만든 '내가 만든 가치관'입니다"라고 발표했을 때, 그 말에 대부분의 직원들이 공감하면 성공한 것이다.

그렇다면 가치관 수립은 어떻게 하면 될까? 복잡하지 않다. 공감, 참여, 합의의 3step에 맞게 10가지 Action을 따라하면 된다. 간단하지만 아주 구체적인 프로세스다. 가치관을 수립하는 데 필요한 기간은 조직의 규모와 상황에 따라 다르지만 2~3개월가량이 일반적이다. 그렇다면 각 과정은 어떤 식으로 진행해야 할지 이제부터 자세히 알아보도록 하자.

성공적인 가치관 수립의 기본철학 (3Step)

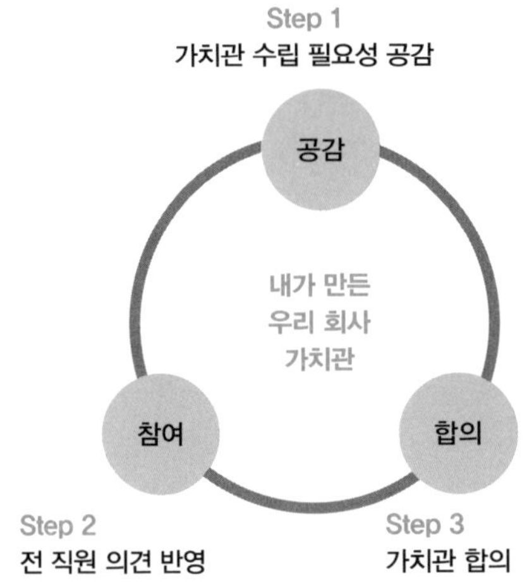

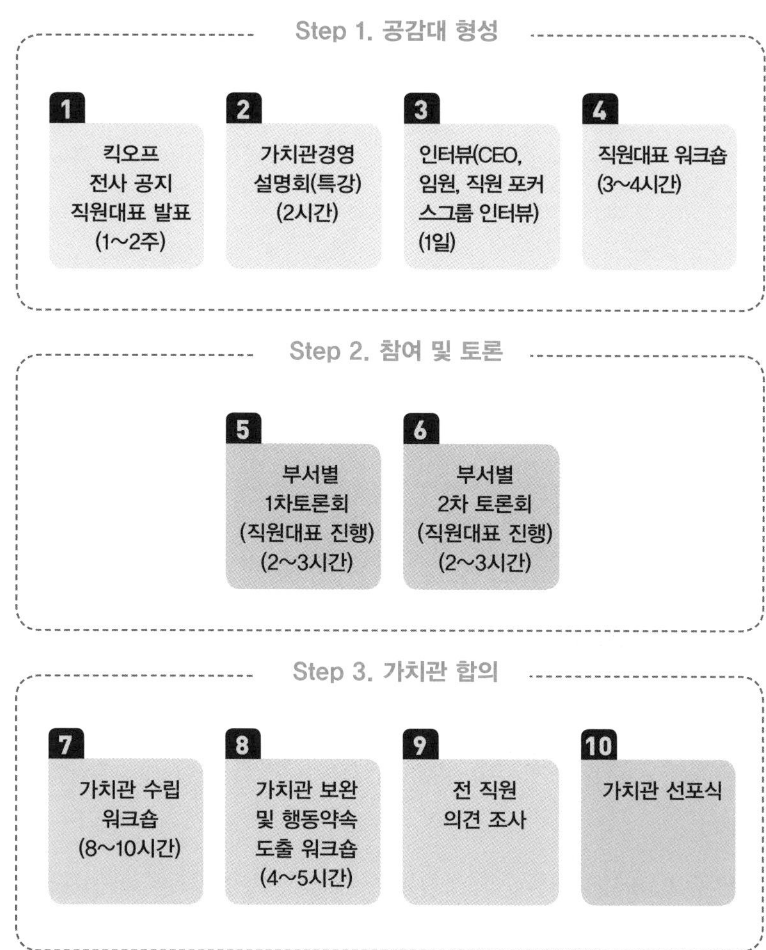
성공적인 가치관 수립 절차와 방법 (3Step, 10Action)
Step 1. 공감대 형성
1
킥오프
전사 공지
직원대표 발표
(1~2주)
2
가치관경영
설명회(특강)
(2시간)
3
인터뷰(CEO,
임원, 직원 포커
스그룹 인터뷰)
(1일)
4
직원대표 워크숍
(3~4시간)
Step 2. 참여 및 토론
5
부서별
1차토론회
(직원대표 진행)
(2~3시간)
6
부서별
2차 토론회
(직원대표 진행)
(2~3시간)
Step 3. 가치관 합의
7
가치관 수립
워크숍
(8~10시간)
8
가치관 보완
및 행동약속
도출 워크숍
(4~5시간)
9
전 직원
의견 조사
10
가치관 선포식

가치관 수립 1단계. 공감

공감대 형성

(1~4Action)

40년 전통을 이어온 A사. 자동차 부품을 생산하는 이 회사는 글로벌기업의 OEM(주문자상표부착방식 생산)을 통해 빠르게 성장했다. 하지만 이 방식으로는 한계가 있었다. 지난 10년간 매출 성장세가 눈에 띄게 둔화되었다. 결국 그들은 거래처를 다변화하는 동시에 그린 에너지와 바이오 기술을 차세대 성장동력으로 생각하고 대규모 투자를 계획했다.

이런 변화에도 불구하고 직원들은 예전과 같이 꼼꼼하고 신중하게만 일했다. 신속하게 결정하고 여러 가지 도전을 통해 기회를 포착해야 하는데 K회장의 마음은 답답하기만 했다. 고민한 끝에 그는 '기업의 가치관을 세우는 일, 구성원의 생각을 모으는 일'이 시급하다고 판단했다. 그래서 전략기획실 L상무를 불렀다. "당장 우리 회사의 생각을 모으는 일을 시작해보게. 필요한 부분은 적극 지원하겠네." 하지만

L상무는 무엇부터 시작해야 할지 막막했다. '직원들의 생각을 모으려면 어떻게 해야 하는 거지?'

L상무는 회사의 가치관을 어떻게 수립해야 할지 고민하다가 H팀장에게 의견을 물었다. H팀장은 상무의 말을 듣더니 "당장 닥친 일 처리하기도 바쁜데 왜 그걸 해야 합니까?"라고 반문했다. L상무는 '아차!' 싶었다. 그는 가장 먼저 직원들에게 가치관 수립의 중요성과 필요성부터 알려야겠다는 생각이 들었다. 그래서 곧바로 가치관의 개념과 중요성에 관한 교육자료를 만들고 직원대표도 선발해 발표했다. K회장에게 직접 직원들을 설득해달라고 요청도 했다. K회장은 "내가 직접 직원들을 상대로 연설하고 점심시간 등을 이용해 직원들 의견을 귀 기울여 들어보겠네"라고 호응했다.

한 달간 공감대 형성을 하는 동안 직원들의 반응은 예상외로 뜨거웠다. 어떤 목표로 일할지, 고객에게 무엇을 제공해야 할지, 신속한 실행과 꼼꼼한 일 처리 중 어떤 것이 우선인지 등 그동안의 모든 혼란이 가치관의 모호함에서 비롯되었음을 알게 되었기 때문이다. 전사적 공감대가 형성되자 이후 작업은 일사천리로 진행되었고, 그 결과 좋은 가치관을 수립할 수 있었다.

가치관 수립의 첫 시작은 '공감'이다. 시작이 잘못되면 중간에 좋아지지 않는다. 공감대 형성 단계에서는 전사 공지와 전 직원 설명회, 인터뷰를 통해 조직 구성원 모두가 가치관 수립 프로젝트에 대한 목적을 이해하고 공감대를 형성할 수 있도록 해야 한다. 또한 가치관 수립 위원회 및 직원대표를 구성해 모든 직원들의 참여를 이끌어내야 한다.

Action 1. Kick-off

프로젝트의 개막을 알리는 시간이다. 가치관 수립 프로젝트를 힘차게 시작하려면 조직의 모든 구성원들이 이 프로젝트에 대해 '알게끔' 하는 것이 포인트다. 전사 공지를 통해 전 직원들을 대상으로 가치관 수립 프로젝트의 공감대를 형성해야 한다.

우선 전 직원들에게 가치관경영의 필요성과 CEO의 의지를 발표한다. 전체 행사나 전 직원 조회 등이 있다면 CEO가 직접 직원들에게 알리는 것이 좋지만, 그렇지 않다면 공문으로 전달한다. 회사 입구에 가치관 수립 프로젝트를 알리는 현수막을 만들고 프로젝트 기간을 표시하는 것도 좋은 방법이다.

다음으로 CEO 주재회의에서 임원(간부)들과 추진 결의하고 가치관 수립 위원장이 계획을 발표한다. 리더들을 모아 충분히 계획을 설명하고 협조를 구해야 한다. 위원장은 CEO가 맡는 것보다는 가치관경영에 열정이 있는 신망 있는 임원을 선임한다. 동시에 부서별 1명씩 직원대표를 선발해 주도적으로 프로젝트를 이끌 수 있도록 한다. 이 단계에서는 직원대표를 구성하는 것이 매우 중요하다. 전사적인 가치관 수립 프로젝트를 이끌어나가는 주체가 되기 때문이다. 직원대표는 아래와 같이 구성하면 된다.

1) 직원대표 구성

직원 수가 100명 이상인 경우 전 직원이 한자리에 모여 토론과 워크숍을 하기 어렵기 때문에 직원대표를 구성해야 한다. 직원대표는 기본적으로 조직의 각 팀 단위별로 1명 정도씩 선발한다. 보통은 부문장, 본부장, 팀장 등 리더들이 선발하는데 훌륭한 직원을 뽑아야 한다. 혹시라도 '일이 없어 놀고 있는 사람'을 뽑으면 안 된다.

직원대표는 다음의 3가지 요건을 모두 갖춘 최고의 인재를 선발하는 게 좋다. ①애사심이 높은 사람, ②일을 잘해서 직원들에게 평판이 좋은 사람, ③커뮤니케이션 능력이 뛰어난 사람이다. 한마디로 부서를 대표하는 핵심인재로 3가지를 모두 갖춘 사원에서 부장급으로 선발한다. 그러려면 리더들이 가치관 수립 프로젝트에 대한 중요성을 공감하고 적극적인 실행 의지를 형성하도록 교육이나 워크숍을 통해 가장 좋은 직원을 선발한다는 원칙에 합의해야 한다.

'안랩'의 경우 2014년 프로젝트를 진행할 때 직원 수 890명에 19개 본부, 36개 팀으로 구성되어 있었는데 직원대표를 36명 선발했다. '유니드'는 직원 수 440명에 4개 본부, 33개 팀인데 직원대표를 13명으로 구성했다. 이유는 팀이 중복되어 있어 중복을 제거한 경우 13명이면 전체 부서를 대표할 수 있었기 때문이다.

그렇다면 직원 수가 5,000명 정도로 4개 부문, 36개 본부, 200여 개 팀이 있는 조직은 어떻게 하면 좋을까? 직원대표는 본부를 대표하는 36명으로 하고, 팀별 1인으로 선발된 200명을 큰 규모의 직원대표로 한다. 그리고 가치관 수립 과정에서 1회 정도 대회 형태로 모이면 적당하다. 결론적으로 긴밀하게 토론하고 워크숍을 진행할 직원대표는 50명 이내로 구성하는 것이 적절하다. '빙그레'의 경우 1,000여 명 중에 50명을 선발했는데, 가치관 수립 프로젝트를 진행할 때가 창립 50주년이어서 상징적으로 50명으로 정했다.

2) 직원대표의 역할 인식

직원대표의 역할은 다음과 같다.

- 단위 부서 직원들의 의견을 경청하고 수렴한다.
- 단위 부서에 가치관 수립 TF의 논의사항을 충실히 전달한다.
- 가치관 수립에 대한 긍정적 분위기 조성에 힘쓴다.
- 회사에 대한 긍정적 인식을 형성하도록 노력한다.
- 헌신과 희생정신을 가지고 가치관 수립 프로젝트에 임한다.

다만 직원대표들에게 위의 5가지 역할을 제시하고 이대로 실행하라고 하는 것은 좋지 않다. 좋은 방법은 토론을 시키는 것이다. 스스로 단위 조직에서 어떤 역할을 할 것인지 정리하게 한 후 직원대표들이 모여 토론을 통해 공통된 실천사항을 정리하게 한다. 조별 토론을 통해 공통분모를 뽑아내도록 하는 것이다. 이렇게 하면 스스로 역할을 정리하게 되고, 누가 시킨 것이 아니라 자기가 결정한 것이기 때문에 실천력을 높일 수 있다. 보통 위의 5가지 역할 내에서 결과물을 도출하고 빠진 부분이 있으면 추가하면 된다.

3) 직원대표 커뮤니티 운영

직원대표들은 조직에서 유능한 사람들이기 때문에 해야 하는 업무가 많다. 따라서 수시로 전국에 있는 직원들을 모으는 것은 현실적이지도 효율적이지도 않다. 그렇다고 형식적으로 한두 번 만나는 것으로는 부족하다. SNS 상에 밴드나 카톡방을 만들어 수시로 정보와 지침을 공유하는 매체를 확보해야 한다.

즐겁고 효율적인 프로젝트 진행을 위한 팁

1. 가치관 수립 프로젝트명 정하기

가치관 수립 프로젝트명을 정하는 것이 필요하다. 재미있고 의미있게 정하면 좋다. 대표적인 기업들의 가치관 수립 프로젝트를 소개한다.

· 유니드: 두드림(Do Dream) 프로젝트

· 원건설: 원웨이(One way) 프로젝트

· 순천교차로신문: 우주인(우리가 주인인 회사 만들기) 프로젝트

· 휴롬: V(Values, Vision, Victory) 프로젝트

· 굿네이버스: 가치같이 프로젝트

· 삼송캐스터: 바바리(바퀴다 바뀌다 리본) 프로젝트

2. 밸류데이(Value Day) 만들기

가치관 수립 프로젝트를 진행할 때 제안하는 팁이 있다. 바로 가치관 수립 10가지 액션을 진행하는 '요일'을 정하는 것이다. 특정 요일을 정해 그 요일에 Action을 배치한다. 예를 들면 '수요일은 Value Day'라고 하는 식이다.

Action 2. 가치관경영 설명회

모든 일이 그렇지만 가치관 수립 프로젝트도 아는 만큼 공감하고 공감한 만큼 적극적으로 실행한다. 가치관경영 관련 책을 읽게 하거나 CEO나 리더가 얘기하는 것만으로는 부족하다. 정확하면서도 공감할 수 있도록 가치관경영의 필요성과 중요성을 공유해야 한다. 그리고 그 자리에서는 가치관 수립에 대한 직원들의 지지를 80% 이상 끌어내야 한다. 80% 이상의 지지 속에서 프로젝트가 진행되어야 추후 단계를 더욱 성공적으로 이끌 수 있다.

가치관경영 설명회는 '왜 지금 우리가 이 프로젝트를 추진하는가?'를 알리고 '가치관경영의 중요성'을 이해시키는 데서 출발한다. 인트로에서는 현재 우리 조직의 문제점과 과제를 공유하고 가치관경영 프로젝트를 통해 해결하고자 하는 프로젝트 목적과 목표를 밝힌다. 다음으로 가치관경영의 의미와 중요성, 가치관의 3가지 구성요소(미션, 비전, 핵심가치)를 설명한다. 이때 타 기업의 사례를 통해 설명하면 더욱 쉽고 효과적으로 개념과 중요성을 이해시킬 수 있다. 마지막으로 직원들의 의견을 듣는 시간과 앞으로의 진행일정을 공유한다. 다음의 3가지 질문을 통해 직원들의 생각과 의견을 듣는 것이 필요하다.

- 가치관경영의 중요성을 이해하고 공감하는가?
- 우리 조직의 문제점과 과제를 해결하기 위해 가치관경영 프로젝트가 도움이 될 것이라고 생각하는가?
- 가치관 수립 프로젝트에 대한 바람과 궁금한 점은?

가치관경영 설명회는 보통 외부 전문가가 주도하지만 상황에 따라 가치관경영에 대해 잘 아는 CEO나 가치관 수립위원회 위원장이 진행할 수도 있다. 중요한 것은 반드시 전 직원이 참석해야 한다는 것이다. 회사의 상황과 여건에 따라 2회로 나누어 진행하거나 사업장별로 진행하면 된다. 휴가나 출장 등 피치 못할 사정으로 참석하지 못한 직원을 위해서는 설명회를 녹화해 동영상 파일로 제공하는 것이 효율적이다.

Action 3. 인터뷰(간담회)

인터뷰는 현재 조직의 상황 파악과 가치관 수립 프로젝트의 분위기 조성을 위해 진행한다. 인터뷰에서 나온 내용은 가치관 수립 프로젝트 과정에서의 회사 현황 공유에 중요한 역할을 한다. 인터뷰의 최소 단위는 CEO, 임원그룹, 팀장그룹, 사원그룹, 포커스 그룹 인터뷰FGI를 진행한다. CEO가 오너인 경우 그의 철학과 가치관은 앞으로 가치관 수립에 중요한 참고자료가 된다.

1) CEO 인터뷰

CEO의 기업 가치관을 추출하여 구체화하는 시간이다. 인터뷰는 자유롭고 편안한 분위기에서 1시간 반에서 2시간 정도 진행한다. 인터뷰 내용을 바탕으로 CEO의 가치체계를 추출하고 논리화시킨다.

CEO 인터뷰 질문지

1. 창업정신과 역사, 우리 회사가 이루어온 성취는 무엇이 있습니까?

2. 현재 성취를 이룬 성장의 원동력 및 우선순위는 무엇입니까?

3. 향후 5년 우리 회사의 기대되는 바람직한 모습은 무엇입니까?

   – 사업을 통해 이루고 싶은 것

   – 직원들에게 이루어주고 싶은 것

4. 기타

   – 최근 우리 회사의 변화

   – 우리 회사의 강점과 약점, 위기와 기회

   – 가치관 수립 프로젝트 당부 말씀

2) 임원/리더/직원 인터뷰

직원 인터뷰에서는 현재의 조직 과제와 문제점, 가치관경영에 대한 생각 등을 듣는다. 인터뷰는 직원들의 스스럼없는 대답을 위해 외부 전문가에게 맡기는 것을 추천한다. 내부직원이 진행하면 서로 부담될 수밖에 없기 때문이다. 그럼에도 내부직원이 진행한다면 회사를 벗어나 분위기 있는 카페 등에서 편안한 분위기를 만드는 것이 좋다. 각 인터뷰는 1시간 정도 진행한다.

임원/리더/직원 인터뷰 질문지

1. 회사에는 어떤 변화가 있습니까?
2. 회사의 해결 과제나 문제점은 어떤 것이 있습니까?
3. 회사의 사업/조직 강점과 약점은 무엇이라고 생각합니까?
4. 현재까지 성취를 이룬 원동력은 무엇이라고 생각합니까? 직원들에게 필요한 원칙과 기준은 무엇이라고 생각합니까?
5. 향후 5년 우리 회사의 기대되는 바람직한 모습은 무엇이라고 생각합니까? (사업에서 이룰 것, 원하는 직장은?)
6. 이번 가치관 수립 프로젝트에 대한 기대와 바람은 어떤 것이 있습니까?

Action 4. 직원대표 워크숍

직원대표는 전사적인 가치관 수립 프로젝트를 이끌어가는 핵심멤버다. 직원대표의 역할은 부서별 토론회를 이끌고 직원들의 의견을 듣고 프로젝트팀의 논의사항을 전달하는 것이다. 직원대표들과 모이는 자리에서는 가치관 수립 프로젝트 계획과 진행상황, 결과를 공유해주는 것이 필요하다. 또한 직원대표들이 조직 문제에 주도적으로 참여하는 것이 중요하므로 역할 인식과 함께 다음과 같은 주제로 토론을 하면 좋다. 직원대표 워크숍의 토의사항은 다음 3가지로 전체 3~4시간 정도가 적당하다.

① 우리 조직의 사업 및 내부 문제점과 과제 토론

② 가치관 수립 프로젝트가 조직 과제나 문제점 해결에 어떤 기여를 할 것인지 토론

③ 직원대표로서 어떤 역할을 할 것인지 토론

가치관 수립 2단계. 참여

참여 및 토론

(5~6Action)

가치관 수립 2단계는 '참여 및 토론' 단계다. 2회의 부서별 토론회를 통해 회사 현황을 점검하고, 가치관체계 정리를 위한 방향성을 설정하는 것이다. 부서별 토론회를 진행하는 이유는 가치관 수립 프로젝트는 과정도 중요하기 때문이다. 느닷없는 가치관 수립은 직원들의 공감과 참여를 이끌어내기 어렵다. 현재 우리 조직의 문제점과 과제를 토론할 기회를 제공하고 건설적인 아이디어를 들어주며 소통의 장을 만들어주면 직원들은 이에 적극 호응한다. 많은 조직들이 소통에 목말라 있어 직원들은 이러한 토론에 열심히 참여한다.

여기에서 중요한 것은 양식지를 제공해야 한다는 점이다. 양식지를 채우는 데는 1시간 정도 걸리는데, 나머지 시간은 회사가 만들어준 소통의 장으로 편안하게 보내면 된다. 이때 회사에서는 부서별 토론회에 비용을 책정해 지급하고 카페, 호프집, 회식 등 자유로운 분위기에서 소통할 수 있도록 자리를 만들어주는 것이 필요하다.

Action 5. 부서별 토론회 1차

부서별 토론회는 부서별 토론을 통해 의견을 개진하고 직원 간 소통을 높이는 것이다. 주제는 '현재 우리 조직의 문제점과 해결 아이디어'다. 직원대표가 진행하며 약 2시간 정도 소요된다. 직원대표는 차후 결과보고서를 제출하면 된다.

부서별 토론회를 진행할 때 직원대표는 퍼실리테이터Facilitator 역할을 하는 것이 중요하다. 자칫 잘못하면 회사에 관한 불만을 늘어놓는 성토대회가 되거나, 사원-대리급 직원들은 눈치만 보다가 한마디도 못하는 수직적 회의 분위기가 조성될 수도 있다. 따라서 직원대표는 긍정적이고 수평적인 분위기에서 미래를 위한 발전적 토론이 될 수 있도록 잘 이끌어야 한다.

문제점과 해결 아이디어는 '사업 관련'과 '조직 관련'으로 나누어 진행한다. '사업 관련 과제 및 해결 아이디어'로는 미래성장동력 발굴(신사업 진출, 신시장 개척, 신규 아이템 발굴, 사업 다각화 등), 기존 사업 및 브랜드 강화(시장점유율 확대, 브랜드 인지도 개선 등), 설비 및 시스템 개선(노후 설비 교체, 새로운 전산시스템 도입, 영업시스템 혁신 등) 등의 이야기가 나올 수 있다.

다음으로 '조직 관련 과제 및 해결 아이디어'로는 소통 문제 해결(상하 간, 세대 간, 부서 간 소통 활성화 및 존중과 배려의 커뮤니케이션 강화 등), 인적자원 관리(직원 고령화, 차세대 리더 양성, 핵심인재 스타우트 및 발굴 등),

조직문화 개선(회의와 보고, 일과 가정 양립, 즐거운 일터 분위기 등), 보상과 복리후생 등에 관한 이야기가 나올 수 있다.

부서별 토론회 1차 양식지

일시: 팀명: 참석자:

	사업 관련	내부조직 관련
조직과제 & 해결방안	1.	1.
	2.	2.
	3.	3.
	4.	4.
	5.	5.

Action 6. 부서별 토론회 2차

부서별 2차 토론회에서는 구체적으로 우리가 만들 가치관 내용을 토론한다. 주제는 '직원들이 생각하는 우리 회사에서 중요한 것'이다. 대단한 결과물이 나오는 게 중요하지 않다. 조금 부족하고 투박하더라도 우리 회사의 미션, 비전과 목표, 핵심가치를 토론한다는 것이 중요하다. 부서별 토론회 결과물은 담당자가 취합, 정리해 다음 단계인 '가치관 수립 워크숍'의 기초 자료로 활용한다.

두 번째 토론회는 1주나 2주 간격을 두고 진행한다. 1차와 마찬가지로 직원대표가 진행하며 약 2시간 정도 소요된다.

첫째, 미션 토론은 '우리 회사가 가장 잘하는 것'과 '우리 회사는 세상에 어떤 기여를 해야 하는가?'에 대한 내용으로 진행한다. 우리 회사가 가장 잘하는 것으로는 제공하는 사업(건강가전사업, 콘텐츠 플랫폼 사업 등)이나 제품(석유화학제품, 바이오소재, 어플리케이션 등), 그리고 핵심역량(마케팅, 영업, 품질, 기술, 고객서비스 등) 등이 있다. 다음으로 우리 회사가 세상에 기여하는 것은 행복한 미래, 새로운 라이프스타일, 편리함 제공 등이 있다.

둘째, 비전과 목표 토론으로 '앞으로 20××년 어떤 조직이 되길 바라는가?'라는 미래상을 함께 이야기하는 것이다. '우리 회사가 사업적으로 성취했으면 하는 것(사업 목표)'과 '직장으로서 내가 원하는 우리 회사의 모습(직장 목표)'을 토론한다. 사업 목표로는 사업영역(친환경, 바이오케미칼 솔루션, IT 소재, 제품별 글로벌 TOP 10, 섬유화학 선도기업 등), 신사업(신규사업의 매출비중 증대, 신규소재 개발 등), 수치(매출 1조, 영업이익 1,000억, 10억 불 수출, 시가총액 1조 원 등) 등을 주제로 토론한다. 직장 목표로는 조직문화(존경받는 회사, 행복한 회사, 평생 다니고 싶은 회사 등), 복지(업계 최고 복지, 건강검진 제공, 사내 어린이집 제공 등), 보상(동종업계 최고 인센티브 제공, 평균 연봉 1억 등), 업무환경 및 기타(일과 삶의 균형, 취업선호도 1위 등) 등을 들 수 있다.

마지막은 핵심가치 토론이다. 현재 회사나 직원이 중요하게 생각하는 가치, 향후 회사의 미션과 비전을 달성하기 위해 지켜야 할 가치에 대해 토론한다. 이를 위해 '우리가 지킬 것', '행동할 것', '하지 말아야 할 것' 등에 대한 의견을 모은다. 한 예로 우리가 지킬 것은 '약속한 것은 꼭 지키는 문화', '타 부서 간 상호이해와 존중', '업무에 대한 강한 책임의식', '윤리규범의 준수', '끊임없는 자기계발과 전문성 강화' 등을 들 수 있다. 다음으로 행동할 것은 '전화 예절 지키기', '칭찬하기', '변화를 적극적으로 받아들이기' 등이며, 하지 말아야 할 것은 '책임회피', '업무 떠넘기기', '부정적인 사고' 등이 있다.

부서별 토론회 2차 양식지

<table>
<tr><td>미션</td><td colspan="2">우리 회사가
가장 잘하는 것</td><td>우리 회사는 세상에
어떤 기여를 해야 하는가</td></tr>
<tr><td rowspan="2">비전과
목표</td><td rowspan="2">앞으로 20xx년
어떤 조직이
되길 바라는가?
(미래상)</td><td colspan="2">우리 회사가 사업적으로 성취했으면 하는 것</td></tr>
<tr><td colspan="2">직장으로서 내가 원하는 우리 회사의 모습</td></tr>
<tr><td rowspan="2">핵심
가치</td><td>이것만은 지킵니다</td><td>이렇게 행동합시다</td><td>이렇게 행동하지 맙시다</td></tr>
<tr><td></td><td></td><td></td></tr>
</table>

가치관 수립 3단계. 합의

가치관 합의

(7~10Action)

'공감'과 '참여'가 진행되었다면 다음은 '합의' 단계다. 대략적인 순서를 살펴보면, 먼저 가치관 수립 워크숍을 진행해 임직원들의 생각이 담긴 가치관을 도출한다(Action 7). 그런 다음 가치관 보완 및 행동약속 도출 워크숍에서는 정립된 가치관체계를 검토, 보완하고 행동약속을 도출하는 과정을 진행한다(Action 8). 최종 전 직원 의견조사에서는 도출된 결과물을 정리해 전 직원의 의견수렴을 거쳐 가치관을 완성한다(Action 9). 마지막으로 '가치관 선포식'을 개최해 대내외에 우리 회사의 가치관체계를 공식적으로 선포한다(Action 10).

조직원들의 생각을 하나로 모아 조직의 힘을 한군데로 모으는 가치관 수립은 교수로서 가장 보람되고 행복한 일이다. 지난 10여 년 동안 기업에 가치관경영을 확산하기 위해 많은 노력과 연구를 했다. 이러한 과정을 통해 나만의 '한국형 가치관경영'의 틀과 방법을 만들어가고 있다. 매 프로젝트마다 더 발전적인 진행방법과 콘텐츠 개발을 고민하지만 변하지 않는 원칙이 하나 있다. 바로 '직원들이 직접 참여해 회사의 가치관을 만드는 기쁨을 줘야 한다'라는 원칙이다. 2018년 어느 기업의 가치관 수립 워크숍에서 직원들이 한 말이 생각난다.

"우리가 워크숍에서 합의했지만 그걸로 결정되리라고는 생각지 못했습니다. 우리 회사가 최종적으로 완성한 가치관은 대부분 우리가 토론해 합의한 것으로 결정되었습니다. 정말 기뻤어요!"

가치관 수립을 위한 마지막 단계를 차례대로 소개한다.

Action 7. 가치관 수립 워크숍

가치관 수립 프로젝트의 꽃은 '가치관 수립 워크숍'이다. 전 직원 의견수렴 결과물을 바탕으로 기업의 가치관을 수립하는 단계다. 미션, 비전, 핵심가치를 도출하는 프로세스는 이미 2~4장을 통해 상세히 설명했다. 따라서 이 장에서는 가치관 수립 워크숍 진행에 필요한 실무적인 준비사항과 직원들의 반응을 중점적으로 소개하겠다.

1) 시간과 장소

일정은 1일이나 1박 2일로 진행한다. 여건이 허락한다면 조금 무리해서라도 1박 2일을 권장한다. 총 소요시간은 8~10시간이다. 워크숍은 즐거워야 한다. 장소는 가급적 쾌적하고 좋은 공간에서 진행하는 것이 좋다. 그리고 저녁에 회식하면서 소통의 장을 만드는 것은 필수다. 시설이 좋고, 조별 토론이 가능하며, 숙박과 식사를 한 장소에서 해결할 수 있는 연수원을 추천한다. 대강당이나 넓은 회의실에서 진행해도 상관없다.

2) 참여대상 및 조 편성

전 직원이 60명 미만이라면 전 직원 워크숍을 추천한다. 100명 정도라면 2회에 나눠 전 직원이 참여하는 것도 권한다. 하지만 직원수가 100명 이상이라 현실적으로 전 직원 참여가 어려운 경우 직원대표를 선발해 진행한다. 직원대표 구성은 경영진+임원+팀장급+직원대표로 하면 된다. 전체 참여대상은 30~60명, 최대 70명 정도가 적당하다.

여러 단위의 토론을 통해 미션, 비전과 목표, 핵심가치를 토론할 때는 토론 결과를 모아 합의하는 과정이 필요하다. 가치관 수립 워크숍은 전 직원을 대표하는 대표성을 확보해야 한다. 직원대표단을 구성했다면 혹시 더 들어올 멤버들이 없는지 체크해봐야 한다. 노조 대표, 여직원 대표, 신입사원 대표 등 대표성 확보를 위해 구성원을 좀 더 확장하길 바란다. 생산기능직 직원들은 조장, 반장급으로 대표 약간 명을 선발해 참여시키면 좋다.

조 편성은 각 조별로 6~7명 정도가 가장 적당하다. 원활한 토론을 위해 최대 8명을 넘지 않도록 한다. 다양성을 전제로 조를 구성하기 위해 직급, 부서, 성별 등이 골고루 섞이도록 한다. CEO도 참석하는 게 좋다. 단, 특정 조에 포함되어 전 일정을 한 곳에 있지 말고 돌아다니도록 하자. 시작하거나 마칠 때 CEO의 격려나 "수고했다"라는 한마디가 직원들에게는 큰 힘이 된다.

3) 운영진 준비물

분위기 조성을 위해 워크숍이 이뤄지는 회의장 내외부에 일자, 장소, 프로젝트명이 표기된 플랜카드를 하나씩 부착한다. 진행 사진과 결과물 기록을 위해 카메라나 스마트폰으로 촬영할 직원도 배치하자.

워크숍 준비물은 A4, A3 용지 각 1묶음, 조별 포스트잇, 마커펜, 전지, 플립차트, 스카치테이프 등으로 참석자들에게 모두 제공한다. 추가로 맛있는 간식도 푸짐하게 제공하자. 커피와 음료수, 간식을 여유 있게 준비해 한쪽에 비치해두면 된다.

4) 시간표

시간표는 가치관 프로젝트 진행 배경과 프로세스, 현재까지의 진행 경과 및 결과물 리뷰를 시작으로 미션, 비전과 목표, 핵심가치, 그리고 행동약속 순으로 도출한다. 미션 2시간, 비전과 목표 3시간, 핵심가치와 행동약속 2시간이 최소 수준이다.

1박 2일 시간표 예시

1일차

- 10:30~10:35 인트로(취지와 진행자 소개)
- 10:35~10:45 사장님 인사 및 격려 말씀
- 10:45~11:50 가치관 수립 프로젝트 진행 배경과 프로세스, 경과 리뷰
- 12:00~13:00 중식

- 13:00~15:00 미션 토론(미션의 의미, 조별 토론, 전체 토론/합의)
- 15:00~18:00 비전 및 목표 토론(비전 및 목표의 의미, 조별 토론, 전체 토론/합의)
- 18:30~22:00 만찬 및 친목의 시간

2일차

- 09:00~09:30 1일차 내용 정리
- 09:30~11:00 핵심가치 토론(핵심가치의 의미, 조별 토론, 전체 토론/합의)
- 11:00~12:00 행동약속 토론(행동약속의 의미, 조별 토론, 전체 토론/합의)
- 12:00~12:10 워크숍 정리

모든 일은 가까운 데서 먼 데로, 쉬운 것에서 어려운 것으로 나아가야 한다. 회사의 미래를 위한 가치관 수립은 쉬운 일이 아니므로 먼저 개인 가치관을 공유하는 것으로 시작한다. 참석자들이 스스로 중요하게 생각하는 것(미션), 미래의 꿈(비전)을 이미지 카드로 설명하는 단계를 넣으면 좋다. 서로 간에 이해를 돕고 긴장감과 토론의 벽을 쉽게 넘을 수 있기 때문이다. 또한 40개의 핵심가치 중 자기가 중요하게 생각하는 가치를 찾아 동료들에게 설명하면서 상대방에 대해 이해하는 시간을 갖는 것도 하나의 방법이다. 이렇게 하면 개인이나 조직에 핵심가치가 매우 중요하다는 사실을 자연스럽게 깨닫게 된다.

실제로 워크숍에서 개인의 가치관을 생각하고 정립할 기회를 주면 직원들은 기업 가치관을 만드는 토론에서 적극적이고 열정적으로 참여한다. 그리고 자기들이 참여하고 토론하고 합의해 만든 기업 가치관에 무한한 자부심과 기쁨을 표현한다. 기업이 직원들에게 개인 가치관 정립 기회를 주는 것은 쉬우면서도 좋은 방법이다.

가치관 수립 워크숍에 참여한 직원들 코멘트

내 인생의 가치관을 찾았다

- 나를 성찰하는 기회가 되었고 소통과 변화의 필요성에 대해 인식하게 되었습니다.
- 나의 가치관을 표현할 수 있어 좋았습니다.
- 삶의 목표를 되돌아보는 계기가 되었습니다.
- 살아온 날을 뒤돌아보며 그동안 잊고 지냈던 것들을 워크숍을 통해 다시 생각할 수 있었고, 나의 가치관을 갖게 되어 기쁘게 생각합니다.
- 나의 가치관을 생각할 수 있어서 참 좋았습니다.
- 나 자신을 돌아보는 소중한 시간이었습니다.
- 앞으로 어떻게 생활해야겠다는 마음가짐, 그리고 미래를 생각하게 되었습니다.
- 자신을 돌아볼 기회도 없이 앞만 보고 왔지만 이번 워크숍을 통해 나 자신의 핵심가치, 인생 목표 등을 생각해볼 수 있게 되어 정말 감사한 마음입니다. 앞으로 늘 나를 돌아보는 시간을 갖겠습니다.

• 개인적 목표를 세울 수 있는 계기가 된 시간이었습니다.

직원들의 의식을 깨우고 화합하는 계기가 되었다

• 타 부서의 직원들과 고민하고 웃으면서 소통할 수 있었던 점이 좋았습니다.
• 서로 생각하는 점을 알게 되었고, 공감하는 점도 많았으며, 그 속에서 합의점을 도출했다는 것이 좋았습니다.
• 직원들의 변화에 대한 욕구와 의지를 확인할 수 있었고 가치관을 공유할 수 있는 기초를 마련했습니다. 단결력과 서로 소통하며 화합된 분위기를 이루며 애사심을 갖게 된 것 같습니다.
• 개개인의 성격을 알 수 있는 시간이 되어 좋았습니다.
• 이틀 동안 직원들 모두가 한마음 한뜻이 되어 상당히 좋았습니다.
• 직원들과의 의사소통에 대해 많이 알게 되었고 단합력과 친밀함을 얻었습니다. 뜻이 서로 통하고 서로의 생각을 합의하기 위해 노력하는 자세가 좋았습니다.
• 서로 대화로써 많은 것을 배우고 함께하는 것이 참 좋았습니다.
• 서로가 서로의 애로점을 알아주고 팀워크가 이루어져 좋은 시간이 되었습니다.
• 많은 사람들과 대화를 통해 개개인의 생각과 회사의 나아갈 길을 본 것 같아 유익했습니다.
• 한자리에 모여 서로 다른 생각을 나눔으로써 그간 쌓인 개개인의 의견이나 불만을 풀 수 있어서 좋았습니다.

- 직원들과 생각이 크게 다를 것은 없으나 우선순위의 차이가 소통의 부재로 연결되었구나, 하는 생각을 갖게 되어 추후 회사생활에 큰 도움이 될 것 같습니다.

조금 더 회사를 위해 일하고 싶습니다

- 전 직원이 참여해 다 같이 미션, 비전, 핵심가치를 토의하면서 하나가 되어가는 느낌을 각자 느꼈을 것이라 생각합니다. 각자 자기를 반성하는 계기가 되지 않았을까 생각합니다.
- 우리 직원들이 함께 갈 수 있는 목표가 수립되었다는 것이 좋았습니다.
- 우리 기업의 이미지를 조금이나마 알 수 있었고 앞으로 내가 어떻게 해야 할지 생각할 수 있었습니다.
- 우리 회사의 부족한 점을 토론을 통해 많이 알게 되었고 그 부족함을 고쳐가는 데 도움이 될 것 같습니다.
- 회사와 함께 목표에 도달할 수 있게 노력하는 계기가 되었습니다.
- 나의 가치관과 회사의 가치관, 사명 등을 동시에 고민하고 결정할 수 있어 좋았습니다.
- 개인의 사명과 비전, 가치관을 알게 되었고 회사의 사명과 비전, 가치관을 명확히 알게 되어 앞으로의 방향을 정할 수 있을 것 같아 매우 뜻깊은 시간이었습니다.

그리고 교수가 느끼는 보람

- 희망적으로 강의하는 교수님의 말이 제 머릿속에 쏙쏙 들어왔습

니다. 생각지도 못한 내용을 나오게 하는 강의, 너무 감동받았습니다. 감사합니다.

Action 8. 가치관 보완 및 행동약속 도출 워크숍

다음 단계는 가치관 보완 및 행동약속 도출 워크숍이다. 'Action 7. 가치관 수립 워크숍'이 하루 동안 진행되는 경우 행동약속까지 도출하는 것은 쉽지 않다. 가치관 수립 워크숍에서 행동약속을 도출하지 못했다면 이번 Action 8에서 진행하면 된다.

먼저 Action 8에서는 가치관 수립 워크숍의 토론 결과물을 가지고 직원대표와 리더들이 모여 보완작업을 진행해야 한다. 보완작업을 할 때는 추가하거나 빼야 할 단어나 표현이 있는지를 먼저 살펴본 뒤 전체적으로 문장을 다듬는 작업이 진행되어야 한다. 물론 가치관 수립 워크숍을 통해 정립된 결과물이 만족스럽다면 굳이 수정할 필요는 없다. 이 경우 전체 합의한 뒤 다음 단계로 넘어가면 된다. 이해를 돕기 위해 2016년 가치관 수립 프로젝트를 진행한 '테크로스'의 사례를 살펴보겠다. 테크로스는 가치관 수립 워크숍을 통해 다음과 같은 가치관(안)을 정립했다.

가치관 수립 워크숍에서 도출한 가치관(안)

- 미션: 기술과 사람의 융합을 통해 고객에게 감동을 주며 인류와 환경에 기여한다

• 비전: 행복한 사람과 최고의 기술로 세계를 선도하는 GREAT 테크로스
• 핵심가치: Make it happen by TECHCROSS!(테크로스를 통해 끝까지 해내는 힘!)

Trust from ourselves, clients and the society

(우리 자신, 고객과 사회로부터 신뢰를 얻는다.)

Expertise endless

(내가 하는 일에 전문가가 되도록 끊임없이 노력한다)

Challenge to achievement(도전해서 성취한다)

Happiness Together(즐거움은 함께한다)

CROSS

테크로스는 이를 바탕으로 토론과 합의 과정을 거치며 가치관 보완 워크숍을 진행한 결과 가치관 최종안을 도출할 수 있었다. 우선 미션은 '고객에게 감동을 주며'라는 부분을 과감히 삭제했다. 뒤의 '인류'라는 표현이 고객과 사회를 포함하기 때문에 중복해서 쓸 필요가 없다는 판단에서였다. 다음으로 비전은 '행복한 사람과'를 '행복한 사람이'로 변경했다. '행복한 사람, 즉 행복한 직원들이 만들어내는 최고의 기술로 세계를 선도하겠다'는 의미가 더욱 적절하다는 의견에서였다. 또한 전체적인 의견을 수렴해 'GREAT 테크로스'를 'GREAT COMPANY'로 고쳐 썼다. 마지막으로 핵심가치를 표현하는 'Make it happen by TECHCROSS!(테크로스를 통해 끝까지 해내는 힘!)'는 잘 정립되었다는 의견에 따라 확정하였고, 4대 핵심가치의 표현방식을 눈에

테크로스 가치관 최종안

미션 기술과 사람의 융합을 통해 인류와 환경에 기여한다

비전 2020 행복한 사람이 최고의 기술로 세계를 선도하는 GREAT COMPANY

핵심가치 Make it happen by TECHCROSS! 테크로스를 통해 끝까지 해내는 힘!

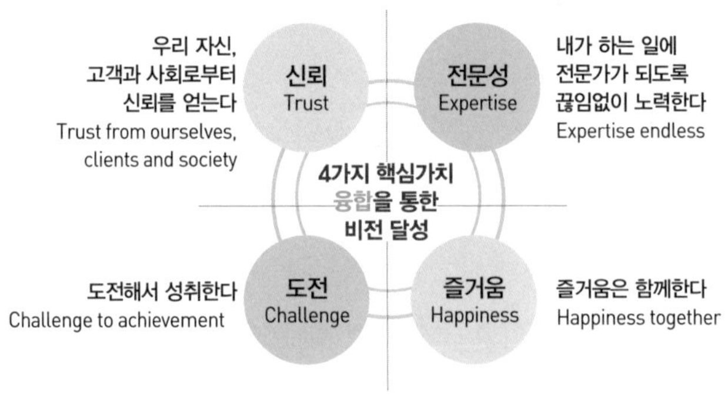

잘 보이도록 도식화하고 정의의 일부를 수정했다.

가치관 수립을 성공적으로 했는데도 조직에 변화가 없어 답답해하는 경우도 있다. 이런 경우는 대부분 행동변화를 위한 약속을 하지 않아 무엇을 해야 할지 모르기 때문이다. 따라서 '가치관 수립'이라는 자체의 의미도 있지만 후속적으로 가치관을 실천할 수 있는 '행동약속'

을 반드시 만들어야 한다. 가치관 수립 워크숍의 토론 결과물을 바탕으로 5~10개 내외의 행동약속을 정하면 된다. 행동약속을 도출하는 과정은 4장에서 상세히 설명했으므로 참고하길 바란다.

Action 9. 전 직원 의견수렴

가치관 수립 워크숍과 가치관 보완 및 행동약속 도출 워크숍을 통해 도출한 결과물을 정리해 전 직원의 의견수렴을 거쳐 완성시키는 단계다. 이미 이 단계까지 왔다면 직원들의 참여는 충분하다고 할 수 있다. 하지만 가치관 수립 워크숍에 직원대표가 참여한 경우라면 한 번 더 직원들의 의견을 반영하는 과정이 있으면 좋다. 온라인이나 오프라인 설문조사를 통해 직원들의 의견을 최종 수렴하면 된다.

<직원 설문> 여러분의 의견을 묻습니다

1. 가치관 수립 워크숍을 통해 정립된 우리의 '미션', 어떻게 생각하십니까?
2. 가치관 수립 워크숍을 통해 정립된 우리의 '비전과 목표', 어떻게 생각하십니까?
3. 가치관 수립 워크숍을 통해 정립된 우리의 '핵심가치', 어떻게 생각하십니까?
   예) 잘 정립된 것 같아요! 이런 부분은 보완되었으면 좋겠어요.

Action 10. 가치관 선포식

이제 마지막이다. 최종 가치관이 결정되었으면 가치관 선포식으로 대내외에 알리고 시작하면 된다. 가치관 선포식은 축제의 장이다. 직원들에게 긴 시간 동안 토론하고 참여해 합의한 가치관을 의미 있게 받아들이도록 마지막 이벤트를 진행하는 것이다.

가치관을 수립한 기업은 선포식 진행이 필요하다. 선포식은 기업 가치관을 내외부에 알리는 자리다. 선포식은 일반적인 포맷이 있는데, 기본 포맷을 기준으로 하되 기업의 특성에 맞게 개성 있게 준비하면 된다.

1) 선포식 명칭은?

선포식 이름을 무엇으로 해야 할까? 정답이 있는 것은 아니지만 구분을 하면 다음과 같다.

- 가치관경영 선포식: 회사 차원에서 처음으로 가치관경영을 시작하는 경우 사용한다. 기업 대내외적으로 "우리 회사는 앞으로 가치관경영을 할 겁니다"라고 선포하는 것이다.
- 가치관 선포식: 가치관을 수립하거나 재정립했을 경우 사용한다. 기업 대내외적으로 "우리 회사는 이번에 이런 가치관을 만들었습니다"라고 선포하는 것이다.
- 비전 선포식: 가치관체계 전체가 아니라 비전만 수립한 경우 또는 기존 미션, 핵심가치는 그대로 두고 비전 기한이 경과해 새롭

게 비전을 수립한 경우에 사용한다. 기업 대내외적으로 "우리 회사는 이번에 이런 비전을 만들었습니다"라고 선포하는 것이다.

여기서는 '가치관 선포식'으로 용어를 통일한다.

2) 선포식을 꼭 해야 할까?

꼭 해야 한다. 회사에서 가장 중요한 것이 무엇인가를 전 직원의 공감, 참여, 합의로 만들어냈는데 대충 넘어갈 일이 아니다. 회사 규모나 상황에 따라 규모를 달리할 수 있지만, 할 수 있는 한 최대한 멋지게 선포식을 진행하자. 선포식은 짧게는 5년, 길게는 10년에 한 번 하는 의미 있는 행사다. 무엇보다도 앞으로 조직에서 가치관 내재화를 위해 힘 있게 시작하는 것이 필요하다.

3) 가치관 선포식의 순서는?

식사시간을 제외하고 행사는 약 1시간 정도로 진행한다. 진행 순서는 기본적으로 개회 및 의례(5분), CEO 기념사(10분), 외부인사 축사(10분), 가치관 수립 과정 소개(5분), 가치관체계 직원 낭독(5분), 영상시청(10분), 회사 홍보 동영상 시청(10분), 기념사진 촬영(5분) 정도로 진행하면 된다.

4) 가치관 선포식에 포함할 이벤트

선포식 첫 페이지는 '힘차게' 시작한다.많은 기업이 대북공연으로 시작하는 것이 일반적이다. 대북공연을 통해 힘차게 시작했다면 기업의 가치관을 공감하게 하는 영상 시청을 추천한다. 영상은 회사의 역사, 미션, 비전을 형상화할 수 있는데 기업의 미션으로 만드는 편이 가장 좋다. 직원들에게 우리가 하는 일에 대한 자부심을 불러일으킬 것이다.

가치관 선포식 마무리는 '힘차고 유쾌하게' 한다. 예로 'KCTC'는 희망비행기 날리기 이벤트를 진행했다. 미리 배포한 색지에 직원들이 자신의 꿈을 적어 동시에 날리는 이벤트로 반응이 좋았다.

공기업의 가치관 수립

어느 공기업에서 2019년 비전과 목표 수립에 대한 자문 요청을 받았다. 그래서 지금까지 매년 만들어 회사 곳곳에 부착한 비전과 목표 5년치를 보여달라고 했다. 담당자는 "내용이 거의 비슷한데 볼 필요가 있을까요?"라며 자료를 건네주었다.

그런데 자료를 받아보고는 왜 담당자가 그런 말을 했는지 바로 알 수 있었다. '비전–정책 목표–추진 전략–중점 추진과제' 순서로 거의 동일한 항목에 비슷비슷한 내용이 약간씩 다른 표현으로 쓰여 있었다. 정관에 목적이 나와 있고 관리적 성격이 강한 공기업의 경우 매해 비전과 목표가 크게 달라질 건 별로 없다는 건 알고 있다. 하지만 비전과 목표를 만들고 공유하는 과정이 이래서는 안 된다는 생각이 들었다. 이제부터라도 공기업의 비전과 목표 수립은 한 단계 발전해야 한다.

공기업의 가치관, 다른 게 이상하지만 같은 게 더 이상하다

서울시설공단, 과천시시설관리공단, 부산교통공사, 광주도시공사, 대구환경공단, 도시철도공사, 충북개발공사, 제주관광공사, 서울디자인재단, 김해문화재단 등 우리나라에는 수백 개가 넘는 지방 공기업이 있다. 이 공기업들은 관할지역이 다르고 수행 역할도 다르다. 하지만 지역을 상관하지 않고 보면 시설관리, 도시개발, 교통, 상하수도, 관광 등 역할은 동일하다. 서울시민도 대한민국 사람이고 과천시민도 대한민국 사람이다.

그렇다면 지역만 다를 뿐 하는 역할이 똑같은데 왜 수백 개의 공기업은 매번 조직의 비전과 목표를 만들까? 각 공기업마다 지역의 역사와 발전 정도가 다르고 지역민들의 요구가 다르기 때문이다. 그런데 문제는 역할이 비슷한 공기업의 미션, 비전, 목표가 지역 이름을 빼고는 거의 비슷하다는 점이다. 이는 제대로 잘 만들지 못했다는 의미인데, 심하게 표현하면 대충 만들었다고 할 수 있다.

공기업 가치관은 3가지 유형이 있다

〈유형 1〉 미션, 비전, 핵심가치로 가치관이 정립되어 있는 광역 시, 도 단위 공기업의 경우다. 비전에 기한이 정해져 있지 않은 경우가 문제라면 문제다. 비전은 큰 목표다. 기한 없는 목표는 단지 바람일 뿐이다.

〈유형 2〉 1년 단위의 목표만 있는 시, 군, 구 단위 공기업의 경우다. 비전과 목표라고 표현된 곳도 있는데, 1년 단위의 목표에 비전이라는 표현은 어울리지 않는다. 정관에는 쓰여 있지만, 사명감을 가지고 일할 수 있는 미션과 조직의 큰 목표인 비전이 필요한데 없는 것이 문제다.

〈유형 3〉 조직이 가치관도 없고 1년 단위 목표-전략-과제도 없는 경우다. 내부적으로 있을 수도 있지만 기관 홈페이지에 게시되어 있지 않다. 공공조직이 가장 중요하게 생각하는 목적, 목표, 우선순위를 외부와 공유하지 않는 것은 공공부문에서는 있어서는 안 될 상황이다. 규모가 작은 공기업의 경우가 이에 해당된다.

공기업 가치관 정립 및 내재화 관련 공통된 몇 가지 문제점

첫째, 가치관이 있으되 가치관이 아니다. 대부분 공기업의 가치관은 홈페이지와 회사 곳곳에 부착되어 있다. 없는 곳이 이상하다 할 정도로 대부분의 기관이 가치관을 정립하고 있다. 문제는 기관장부터 직원까지 내용 자체를 모른다는 것. "바빠서 까먹었다"라고 하는데, 아무리 바빠도 절대 잊어서는 안 되는 내용이다. 내용을 모르면 지킬 수가 없기 때문이다. 아이러니하게도 신입사원들은 모두 암기하고 있다. 이런 경우 경영평가를 위해 형식을 갖추었다는 의구심을 지울 수가 없다. 기억을 못 하는데 '가장 중요하게 생각한다'라는 말은 성립되지 않는다.

둘째, 가치관 수립 과정에 직원들의 참여가 부족하다. 요즘은 민간이나 공기업 모두 비전, 핵심가치와 같은 가치관 수립 과정에 직원들을 많이 참여시키려 노력한다. 하지만 직원이 100명 이상 되면 직접 참여가 어려워져 많은 공기업들은 팀장 등 리더들이 모여서 가치관을 만드는 경향이 있다. 매년 정해진 시기에 의례적인 행사처럼 워크숍을 하는 경우도 있다. 이런 상황이 가치관은 있으되 가치관이 아니게 되는 이유다. 구성원들 입장에서는 자신이 의견을 내거나 참여하지 않은 가치관이기 때문이다. 무엇보다도 소수의 리더 입장에서 만든 가치관은 전체 구성원들의 의견을 모으지 못한 불완전한 가치관이다.

셋째, 기관장의 의지와 참여가 배제되어 있다. 물론 기관장의 제가를 받아 가치관 수립 작업을 했을 것이다. 그런데 기관장이 워크숍에 참여하는 경우는 거의 없다. 비용결재 하듯이 시행에 대한 결재만 한다. 기관장의 의지가 반영되지 않고 참여하지 않은 가치관은 가치관의 기능을 할 수가 없다. 기관장은 자신의 의견을 담지도 않았고 참여도 하지 않고 결재만 했을 뿐인데, 이 가치관을 기관장이 조직을 이끄는 목적, 목표, 우선순위라 할 수 있겠는가. 물론 기관장 선임 전에 만든 경우도 있다. 그런 경우 나중에 제대로 설명하고 토론하는 시간을 가져야 한다.

넷째, 가치관의 내용도 모르고 의미도 모른 채 만들어지고 있다. 미션과 비전의 차이를 모르는 경우는 허다하다. '미션'은 존재목적으로 사명감과 자부심을 표현한다. '비전'은 큰 목표로 방향성과 구체적인 지향점을 표현한다. 여기에 목표, 전략, 과제 등 다양한 표현이 있다. 핵심가치, 행동규범 등 다양한 가치 단어의 의미도 정확히 모른다. 비슷한 말로 들리기에 예전에 사용하던 가치관에 표현만 바꾸는 식이다.

'목표'는 비전을 달성하기 위해 구체적으로 도달할 목표점이다. '전략'은 목표로 가기 위한 방법론이다. '과제'는 전략을 통해 목표로 가기 위해 해야 할 목록이다. '핵심가치'는 우선순위와 일하는 원칙과 기준을 표현한다. '행동규범'이나 '행동약속'은 해야 할 행동이나 하지 말아야 할 행동을 표현한다. 따라서 가치관을 만드는 작업은 매년 하는 것이 아니다.

미션과 핵심가치는 처음에 제대로 만들고 쉽게 바꾸지 않는 것이 좋다. 비전은 대략 5년 정도가 적당하다. 2020, 2025, 2030이 무난하다. 단, 기관장의 임기가 3년으로 정해진 공기업이라면 2번의 임기 기간인 6년도 좋다. 비전을 만들 때는 목표도 함께 만들어야 한다. 미션과 핵심가치를 바꿔야 할 필요가 있다면 비전 수립을 할 때 함께하는 것이 좋다. 매년 만들어야 하는 것은 연도별 목표와 전략, 그리고 과제다.

다섯째, 가치관을 만들기만 하고 내재화하지 않는다. 내재화란 조직의 가치관을 회사에서 일할 때 자신의 가치관으로 받아들이는 과정이다. 많은 공기업이 가치관이나 매년 목표를 만드는 작업에는 직원들을 참여시키지만, 만든 후에는 아무런 노력을 기울이지 않는다. 그러니 직원들이 조직의 미션, 비전, 핵심가치, 행동약속, 목표, 전략, 과제를 모르는 게 당연하다. 오로지 홈페이지에 게시되어 있고, 사무실 곳곳에 부착해 환경미화만 하고 있는 꼴이다. 가치관은 조직이 가장 중요하게 생각하는 것들이다. 중요하게 생각한다는 것은 가치관을 기반으로 판단하고 그에 걸맞게 행동하는 것을 말한다. 직원들이 인식하고 공감하고 실행할 수 있도록 내재화 활동을 하는 것이 가치관을 만드는 활동 이상으로 중요하다.

왜 조직 가치관이 중요한가

공기업 책임자와 담당자들은 볼멘소리를 한다. 선거에 의해 시, 도, 시/군/구 단체장이 바뀌거나 임기 3년의 임명직 기관장이 오면 오너가 있는 민간기업처럼 할 수 없다는 말이다. 얼핏 일리가 있어 보이지만 곰곰 생각해보면 틀린 말이다.

조직은 존재목적에 맞게 사업을 추진해야 한다. 미션이든 정관이든 고유의 역할이 있다. 새로 오는 기관장에 의해 기관의 존재목적이 바뀌지는 않는다. 모든 조직은 지속 가능한 발전을 해야 하는데, 정기적으로 새로 부임하는 기관장에 의해 똑같은 일과 시행착오를 반복하는 경우가 많다. 성격과 가치관이 전혀 다른 기관장들에 의해 냉탕 온탕을 반복하는 공기업들이 꽤 많았다.

1년 단위 목표만 세워서는 조직의 큰 발전을 기대하기 어렵다. 기관장에 따라 오락가락하면 발전할 수 없다. 업무 파악하는 데 1년, 어느 정도 일하는 데 1년, 임기 말 레임덕 1년을 반복하는 구태를 끝내야 한다. 기관의 가치관은 전 직원의 참여로 만들고, 새로운 기관장은 본인의 임기 중 경영목표와 경영방침을 제시해 기관의 가치관과 조화를 이루어야 한다. 민간만 지속 가능한 발전이 필요한 게 아니다. 국민의 세금과 정부의 지원을 바탕으로 공적 영역을 담당하는 공기업도 지속 가능한 발전이 필요하다.

공기업에 제시하는 표준안

1. 미션, 비전, 목표, 핵심가치, 행동약속을 요건에 맞게 만들어라.
   ① 미션: 정관을 풍부하고 구체적으로 표현하라.
   ② 비전과 목표: 비전은 기한이 필요하고 목표가 있어야 한다.
   ③ 핵심가치와 함께 행동약속이 필요하다.
2. 구성원의 참여가 반드시 필요하다.
   ① 기관장의 의지를 반영하고 가급적 참여시켜라.
   ② 직원대표를 구성하더라도 전 직원의 토론과 참여를 유도하라.
   ③ 기적을 만드는 1일: 8시간 워크숍이면 만들지 못할 가치관이 없다.

3. 수립 외에 내재화가 중요하다.

① 인식: 알게 하라.

② 공감: 중요성을 공감하게 하라.

③ 실행: 실행방법을 전파하여 실천하게 하라.

PART 6

어떻게 해야 회사의 가치관을 직원들이 신념화할 수 있을까 - 가치관 내재화

가치관 실천,
이제 시작이다

"소장님, 안녕하세요. 속상한 마음에 소장님께 조언을 구하고자 메일을 드립니다. 요즘 제가 임원분들께 가장 많이 듣는 말은 '아! 이제 끝났네. 그동안 프로젝트 진행하느라 수고 많았어'입니다. 직원들도 비슷한 반응입니다. 며칠 전 '가치관 내재화 워크숍' 진행 공지를 했더니 '가치관 프로젝트 이제 끝난 거 아니었어요? 무슨 워크숍을 또 해요?'라는 소리를 합니다.

밀물이 썰물 되어 파도가 저 멀리 자취를 감추듯 가치관 수립 과정에서의 뜨거운 열기와 관심이 가치관 선포식 때 정점을 찍고 모두 사그라진 느낌입니다. 이제 끝이 아니라 실질적 변화를 만들어 나가는 게 중요한데 말이죠. 이러다 가치관이 무용지물이 될까 봐 걱정스럽습니다. 어떻게 해야 할까요?"

가치관 선포식을 마친 A기업의 조직문화 담당자가 보내온 메일이다. 2018년 7월, A기업은 창립 40주년을 맞아 기업 가치관을 정립 선포했다. 수차례 워크숍과 직원교육, 전사 차원에서 임원, 팀장, 직원 대표가 참여해 워크숍을 통해 가치관을 정립하고, 특급호텔에서 전 직원이 모여 성대한 가치관 선포식을 가졌다. 이후 주관부서에서는 선포한 내용을 직원들에게 구체적으로 인식, 공감, 실행할 수 있도록 교육이나 워크숍을 계획하고 있었다.

그런데 이 시점에 고민이 생겼다. 임원이든 리더든 일반사원이든 하나같이 "이제 다 끝난 거 아냐?"라고 말했다. 개인이나 단위 조직은 고유의 업무가 많으니 어찌 보면 당연한 반응이다. 선포식까지의 과정은 아무리 바빠도 불만이나 이견이 별로 없었다. 없던 것을 새로 만드는 일이었기 때문이다. 하지만 내재화는 만들어놓은 것을 구체화하는 일이라 "이제 다 끝난 거 아냐?"라는 말이 나온다. 이럴 때 사람들에게 대응하고 납득할 수 있는 이유를 어떻게 제시할 수 있을까?

어느 건설회사에서 가치관 선포식 후 임원들에게 내재화 교육을 시작할 때 했던 이야기다.

"멋진 건물을 지으려면 설계도가 있어야 합니다. 건물의 용도와 목적, 공간의 구성과 색상 등 다양한 구상과 언제 완공할 것인지를 디자인하죠. 설계도가 완성되면 그다음엔 조감도가 나옵니다. 예전에는 사진 같은 그림 수준이었지만 지금은 3D 영상이나 모델하우스의 축소 모형까지 나옵니다. 조감도를 보면 건물이 완성되지 않아도 어떤 모습과 기능을 할지 충분히 예상할 수 있습니다. 그리고 착공식을 통해 첫 삽을 뜹니다. 이제 무엇이 필요할까요?"

계획한 기간 동안 최선을 다해 설계도와 조감도로 표현한 건물을 실제로 건설하고 완공해야 한다. 이 설명에 비유하자면 가치관 선포식은 착공식까지 한 것에 불과하다. 다음 단계는 무엇인가? 이제부터 내재화가 필요하다.

대부분의 기업은 선포식 후 사내 곳곳에 액자와 포스터로 디스플레이하는 것에서 활동을 멈추는 경향이 있다. 하지만 그게 끝이 아니다. 가치관경영은 수립하는 것이 목적이 아니라 활동을 통해 탁월한 성과를 내는 것이다. 다시 말하지만 설계도와 조감도가 나오고 착공식을 했을 뿐이다. 이제 시작한 것이다!

직원교육도 하고, 설계대로 진행되는지 점검하고, 발생하는 상황에 대응하는가 하면, 종종 발생하는 폭우와 태풍에도 대비해야 한다. 경우에 따라서는 합리적인 이유로 설계 변경과 공사기간 연장이 필요할 수도 있다. 가치관을 만드는 것은 매우 중요하지만 시작일 뿐이다. 이제부터 혼신의 힘을 다해 건물을 지어야 한다. 이것이 바로 '가치관 내재화'다.

가치관과 조직문화는 오로지 임원에게 달려 있다

2015년 초, B기업은 직원들의 인식, 공감, 참여를 통해 가치관을 만들고 선포했다. 그리고 그해 전 직원 가치관 내재화 교육도 진행하는 등 기업에서는 많은 돈과 시간을 들였다. 가치관에 대한 인식과 공감은 수치로 표현하면 90% 이상 최고치가 되었다. 이듬해에도 B기업은 비슷한 흐름을 이어갔다.

그러다가 2017년 이 회사는 사업적으로 너무 바쁜 시기를 보내게 되었다. 현재 회사규모의 절반 정도 되는 대형 M&A를 추진했고, 30년 이상 사용하던 공장도 확장 이전했다. 수출이 대부분을 차지하는 기업인데 미국과 중국 시장에서 고전을 겪었으며, 사업적으로 힘들고 바쁜 상황이 계속 이어졌다. 경영진은 사업적 성과에만 몰두했으며 결국 가치관경영은 뒷전이 되었다. 이러한 상황은 결국 가치관 진단 결과에도 부정적인 지표로 반영됐다. 90%를 상회하던 가치관경영

지수는 2017년 조사해보니 절반 수준으로 떨어졌다. 직원들에게 설문조사를 한 결과 역시 '현실과 괴리감, 실제 적용 미비, 실적 위주의 조직관리'라는 3가지 키워드의 비판적인 응답이 나왔다. 그리고 가장 큰 책임은 경영진에게 있다고 말했다. 회사가 기업의 가치관이 아닌 '개인의 성향', '개인의 성격', '개인의 기준'에 의해 운영된다고 지적했다. 또 '리더들의 일관성 부족, 소통 노력 부족' 등의 문제점을 언급했다.

그런데 특이한 현상이 있었다. 이 기업의 생산기지인 중국 법인은 비슷한 경영 상황 속에서도 가치관경영을 지속적이고 활발하게 전개하고 있었다. 그 결과 2017년에도 예년과 마찬가지로 긍정적인 가치관 진단 결과가 나왔다. 중국 법인은 2015년 가치관 선포 이후 2016년, 2017년 시무식에서 법인장이 가치관경영을 더욱 발전시킬 것이라는 다짐을 빼놓지 않았다. 공장 곳곳에 가치관 표지석을 설치하고, 공장 입구에는 커다란 상징물까지 만들었다. 매일 회의 때마다 가치관경영을 강조하고, 한국인 주재원은 물론 현지인까지도 핵심가치를 제창했다. 심지어 본사 비전을 구체화한 중국 법인의 비전과 목표를 만들기도 했다. '즐거운 일터, 존중받는 직원'이라는 비전 항목 달성을 위해 현지인 가족을 초청해 공장 견학과 식사, 선물까지 주는 행사도 진행했다. 분명 같은 회사인데도 어떻게 이리 다르게 운영되고 있나 할 정도였다.

한국 본사와 중국 법인의 차이는 무엇일까? 오로지 최고책임자인 임원에 의한 차이다. 가치관경영은 기업이 가진 가장 중요한 생각을 신념화하는 경영방법론이다. 생각을 바꾸는 것을 넘어 신념체계를 만드는 일이기 때문에 임원 개인의 성향이 절대적인 영향을 미친다. 다시 말해 임원이 가치관경영에 철저하면 그 조직은 가치관경영을 철저하게 하게 된다. 반대로 임원이 가치관경영 의지가 적으면 그 조직은 가치관경영을 하지 못한다고 봐야 한다. 다만 가치관경영은 조직을 책임지는 사람이라면 대부분 매력적으로 느끼는 경영방법론임은 확실하다.

이처럼 가치관경영의 성패는 경영진, 임원 등 리더에게 달렸다. 이들의 생각과 행동을 바꾸지 않고서는 어떤 성과도 기대할 수 없다. 따라서 임원들이 가치관 내재화 활동의 중심에 서는 것이 매우 중요하다.

"한 마리의 양이 이끄는 100마리의 사자무리보다 한 마리의 사자가 이끄는 100마리의 양떼가 두렵다." 프랑스 초대총리를 지낸 외교가이자 정치가인 탈레랑이 한 말이다. 기업의 임원은 이런 존재다. 100마리의 사자무리 같은 직원들을 오합지졸로 만들어버릴 수도, 100마리의 양떼를 전사로 바꿔놓을 수도 있다. 임원 한 사람 한 사람은 조직에서 매우 중요한 역할을 한다. 실제로 핵심가치 내재화 활동이나 가치관경영에 대해 의지가 없는 임원이 있는 조직은 조직문화가 붕괴될 수도 있다.

그렇다면 어떻게 해야 할까? 임원들이 가진 조직에 대한 충성심, 경영방침에 적극적으로 순응하는 특성을 활용해 미리 준비시켜야 한다. 그리고 가치관 내재화에 대한 인식과 공감을 끌어올려야 한다. 그러려면 교육을 통해 인식을 높이고 워크숍을 통해 스스로 토론하고 결정할 수 있도록 지원해야 한다. 핵심가치 내재화 활동을 경시하지 않도록 충분히 준비시켜야 한다는 의미다. 또한 오너 경영자나 전문경영인 CEO는 기업문화를 담당하는 ‘경영지원담당 임원’으로 기업문화와 기업 가치관에 분명한 신념과 사명감을 가진 사람을 임명해야 한다.

연초에 추진계획을 세우고 공유하라

공채 신입사원들이 입사했다. 똑똑하고 예의바르고 활기찬 신입사원들 덕분에 조직이 젊어지고 회사의 미래가 밝아질 것 같은 기대감이 들었다. 그런데 얼마의 시간이 흐르자 신입사원들은 기존 직원들의 부정적인 모습을 그대로 닮아 있었다. 그들도 일에 치여 지치고, 회의할 때도 더 이상 의견을 내지 않고 침묵으로 일관했다. 1년이 지나지 않아 신입사원 절반이 퇴사했다는 소문도 들렸다. 직원들은 "우리 회사는 안 돼"라는 말을 서슴없이 했다. 중견, 중소기업에서 심심치 않게 볼 수 있는 상황이다.

신입사원이 퇴사하겠다고 하면 선배나 리더들은 마음이 급해진다. 면담을 통해 어떤 점이 어려웠는지 묻고 해결책을 제시한다. 평소에 식사도 같이 하지 않던 팀장과 임원이 술 한 잔 사겠다고 먼저 제안한다. 보통 이런 경우 술과 면담만으로 신입사원의 마음을 되돌리기는 쉽지 않다. 그보다는 '미리 대비하는 자세'가 필요하다.

성공학의 대가 스티븐 코비가 말한 '소중한 것 먼저 하기'를 떠올려 보자. 일에는 '긴급성'과 '중요도'에 따라 4가지 유형이 있다. ① 긴급하고 중요한 일, ② 긴급하지는 않지만 중요한 일, ③ 긴급하지만 중요하지 않은 일, ④ 긴급하지도 않고 중요하지도 않은 일이다.

긴급한 일은 당장 해야 하고, 중요한 일은 반드시 해야 한다. 여기서 우선순위가 가장 높은 일은 '② 긴급하지는 않지만 중요한 일'이다. 쉽게 말해서 시험을 잘 보려면 미리미리 예습, 복습을 철저히 해야 한다. 건강하려면 미리미리 운동하고 건강검진을 받아야 한다. 부자가 되려면 미리미리 아껴 쓰고 저축하고 잘 투자해야 한다. 신입사원의 퇴사를 막으려면 그들이 일하기 좋은 환경을 만들어야 했다.

가치관 내재화는 대표적인 '긴급하지는 않지만 중요한 일'이다. 물론 조직에 따라서는 가치관 내재화가 '긴급한 일'인 경우도 있다. 이 경우는 '지금 당장 해야 하는 중요한 일'이다. 좀 더 설명을 덧붙이자면, 많은 기업의 핵심가치에 포함되어 있는 신뢰, 소통, 도전, 전문성, 즐거움, 자율 등의 추상적인 단어들이 '정말 그렇게 중요한가?'라고 말할 수도 있다. 그렇다면 반대로 생각해보라. 직원들 간에 신뢰를 중요하게 생각하지 않는다면 어떻게 될까? 부서 간에 소통이 안 돼 갈등이 심화된다면 어떻게 될까? 직원들과 단위 조직이 더 이상 도전하지 않는다면 어떻게 될까? 전문성 없이 '무조건 일단 하고 보자'라고 하면 어떻게 될까? 아마 상상조차 하기 싫은 상황일 것이다. 그래서 가치관 내재화는 '긴급하지는 않지만 중요한 일'이다.

요즘은 기업뿐 아니라 대부분의 조직에서도 긴급한 일이 계속 쏟아지기 때문에 속도전을 하고 있다. 언제쯤이면 여유가 생길까 싶지만 이 흐름이 계속될 가능성이 높다. 지난해를 돌이켜보면 더 바빠질 수밖에 없음을 알게 된다. 실적 압박은 영업부서는 물론 여타 현업 부서와 지원 부서에도 영향을 준다. 이런 급박하게 돌아가는 상황에서 놓치는 일이 '긴급하지는 않지만 중요한 일'이다.

문제는 가치관 내재화나 조직문화를 담당하는 부서에 있다. 다른 현업 부서는 매달 실적 목표나 눈에 보이는 가시적 목표가 있는 반면, 유독 가치와 문화를 담당하는 부서는 가시적 목표가 없는 경우가 많다. '몇 명을 교육시키고 교육 만족도가 몇 점 나와야 한다'라는 것을 목표라고 생각한다면 정말 의미 있는 목표가 맞는지 진지하게 생각해 봐야 한다.

실제로 많은 조직들이 가치관 정립 후 2~3년차부터 가치관 내재화 활동이 부진해진다. 조직문화 개선 및 혁신활동도 마찬가지인데, 나는 그 이유를 '목표와 계획 부재'라고 본다. 목표가 없으니 계획이 없고, 계획이 없으니 목표가 없다. 결국 어느 것 하나 진행하지 못한 채 1년을 보낼 수도 있다. 아니면 문제가 터지고 나서야 응급처방을 하게 된다.

10대 기업과 같은 대기업은 핵심가치나 조직문화를 담당하는 전담 부서가 따로 있거나 경영지원부서나 교육부서에 전담자를 두고 있어 계획을 짜고 진행한다. 문제는 중견, 중소기업이다. 전담부서는 당연히 없고 비슷한 성격의 부서에는 전담 인력이 없기 때문에 계획을 제대로 추진하지 못하는 경우가 많다. 결국 가치관 내재화 활동이 중단되거나 경영자의 지시나 문제 상황이 발생하면 그제야 긴급하게 일처리를 하는 식이다.

그렇다면 가치관 내재화를 제대로 진행하려면 어떻게 해야 할까? 먼저 연말에 내년도 연간계획을 세워야 하고 연초 연간계획 발표와 함께 계획을 실천해야 한다. 계획은 크게 일상적인 캠페인, 각종 교육에 가치관 내재화 모듈 진행, 리더 대상으로 한 교육이나 워크숍, 전사 단위의 교육이나 워크숍이 대표적이다. 긴급하지 않은 상황에서의 계획이고, 경영자의 강력한 의지나 전폭적인 지원이 부족한 상황에서는 큰 규모의 실행 계획을 세우지 못할 것이다. 중요한 것은 조직이 해당 연도의 가치관 내재화 목표와 그 목표를 달성하기 위한 계획을 세우느냐 그렇지 않느냐의 차이가 엄청나게 크다는 점이다.

연초부터 세운 계획을 하나하나 실행해 나가다 보면 전사 단위 또는 리더십 차원에서 당초 계획보다 가치관 내재화 활동을 큰 규모로 해야 할 상황이 생긴다. 이때는 계획을 수정하고 비중 있게 진행하면 된다. 앞으로 대부분의 조직에서는 가치관 내재화 활동을 당초 계획보다 큰 규모로 전개해야 할 상황이 올 것이다. 특히 근로시간 단축, 일하는 방식 개선 및 조직문화 개선 활동과 가치관 내재화 활동이 결합되는 방식이 될 것이다.

무엇보다 최근 모든 조직의 가장 큰 이슈는 '세대 차이'다. 1980년 이후에 태어난 청년세대와 30대 초반의 더 청년세대는 조직에서 계속 늘어나고 있고, 기성세대와 마인드나 일하는 방식에서 엄청난 차이가 있어 계속 부딪히고 갈등을 일으키고 있다. 여기에 더해 전반적인 사회 분위기도 기업 내부환경에 영향을 미칠 것이다. 정부가 추진하는 노동정책은 일관되게 여유 있는 삶, 문화를 즐기는 삶, 일과 가정의 양립을 강조하고 있기 때문에 조직을 이끄는 기성세대와 청년세대의 갈등은 더욱 심화될 것이다. 따라서 마인드를 통일하는 가치관 내재화, 직원들의 일반적인 행동과 조직의 전반적인 분위기를 변화시키는 조직문화 활동은 현대 조직이 대응해야 할 가장 중요한 과제에 해당된다.

결론적으로 회사가 가치관 내재화나 조직문화 활동을 계획에 따라 꾸준히 진행하지 않는 것은 문제가 터지길 기다리는 것과 같다. 경영자, 임원, 지원부서의 책임 방기다. 모든 부서에서 긴급한 일에 매달려 있을 때 '긴급하지는 않지만 중요한 일'을 미리 대비하는 것이 경영자와 리더가 수행해야 할 중요한 과제이자 책임이다. 아직 늦지 않았다. 지금부터라도 시작하는 것이 중요하다. 가치관 내재화와 조직문화 활동은 계획성 있게 추진해 나가야 한다.

경영자, 임원부터 기업의 가치관 교육이 필요하다

소공동에 위치한 한진빌딩 로비에는 한진그룹 창업자 고 조중훈 회장의 흉상과 함께 '수송보국輸送報國'이라고 쓰인 커다란 액자가 걸려 있다. '지구 위에 길을 내는 수송을 통해 국가와 사회에 기여하겠다'는 한진그룹의 창업정신이다.

직원들은 매일 이 글귀를 보면서 매순간 가슴에 그 말을 새기지는 않을지 모르지만, 문득문득 '수송보국'과 자신이 하는 일의 무게감을 느낄 것이다. 회사의 역사와 자신들이 하는 일에 대한 자부심도 가질 것이다. 한진그룹 창업자 조중훈 회장은 일제강점기와 한국전쟁을 겪은 우리나라 대부분의 창업자들이 그러하듯 '사람 우선'과 '국익 우선'을 가장 중요한 경영철학으로 내세웠다. 한진그룹의 존재목적인 미션도 '상생의 기업문화와 존경받는 기업상 정립'이라고 정했다.

한진그룹의 핵심주력 계열사는 대한항공으로, 2017년 기준으로 매출 12조 원에 달하는 대한민국의 국적기를 운항하고 있다. 대한항공 역시 수송보국 창업정신과 사람우선 경영철학에 바탕을 두고 있다. 사람을 가장 소중하게 생각하는 가치이며, 창립이념 역시 '기업이 곧 인간'이다. '임직원과의 약속'이라는 신조도 있는데, 첫 번째가 '임직원을 존중하고 신뢰하며 사람을 회사의 가장 소중한 자산으로 여기겠다'라는 선언이다.

2014년 그 유명한 '땅콩회항사건'이 있었다. 오너 일가의 단순한 일탈이라고 생각했지만 회사가 입은 이미지 실추와 직원들의 사기 저하는 어마어마했다. 그런데 2018년 초 비슷한 사건이 또다시 발생했다. 오너 일가가 사무실에서 간부에게 욕설과 소리를 지르는 5분짜리 음성파일까지 공개되었다. 한 번은 실수지만 두 번은 용납되기 어렵다. 기업의 근본적인 생각이자 신념인 가치관과 정반대로 가고 있다는 사실은 더없이 치명적이다.

이런 상황에서 직원들은 '기업이 곧 사람'이라는 회사의 창립이념을 어떻게 생각할까? '임직원을 존중하고 신뢰하며 사람을 회사의 가장 소중한 자산으로 여기겠다'라는 약속을 믿을 수 있을까? 가장 근본이 되는 신념에 대한 신뢰가 없다면 회사의 존재목적과 직원들이 일하는 의미는 무엇이란 말인가? 회사가 사업을 통해 돈을 벌고, 직원들은 생계를 위해 일하는 것 외에 어떤 가치와 믿음이 존재할 수 있을지 의심스럽다. 물론 고객과 동료들을 위해 묵묵히 일하는 직원들이 있으니 조직은 유지될 것이지만, 안타까운 상황이다.

기업 가치관 교육을 일상적인 행사라고 생각하지 말자

땅콩회항에 이은 욕설 음성파일 사건의 원인은 무엇일까? 기업의 근본적인 신념인 가치관에 대해 경영진이 교육을 받지 않은 데서 생긴 문제다. 혹자는 "이게 교육으로 될 문제인가?"라며 "개인 인성 문제"라고 말한다. 그렇지 않다. 이는 기업 가치관을 정면으로 어긴 경영자 문제인 동시에 기업 가치관 교육의 중요성을 보여준다. 경영자라면 나이가 적든 많든, 재직 기간 여부와 상관없이 창업정신, 경영철학, 창업이념, 미션, 비전, 핵심가치를 알고 있어야 한다. 따라서 가치관 교육이 필요하다.

가치관 교육에서 가장 먼저 필요한 것은 '기업 가치관을 인식하고 이해시키는 것'이다. 다음으로는 '기업 가치관이 왜 중요한지 공감할 수 있도록 하는 것'이다. 사업을 통한 수익 창출도 중요하지만, 기업의 신념인 가치관에 대해 공감하는 시간을 갖는 것은 꼭 필요하다. '우리 회사가 지금까지 성장하는 데 사람이 정말 중요했구나'라고 공감하게 하는 것도 교육의 역할이다. 그리고 마지막으로 기업이 곧 사람이고, 임직원을 존중하고 신뢰하는 것을 '어떻게 해야 하는지 방법론을 알려주어야' 한다. 가치관 교육은 기업의 근본적인 신념을 ① 인식하고, ② 공감하고, ③ 실행하는 방법을 체계적으로 배우는 기회가 된다.

물론 교육 외에도 여러 가지 다른 방법도 있다. 예를 들어 기업 가치관 액자를 걸어두거나 포스터를 통해 알리는가 하면, 경영자가 훈시를 통해 강조하고 직원들이 구호를 복창할 수도 있다. 하지만 이런 일상적이고 단순한 활동만으로는 부족한 부분이 있다. 직원은 물론 리더들에게 기업 가치관을 좀 더 깊이 들여다보고, 스스로 성찰하고 어떻게 해야 하는지 방법을 알려주는 것이 가치관 교육의 역할이다.

가치관 교육에서 반드시 해야 할 3가지

1. 충분히 인식하고 이해하게 하라.
2. 중요성을 스스로 공감하게 하라.
3. 어떻게 해야 하는지 실행방법을 알려주고 토론하게 하라.

아마 이 항공사에서도 이런 교육을 진행했을 것이다. 직원들은 기업 가치관을 배우고 공감하며 결심도 했을 것이다. 하지만 이런 사태를 접하면서 직원들은 정작 교육이 필요한 것은 경영자와 리더들이라고 말할지도 모른다. 그들의 말대로 어쩌면 정작 가치관 교육이 필요한 이들은 교육에 참여하지 않았을 것으로 판단된다. 인식하고, 공감하고, 실행방법을 배웠더라면 이런 행동을 하지는 않았을 것이다. 결국 내용도 모르고, 내용에 공감하지도 않았으며, 어떻게 행동해야 하는지도 전혀 배우지 못했을 가능성이 높다.

많은 기업들이 기업 가치관을 만들고, 대외적으로 공개한 후 직원들과 공유하고 있다. 하지만 이를 제대로 지켜내려면 가치관 교육이 반드시 이루어져야 한다. 모르면 알려주고 잊어버릴 것 같으면 리마인드해야 한다.

조직 내에서 가치관 교육을 가장 많이 받는 직원은 신입사원들이다. 한 달을 교육시키는 기업도 있다고 한다. 간혹 신입교육 중 가장 기억에 남는 일을 물어보면 회사의 역사와 가치관에 관한 교육이라고 답하는 이들도 있다. 하지만 교육을 마치고 현장에 오면 회사 내에서는 어느 누구도 기업 가치관에 대해 언급하지 않는다. 아쉽고 안타까운 현실이다. 회사를 사랑하고 자부심과 기대감을 갖고 시작한 직장생활이 '평범한 일상'으로 돌아가는 상황이다. 이는 관리하지 못하는 회사의 책임이다.

그러면 반대로 가치관 교육을 가장 안 받는 사람은 누구일까? 짐작하겠지만 최고경영자를 포함한 경영진이다. 그들은 결정을 내려야 하는 중대한 일이 많은데 굳이 이런 교육까지 받아야 하느냐고 말한다. 결국 기업 가치관 위반은 대부분 위에서 시작된다. 사실 직원들이 가치관을 위반하는 경우는 영향도 크지 않다. 하지만 경영진이 가치관을 위반하는 경우 대한항공과 같이 회사에 큰 타격을 입힌다. 문제는 가치관 교육을 많이 하는 회사일수록 경영진이 기업 가치관을 수호하지 않기 때문에 회사와 직원 간의 근본적인 '신뢰' 문제가 발생한다는 점이다.

방법은 하나다!
리더들에게 알게 해주고,
리더들이 공감하게 해주고,
리더들이 어떻게 실행해야 하는지 알려주어야 한다.

자극 없이 어떻게 행동 변화가 있겠는가? 가치관 교육이 끊임없이 강조되는 이유다.

재미있는 이야기를 하나 소개하겠다. 2017년 말, 중국 남부 광시성에서 한 동물원이 개장했다. 이 동물원은 개장 기념으로 세계 희귀동물 전시회를 연다고 대대적으로 홍보했다. 무시무시한 악어, 신기한 타조, 화려한 공작 등 아이들이 좋아할 만한 신기한 동물들을 전시하겠다고 말했다. 요금은 15위안, 한화로 2,500원 정도였으니 중국에서는 적지 않은 돈이었다.

개장 당일 동물원은 인산인해를 이루었다. 그런데 이게 웬일인가! 대대적으로 홍보했던 희귀동물은 어디에서도 보이지 않았다. 동네에서 흔히 볼 수 있는 개, 고양이, 염소, 거위, 거북이 등만이 관람객들을 반겼다. 압권은 남극펭귄이었다. 펭귄 전시장 수조에는 바람을 불어 넣은 펭귄 모양의 비닐풍선 10여 개가 놓여 있었다. 동물원은 격렬한 항의를 받았고, 전 세계의 웃음거리가 되었다.

그런데 기업에서는 비닐풍선 펭귄보다 더 황당한 일들이 벌어지고 있다. '기업이 곧 사람'이라며 '사람을 가장 소중히 여긴다'는 기업 가치관을 돌판에 새기고, 액자에 걸고, 홈페이지에 올리고서는 알고 보니 욕설과 폭언과 인격비하가 난무하는 게 현실이다. 비닐풍선 펭귄을 전시한 동물원은 그 후 어떻게 되었는지 궁금하지 않은가? 개장 5일 만에 결국 문을 닫았다. 이것이 기업에게 주는 교훈이다.

지지부진한 가치관 내재화, 3단계로 점검하라

가치관경영을 적극 추진하는 대기업 경영자와 대화를 나눈 적이 있었다. 가치관경영을 한 지 3년 정도 되었는데, 요즘 들어 조직 분위기가 잡히지 않는다고 토로했다. 경영상황이 어려워 비상 경영을 선포한 후 조직문화가 눈에 띄게 나빠지고 있다고 했다.

경영자는 가장 중요한 원인을 '임원들'이라고 말했다. 가치관경영을 강조하면 임원들은 "지금 회사 사정이 어려운데 당장 매출 올리고 비용 줄이는 게 중요하지 않냐?"라며 "가치관경영이 중요한 것은 잘 알지만, 상황이 좋을 때 얘기고 지금은 그게 중요한 것이 아니다"라고 말한다는 것이다. 경영자는 임원들의 말을 수긍하지는 않지만, 경영상황을 개선하겠다며 애쓰는 임원들이라 반박하기도 어려웠다고 하소연했다.

이 얘기는 함정이 있다. 가치관 내재화는 회사 상황이 좋을 때 여유가 있으니 직원들 교양을 쌓기 위해 하는 활동이 아니다. 가치관 내재화는 경영에 도움을 주는 필요한 활동이다. 경영이 어려울 수록 직원들과 일의 의미를 공유하고 비전과 목표를 공유하고 원칙과 기준을 지키면서 일해야 한다. 특히, 임원이 가치관 내재화를 교양처럼 접근하는 것은 문제다. 경영상의 어려움을 해결하는 데 도움이 되지 않는 가치관 내재화는 없다.

가치관 내재화는 구성원의 행동 변화를 말한다. 행동 변화이기 때문에 가치관은 실천해야 하는 것이고, 실천 여부는 관찰하고 평가할 수 있다. 바로 관찰 가능하니 가치관 내재화가 잘 안 되거나 어렵다면 원인을 점검해야 한다. 그렇다면 지금부터 가치관 내재화를 점검하는 3단계 방법을 소개하겠다.

가치관 내재화 점검 1단계.
가치관을 인식하고 있는지 점검하라

한 기업에서 가치관에 대해 경영자가 중요성을 지속적으로 강조하고, 담당부서에서는 교육하고 게시하고 이벤트를 하는 등 많은 활동을 하고 있다. 그러면 조직 구성원들은 가치관에 대해 모두 잘 알고 있을까?

국내 대표 벤처기업으로 매출 1조 원이 넘는 어느 기업의 경영자가 있었다. 2009년 어느 날, 그는 식은땀을 흘리며 잠에서 깼다. 경쟁사인 삼성을 이겨야 하는데, 아무리 생각해도 현재 여건에서는 이길 수 있는 방법이 하나도 없었다. 그래서 그는 삼성을 이기려면 차별화된 자신들만의 무기가 있어야 한다고 생각했고, 그것이 바로 '가치관으로 직원들이 똘똘 뭉치는 것'이라는 결론을 얻었다.

2009년 그 기업은 가치관을 수립했고, 2011년에는 가치관을 재수립하면서 가치관경영에 총력을 기울였다. 2012년 초, 전 직원들과 가치관 선포식을 진행했고 그 결과 훌륭한 조직문화와 높은 성과도 따라왔다. 2013년 산업 전반의 위기 상황을 예측하고 경영자는 가치관경영의 중요성을 다시 한 번 함께 공감하고 발전시키고자 임원들과 개별 면담을 진행했다. 그런데 몇몇 임원들 중에는 가치관체계의 세부 내용을 기억하지 못하는 사람도 있었고, 의미를 정확히 이해하지 못하는 사람도 있었다. 충격을 받은 그는 2회에 걸쳐 1박 2일씩 임원들과 핵심가치의 의미를 정확히 공유하고 토론하는 시간을 가졌다. 가치관경영 전도사인 휴맥스 변대규 사장의 경험담이다.

가치관경영을 선포했다고 조직원들이 모두 알고 있을 것이라는 편견을 버리자. 가치관 내재화를 위해서는 조직원들이 우리 회사의 가치관을 정확히 알고 있는지부터 점검해야 한다.

가치관 내재화 2단계.
가치관을 인식하고 있다면 공감하고 있는지 점검하라

가치관 내재화가 잘되지 않는 기업의 직원들에게 물어보면 공통적으로 임원이나 리더들이 솔선수범하지 않는다는 이야기를 꺼낸다. 이는 비난이 아니라 사실이다. 가치관 실천에 앞장서지 않는 임원들은 "가치관 실천이 중요하지만 성과를 내는 게 우선이다. 지금 당장 중요한 것은 그게 아니다"라고 당당하게 말한다.

여기서 중요한 포인트가 있다. 과연 '임원들은 정말 가치관 실천이 중요하다고 생각할까?'다. 말은 중요하다고 하지만 가치관 실천의 중요성을 공감하지 못하는 것은 아닐까? 경영자가 중요성을 강조하고 담당부서가 많은 활동을 하는 것을 보니 마지못해 하는 척하고, 임원이라 회사 정책에 대놓고 반대하지 못하는 것은 아닐까? 가치관의 중요성을 공감한다면 그 임원은 어떤 경우에도 가치관을 실천하려 노력하지 않을까? 직원들에게 가치관의 중요성을 강조하지 않고, 가치관을 기준으로 칭찬이나 질책도 하지 않는 실천 부재 상황은 가치관의 중요성을 인지하는 임원의 모습은 아닐 것이다. 그래서 임원들이 자주 말하는 "가치관 실천이 중요한 것은 맞지만"이라는 말을 확인할 필요가 있다.

'실천을 안 하는 것'과 '실천하려 했으나 잘 안 되는 것'은 전혀 다른 말이다. 임원이 가치관을 실천하지 않는다면 회사의 가치관경영이 중요하다는 것을 공감하고 있는지 반드시 점검해야 할 것이다.

가치관 내재화 3단계.
가치관을 인식하고 공감하는데도 실천하지 않는다면
방법을 알고 있는지 점검하라

임원이 가치관 실천의 중요성을 알고 있고, 중요성을 공감하며, 실천하려고 노력하지만 제대로 하지 못하는 경우도 있다. 커뮤니케이션을 잘 못할 수도 있고, 코칭 기술이 부족할 수도 있다. 이런 상황이라면 쉽게 실행할 수 있도록 교육이나 매뉴얼을 지원해주면 된다. 또 스킬은 있지만 방법을 모를 수도 있다. 이런 경우에는 다양한 실행방법론을 제시하거나 양식지 등을 제공하는 등 정기적으로 점검해주는 것이 좋은 방법이다.

가치관을 인지하고 공감하는 임원이라면 방법How to을 알려주면 효과를 볼 수 있다. 공감하지 않는 것과 방법을 모르는 것은 큰 차이가 있다. 가치관을 실천하겠다는 의지가 있다면 담당부서에서 도와주면 해결된다.

방법을 알고 있는데도 실천하지 않는다면 개인에게 이익이나 손해가 없기 때문은 아닌지도 점검해볼 필요가 있다. 임원 개인 차원에서 가치관 실천에 대해 '하면 좋지만, 안 해도 큰 문제는 없다'라고 생각하면 적극적인 실천을 기대하기 어렵다. 이는 회사 차원의 '가치관경영 활동에 공감하는가?'와는 별개 문제다.

임원에게 경영 실적은 개인의 생존이 달린 중요한 문제다. 성과가 나지 않으면 임원은 개인적으로 큰 손해를 입지만, 가치관 실천의 경우 하지 않아도 자신에게 손해가 없다면 확실히 우선순위에서 밀리게 된다. 경영실적을 평가하듯이 단위 조직에서의 가치관 실천 활동에 대해 평가해 임원으로서 역할을 하지 않으면 직접적인 손해가 미치도록 하는 것이 필요하다. 이런 조치는 중요하지 않은 활동을 억지로 시키자는 의미는 아니다. 핵심가치의 실천은 기업의 지속 가능한 생존과 성장을 위해 훌륭한 조직문화를 만드는 활동이라 단기적인 실적 달성 이상으로 중요하기 때문이다.

지금까지 가치관 내재화가 잘 안 되는 경우 점검해야 할 3가지 사항을 제시했다. 가치관경영을 정착시키기 위해서는 먼저 조직원들에게 회사의 가치관이 무엇인지 분명히 이해시켜야 하고, 그다음으로는 이를 자신의 가치관으로 받아들여 실제 행동으로 옮기도록 해야 한다. 이를 간단히 '인식, 공감, 실행의 가치관 내재화 3단계'라고 한다.

'인식'이 잘돼야 '공감'이 잘되고, '공감'이 잘돼야 '실행'한다. 그리고 '실행' 단계가 제대로 이루어져야 건강한 조직문화를 바탕으로 탁월한 경영성과를 내는 기업을 만들 수 있다. 국내에는 아직 가치관만 수립한 '인식' 수준에 머물러 있는 기업들이 많다. 이런 기업들은 '인식'이 '공감'과 '실행'으로 이어질 수 있도록 꾸준히 노력해야 결실을 거둘 수 있다.

앞서 강조했듯이 가치관 내재화 활동에서 가장 중요한 사람은 '임원'이다. 직원들이 가치관경영에 신념을 가지고 가치관을 실천하려고 한다고 가정하자. 그런데 단위 조직 책임자인 임원이 가치관을 중요하게 생각하지 않고 실천하지 않는다면 어떻게 될까? 가치관 실천 동력은 급속히 떨어질 게 뻔하다.

가치관 내재화를 위해서는 경영자와 담당부서가 임원의 활동을 점검하고 또 점검해야 한다. 앞에서 제시한 3단계 점검은 임원만이 아니라 직원들에게도 그대로 적용할 수 있다. 3단계 점검사항 중 가장 유심히 관찰해야 할 부분은 "가치관경영이 중요한 것은 맞지만"이라는 말의 진위를 정확히 파악하는 것이다.

가치관 내재화 1단계. 인식

회사의 가치관, 어떻게 인식하게 할까

오전 9시 정각, 사무실에 70명의 직원들이 둥글게 모여 핵심가치 구호를 제창한다. 이어 3명의 직원이 직원들과 공유하고 싶은 이야기를 3분 스피치로 진행한다. 하루를 여는 아침 15분. 하루도 빠지지 않고 사장부터 사원까지 사무실에 있는 모든 직원들이 참여해 이렇게 하루를 시작한다. 2013년 1월부터 시작해서 벌써 6년째다.

이 회사는 혁신적인 IT 스타트업 기업이 아니다. 50년 역사를 바라보는 전통 있는 물류회사 'KCTC'의 이야기다. 2012년 KCTC는 창립 40주년을 맞아 기업 가치관을 만들었다. 가치관을 어떻게 내재화할까 고민하다가 직원들이 가치관을 인식하는 것이 중요하니 매일 아침 구호 제창을 하기로 했다. 핵심가치 '소통'을 위해 사장부터 사원까지 평등하게 '하고 싶은 말을 하자'는 취지로 3분 스피치를 시작하게 되었다.

1년 정도 지났을 즈음 담당부서는 고민되었다. 똑같은 포맷으로 아침마다 진행하는 구호 제창과 3분 스피치에 대해 직원들 중 불만을 토로하는 이들이 있었기 때문이다. 고민 끝에 직원들에게 취지를 다시 설명하고 1년 정도만 더 해보자는 결론을 내렸다. 아직은 가치관 내재화가 부족하다는 판단에서였다. 이후 2015년부터 2018년까지 변함없이 구호 제창과 3분 스피치를 진행하고 있다.

이 회사는 몇 년 전에 아침 출근카드 체크를 없앴다. 아침 구호 제창 시간에 참석하면 자동으로 지각을 할 수 없기 때문이다. 회사에는 '지각'이라는 개념 자체가 없어졌다. 전 직원들이 불만이 없지는 않겠지만 6년 동안 하루도 빠지지 않고 진행한 이 제도는 특별한 사정이 없는 한 없애기도 어려운 상황이 되었다.

이 회사 직원들에게 "우리 회사를 대표하는 특징이 무엇이냐?"라고 물어보면 거의 모두가 "가치관입니다"라고 말한다. 임원 중에는 아침 행사나 가치관경영을 좋아하지 않는 사람도 있었다. 그런데 그런 임원도 외부행사에 나가 회사 소개를 할 때는 '가치관'에 관한 이야기로 시작한다. 이제 직원들에게 회사의 가치관은 깊이 뿌리내렸다. 이렇게 되기까지 가장 큰 공을 꼽으라면 '아침 구호 제창'이다. 이 사례를 보면 가치관 내재화는 지독하게 할 필요가 있다는 생각이 든다.

기업 가치관을 대충 적용해서 직원들에게 내재화한다는 것은 어불성설이다. 가치관 내재화는 방침과 계획을 하달하고 실천하는 것과는 궤를 달리하는 얘기다. 가치관경영은 기업이 가진 믿음(가치관)을 직원들이 신념화하도록 하는 것이다. 믿음은 강요에 의해 생기는 것이 아니라 자연스럽게 갖게 되는 것이다. 기업 가치관을 강요에 의해 신념화하게 하는 것은 가능하지도 올바르지도 않다. 기업에서 가치관을 자주 접하고, 가치관에 대해 생각하고, 가치관 교육을 받고, 구호를 제창하는 과정에서 믿음이 생긴다. 가치관을 자주 접하다 보면 믿음이 생기고, 믿음은 신념이 되어 신념을 실천하는 가치관경영에 참여하게 된다.

이처럼 가치관 내재화를 위한 첫 단계는 직원들에게 가치관을 '인식시키는 것'이다. 그렇다면 직원들에게 가치관을 인식시키기 위해서는 어떻게 해야 할까?

1. 눈에 잘 띄는 곳에 가치관을 게시하라: 가치관 비주얼 작업

기업의 가치관 수립은 개인으로 치면 새로운 마음으로 목표도 다시 세우고 결심을 새롭게 한 것과 같다. 예로 사람들은 기존에 시도해보지 않았던 헤어스타일에 도전하거나 패션스타일에 변화를 주기도 한다. 이런 식으로 스스로에게 주문을 걸어보고 남들에게 자신의 변화를 보여준다. 그렇다면 기업의 경우 생각을 새롭게 한 것을 어떻게 보여주면 될까?

첫째, 가치관 액자나 포스터를 제작해 회사 곳곳에 부착한다. 회의실, 집무실, 사무실과 함께 엘리베이터, 현판, 휴게실, 화장실 등 눈에 띄는 곳에 가치관을 게시한다. 컴퓨터 스크린 세이버에 문구나 이미지를 설치하는 것도 방법이다. 이런 작업을 통해 회사가 예전과 달라졌다는 이미지를 조직 내외부에 알리는 것이 가장 기본이다. 회사 내부방침이 사무실 디자인에 신경을 많이 쓰지 않는다면 게시물 종류나

개수는 '다다익선'이다.

둘째, 홈페이지, 회사 브로셔, 제안서, 결재 문서, 명함 등 회사를 표시하는 표식에 기업의 미션, 비전, 핵심가치를 표시한다. 홈페이지, 브로셔, 결재 문서, 명함 등은 회사 차원에서 바꿔주고, 사업제안서는 부서 단위 공모 이벤트(전 부서 필수 참여) 같은 행사를 통해 모범사례를 만들어 전체 공유하는 방식이 좋다.

여기에 하나 더, 특별한 제안을 하겠다. 셋째로 회사의 '광화문 글판'을 만드는 방법이다. 서울 광화문광장에 위치한 교보빌딩에는 커다란 플래카드 글판이 걸려 있다. 광화문 글판은 세상을 아름답게 만든 예술로 권위 있는 상을 수상하기도 했다. 이 글판은 가로 20미터, 세로 8미터의 어마어마한 크기의 플래카드로 20~30자 정도의 감동적인 문구가 쓰여 있다. 시민들이 가장 사랑한 글귀는 "자세히 보아야 예쁘다. 오래 보아야 사랑스럽다. 너도 그렇다"라는 나태주 시인의 〈풀꽃〉의 일부였다. 이 글귀 말고도 "사람이 온다는 건 실로 어마어마한 일이다. 한 사람의 일생이 오기 때문이다"라는 정현종 시인의 〈방문객〉도 많은 사랑을 받았다.

광화문 글판은 1991년 1월 교보생명 창업자인 고 신용호 명예회장이 시작했다. 처음 올린 글은 "우리 모두 함께 뭉쳐 경제 활력 다시 찾자"였다. 처음에는 사내 창작 문구로 계몽적인 메시지를 전달하던 것이 1998년 IMF 외환위기로 온 국민이 고통받는 상황에서 신 명예회장의 지시로 시민들에게 위안과 희망을 담은 문구를 게재하는 것으로 바뀌었다. 3개월에 한 번씩 공모와 문안선정위원회가 결정해 바꾸고 있다.

광화문 글판

각 기업마다 이런 '광화문 글판'을 운영하면 어떨까? 한마디로 자기 회사의 가치관과 핵심가치를 감성적인 언어로 표현하는 '가치관 글판'이다. 직원들에게 3개월에 한 번씩 동료나 세상과 나누고 싶은 문구를 공모하는 것이다. 그리고 사내에 문안선정위원회를 두어 최종 문구를 선정하면 된다. 이런 일들이 핵심가치나 가치관 내재화와 무슨 상관이냐며 의문을 제기할 수도 있다.

가치관경영은 '성과창출과 직원행복'을 목적으로 한다. 직원들이 내는 의견은 대부분 '성과창출과 직원행복'에 부합한다. 예를 들어 12월에는 "직원 여러분, 한 해 동안 수고 많으셨습니다. 올해의 성과는 모두 직원 여러분 덕분입니다"라는 글판이 있다고 하자. 또 5월에는 "오늘의 나와 우리 회사를 만든 힘, 소중한 가족이 함께 했습니다"라는 글판도 있을 수 있다. 부합하지 않는가.

글판에 제안하는 문구는 굳이 창작일 필요는 없다. 직원들과 함께 나누고 싶은 문구라면 시, 수필, 격언 등 다양하게 인용할 수 있다. 글판 이벤트를 하면 직원들이 참여하게 되고, 여러 가지 의견이 올라오면 그를 바탕으로 문구선정위원회에서 채택 이유를 알려주면 된다. 이 모든 과정과 내용을 공유하는 것이 가치관 내재화 과정이다.

이렇게 채택된 문구는 3개월 동안 직원들을 위로하고 격려하고 희망을 줄 수 있다. 결국 이런 모든 과정이 애사심과 동료 사랑, 세상에 대한 기여로 이어진다. 흥미와 관심을 충분히 일으킬 수 있는 이벤트다. 참고로 플래카드는 일반적인 가로세로 배율을 깨는 것이 좋다. 그리고 지금까지 회사에 건 플래카드보다 월등히 큰 크기로 만드는 것이 필수다. 그래야 직원들의 주목을 받을 수 있다.

2. 가치관 구호를 제창하라

구호 제창은 가치관 정립 후의 실천 활동 중에서 필수 가운데 필수다. 가치관을 게시하는 것은 외부적으로 보이는 데 변화를 준 것이다. 처음에는 여기저기 붙어 있는 게 특별해 보이지만 시간이 좀 지나면 회사 인테리어처럼 자연스러워 보인다(물론 인테리어 자체도 의미는 있다). 가치관 게시로 직원들의 행동 변화가 있으면 좋겠지만 행동 변화는 하루아침에 가능하지 않다.

이를 보완하는 좋은 방법이 바로 가치관 구호 제장이다. 구호 제장은 '핵심가치 단어 제창'과 '행동약속(규범) 제창'을 추천한다. 가치관을 만들었다면 미션, 비전, 핵심가치, 행동약속도 있을 것이고, 전부 제창하면 좋겠지만 그러기에는 너무 길다. 그래서 효율적인 가치관 구호 제창 방법을 소개해본다. 이 방법은 기업상황에 따라 변형해서 사용해도 좋다.

첫째, 모든 회의 마무리에 핵심가치를 제창한다. 핵심가치 단어(예: 신뢰, 소통, 열정, 창의, 도전, 전문성 등)를 회사에서 하는 모든 회의 마무리 때 제창하는 것이다. 딱 5초면 된다. 이렇게 하면 사무실에서 하루에도 수십 번 핵심가치를 제창하는 것을 들을 수 있고, 조직의 변화도 직접 느낄 수 있다.

둘째, 매일 아침 부서 단위 미팅 시 행동약속을 제창한다. 행동약속은 대략 5~10개 정도다. 전 직원이 실천하기로 합의한 것인데 관리를 안 하면 지켜지지 않을 뿐 아니라 나쁜 사례로는 상대방을 비난하거나 공격할 때만 사용될 수 있다. 끔찍한 일이다. 그렇다고 핵심가치처럼 매 회의 때마다 제창하기에는 너무 길다. 행동약속은 일을 할 때마다 해야 할 행동과 하지 말아야 할 행동을 제시하고 있기 때문에 매일 기억하고 지켜야 한다. 그래서 매일 아침 부서 단위 미팅을 시작할 때 제창할 것을 권한다.

셋째, 회사의 중요한 행사 시 가치관을 전체 제창한다. 시무식, 종무식, 창립기념일, 체육대회 등 전 직원이 참여하는 행사에서는 가치관 전체를 함께 제창한다.

3. 가치관 가이드북을 만들어 배포하라

"저는 하루 종일 바쁘게 돌아가는 업무에 지쳐 일의 의미를 잃어버릴 때, 업무의 우선순위가 헷갈릴 때마다 직원수첩을 펼쳐봅니다. 수첩에는 제가 이 회사에 입사한 이유, 계속 일을 해야 하는 이유, 그리고 일하는 원칙과 기준이 쓰여 있습니다. 저에게 초심을 잃지 않게 해주는 자극제가 됩니다." 국내 최대 NGO에서 근무하는 한 팀장의 말이다.

우리는 눈앞에 닥친 업무들을 처리하느라 우리가 세운 가치관과 의미를 쉽게 잃어버린다. 따라서 직원들이 책상에 비치해놓고 언제든 쉽게 꺼내볼 수 있는 '가치관 가이드북'을 만드는 것이 필요하다. 가치관 가이드북은 우리 회사의 가치관체계 소개서다. 내용은 가치관경영에 대한 이론 설명, 기업의 가치관체계(미션, 비전, 핵심가치, 행동약속)에 대한 구체적이고 상세한 설명이 들어 있어야 한다. 직원들과 함께 가치관을 수립한 기업이라면 가치관 프로젝트 진행과정을 추가해도 좋다. 또한 개인 가치관과 회사 직원으로서의 꿈, 향후 5년간의 도전과제 등을 적을 수 있는 페이지를 함께 제공한다면 직원들에게 더욱 의미 깊은 선물이 될 것이다. 가치관 가이드북은 신입사원들을 위한 교육용 교재로도 활용할 수 있다.

4. 홈페이지, 광고, 브로셔 등으로 가치관을 알려라

우리 회사에 입사하고 싶어 하는 임원, 경력, 신입직원들은 어디에서 정보를 얻을까? 우리 회사에 관심 있는 고객들은 어디에서 정보를 찾을까? 홈페이지, 광고, 브로셔 등을 먼저 살펴볼 것이다.

국내 10대 기업의 홈페이지나 가치관경영을 하는 대부분의 기업들은 홈페이지에 가치관을 명시하고 있다. 또한 지면광고나 TV광고 마지막에 가치관 슬로건을 넣는 경우도 많다. 한 예로 물류기업 KCTC는 회사 홍보 포스터에 "혁신적인 물류서비스로 고객의 성공을 돕고 사회의 풍요로움에 기여한다, 세상 물류의 중심! KCTC"라는 미션 문구를 넣어 회사를 소개하고 있다. 가치관을 인식시키기 위해서는 홈페이지나 광고, 브로셔 등에 회사의 가치관을 보여주는 것도 하나의 방법이다.

가치관 내재화 2단계. 공감

회사의 가치관,
어떻게 공감하게 할까

어느 기업에서 가치관 강의를 마치고 난 뒤 몇몇 직원들과 짧은 대화를 나눴다. "정말 강의 내용에 공감합니다. 사장님께서 이런 내용을 제대로 수용해주셨으면 좋겠습니다."

직원들과 대화를 마치고 경영자와 차를 마시면서 대화를 나눴다. "사장님, 직원들이 소통에 대한 요구가 크네요. 직원들 의견을 많이 듣고 사소한 의견이라도 반영해주는 노력이 필요한 것 같습니다."

"소장님, 소통이라는 게 생각의 통일 아닌가요? 우리 회사의 존재 목적인 '세상의 편리함과 행복에 기여한다'라는 생각을 통일하는 게 필요한데 직원들은 자기들 필요한 얘기만 합니다." 경영자의 말이 하나도 틀린 건 없는데 왠지 답답한 마음이 들었다. 직원들이 '주입'이나 '강요'라고 느끼는 것에 대해 경영자 입장에서는 억울한 면이 있을 수 있다. 하지만 경영자가 아무리 좋은 의도로 했다 하더라도 직원들이 좋게 받아들이지 못하는 것도 경영자가 넘어야 할 산이다. 직원들이 '주입'이나 '강요'라고 느낀다면 해결해야 하는 것도 경영자의 몫이다.

가치관은 오랜 시간 내재화를 통해 조직에 정착된다. 글로벌기업의 경우 가치관을 새롭게 정립하면 교육과 캠페인을 10년 이상 지속적으로 전개하고 HR제도에 포함시킨다. 당연히 국내 10대 기업과 같은 초대기업도 이런 과정을 거치거나 지나왔다.

그러나 가치관 내재화에 대한 조직의 현실은 명쾌하지 않다. 가치관을 정립하고 1년, 2년, 3년 해를 거듭할수록 내재화를 위한 활동이 급격히 약화된다. 이유는 더 이상 할 게 없고 직원들이 반복적인 활동에 대해 거부감이 있어 부담스럽다고 말하기 때문이다. 설령 부담스럽더라도 지속하면 되는데 그게 이유가 되어 중단되는 것이 문제다.

나는 가치관 내재화 활동을 신앙생활에 비유해 생각해보길 권한다. 교회를 다니는 사람들은 알겠지만 목사님의 설교가 매주, 매월, 매년 계속 달라지는가? 그렇지 않다. 목사님은 동일한 교리를 1년, 2년을 넘어 10년, 20년을 지나 2000년 동안 계속 설교한다. 그런데 신앙인들은 목사님의 설교를 "정신교육이다" 혹은 "주입식이다"라고 표현하지 않는다. 어떤 차이가 있을까? 이것이 가능한 이유는 '믿음' 때문이다. 목사님이 하는 이야기에 대한 '믿음'이 있기에 같은 내용으로 설교를 하고 동일한 내용을 들어도 '주입'이라고 느끼지 않는 것이다.

가치관 내재화 활동도 마찬가지다. 내재화 활동에서는 직원들이 그 가치관에 공감하게 하는 활동이 매우 중요하다. 지금까지 경험으로 볼 때 가치관경영을 시작하면 기본적으로 50%의 직원들은 공감한다. 대부분의 기업이 그렇다. 그리고 내재화 활동을 본격적으로 시작하면

70%의 직원들이 공감하고, 나머지 30% 정도의 사람들이 "주입식이에요", "강요네요"라고 말한다.

한편 아주 높은 수준의 가치관경영을 하는 기업, 그리고 우리가 지향하는 기업들은 90% 정도까지 공감한다. 이 정도로 공감된 가운데 여러 가지 내재화 활동을 하면 직원들도 잘 받아들이고 좋아한다. 그런데 대다수의 직원들이 믿지 않고 공감하지 않으면 주입, 강요, 정신교육이 되는 것이다. 내재화 활동에서는 조직의 가치관을 믿게 만드는 공감활동이 정말 중요하고, 이를 중심으로 진행된다고 할 수 있다.

나는 여러 기업에서 가치관경영에 관해 강의를 했다. 강의 내용은 주로 가치관경영을 공감할 수 있도록 개인의 가치관으로부터 시작해 국내 기업의 실제 사례를 소개하고, 마지막으로 요청받은 기업 가치관의 의미를 설명한다. 강의의 목적은 기업 가치관의 필요성과 중요성을 공감하게 하는 것이다. 결국 기업 가치관을 실천하겠다는 의지를 일으키는 것이다.

사실 앞서 소개한 기업의 경영자도 가치관경영에 대한 신념이 누구보다 강한 분이다. 그래서 일찍부터 가치관경영을 도입했고, 항상 기업의 미션과 기업의 비전, 기업의 핵심가치를 강조해왔다. 일의 의미를 강조했고, 높은 수준의 큰 목표를 세운 후 목표를 하나하나 달성하며 기업의 성장을 이끌어왔다. 어디에서든 기업 가치관을 세우고 실천해온 것을 자랑하고 자부심을 가지고 있었다. 가치관경영을 전파하겠다는 생각은 나와 다르지 않았다.

그런데 직원들은 경영자에게 "가치관 교육을 통해 직원들이 제시한 의견 하나하나를 마음으로 생각해주시길 바란다"라고 요구하고 있다.

왜 이런 일이 생기는 것일까?

이 기업이 가치관을 수립한 시기는 5년 전이다. 그때와 비교해 기업 매출은 5배 성장했고 직원들도 2배 이상 늘었다. 분야에서 국내 5위 수준이었던 평범한 중소기업이 국내 1위를 넘어서 아시아 1위를 달성했고, 2~3년 내에 세계 1위를 눈앞에 두는 기업으로 성장했다. 가치관을 수립할 때 있었던 직원들은 이제 대부분 리더 위치에 있고, 많은 직원들은 그 이후에 채용된 젊은 직원들이다. 새로 입사한 젊은 직원들에게 이 기업의 가치관은 이미 존재했던 것이고, 기업 가치관을 강조하는 것을 자신들에게 '주입'하고 '강요'한다고 느끼는 것이다.

직원들이 가치관 수립에 참여하지 못한 것이 영향을 미친 것은 사실이다. 하지만 그게 전부는 아니다. 직원들이 함께 만들었든 이미 존재한 것이든 기업이 제시하는 가치관 자체는 대부분 공감할 수 있는 내용이다. 기업 가치관이 '사리사욕을 채우자'라고 되어 있는 경우는 없으니까 말이다.

그런데 왜 직원들은 기업 가치관을 부정적으로 느끼게 되는 것일까? 기업 가치관을 직원들에게 내재화하게 하는 3요소인 인식, 공감, 실행에서 '인식'만 강조되고 있기 때문이다. 회사 홈페이지에 쓰여 있고, 사내 곳곳에 붙어 있으며, 구호를 제창하는 활동은 전부 인식과 관련된 활동이다. 여기에 경영자는 기업 가치관의 내용만을 강조하고 있다. '인식'은 기본 그 이상도 이하도 아니다. '과유불급過猶不及'이라고 했듯이 내용을 알려주는 데 너무 많은 힘을 들인 것이다. 공감이 안 된 채로 계속 같은 내용이 강조되는 상황이다 보니 직원들은 교육을 주입시킨다고 느끼고, 행동 요구를 강요라고 느끼게 되는 것이다.

기업 가치관을 내재화하는 데는 인식, 공감, 실행 환경이 제공되어야 하는데, 여기서 가장 중요한 것은 '공감'이다. 공감이 되어야 인식도 의미가 있다. 공감이 되어야 실행 환경도 의미가 있다.

경영자가 자기 편한 대로 기업 가치관을 이용해서는 안 된다. '공헌'을 핵심가치로 내세우면서 직원들만 헌신하게 하고 본인은 열외로 살면 직원들은 공감하기 힘들다. 임시직 시급이 너무 높아서 경영하기 힘들다고 주장하면서 회장 연봉은 수십억 원을 가져간다면 어느 누가 '공헌'이라는 가치에 동의하겠는가. 말로는 강조하면서 경영자가 대놓고 가치관을 어기는 상황에서는 직원들이 기업 가치관을 공감할 방법이 없다.

공감을 이끄는 스킬 부족도 문제다. 변화를 성공적으로 이끌기 위해서는 문제점 지적보다는 해결 중심적 사고를 해야 한다. 이를 위해서는 직원들의 감정에 호소하고, 목표를 작게 나누어 쉽게 실행할 수 있는 환경을 만들어줘야 한다. 그런데 그런 환경은 만들어주지도 않으면서 항상 말로만 잘해보자고 외치니 힘이 드는 것이다. "어려운 현실에서 위기를 돌파하자"라는 경영자의 말에 진정성을 의심하지는 않지만, 말로만 잘하자고 외치면서 실질적인 대책도 없고 성과도 눈에 보이지 않으니 그 말도 공허하게 들리는 것이다.

1990년대 초까지만 해도 '악마의 소굴'로 불렸던 뉴욕을 지금의 관광도시로 탈바꿈시킨 루돌프 줄리아니 뉴욕시장의 사례에서도 공감을 이끄는 스킬을 엿볼 수 있다. 1993년 뉴욕시장에 당선된 줄리아니 시장이 뉴욕의 범죄율을 낮추기 위해 한 행동은 '범죄를 엄벌하겠다' 혹은 '범죄와의 전쟁을 선포한다'가 아니었다. '지하철에 무임승차하는 것', '벽에 낙서하는 것' 2가지만 집중적으로 단속함으로써 그는 뉴욕의 범죄율을 대폭 낮췄다. 가치관경영에 대한 의지와 열정은 중요하다. 하지만 자칫 스킬 부족이 직원들에게는 주입과 강요로 느껴질 수도 있다는 사실을 마음속에 새기자.

계속 강조하지만 기업 가치관 교육은 '공감'이 가장 중요하다. 경영자나 리더가 기업 가치관에 대해 말할 때도 철저히 '공감'을 위주로 진행되어야 한다. 공감에 기반을 두지 않으면 '인식'을 높이는 활동은 주입과 강요라고 느끼게 되기 때문에 효과는 고사하고 악영향을 미칠 수 있다. 물론 경영자와 리더들이 솔선수범하고 직원들을 움직일 수 있는 스킬도 필요하다.

이처럼 가장 어려우면서 중요한 부분이 공감하게 하는 것이다. 공감하지 않는다면 가치관 내재화는 불가능하다. 알고 있고, 하는 척만 하는 것은 조직을 헷갈리게 만들 뿐이다. 그렇다면 지금부터 기업에 쉽게 적용할 수 있는 '직원들에게 가치관을 공감시키는 3가지 방법'을 소개하겠다.

1. 개인 가치관과 리더 업무가치 정립을 지원하라

D사는 시무식 날 아침에 전 직원에게 5,000원 정도의 꽃나무를 선물했다. 한 해 동안 꽃나무에 물을 주고 키우면서 개인의 꿈도 키우고 회사도 같이 키우자는 의미였다. 각자 일주일에 한 번 정도씩 직접 물을 주는데, 사장님도 자기 꽃은 직접 물을 준다고 한다. 멋지지 않은가!

그런데 재미있는 일이 있었다. 물을 안 주고 시들어 죽어가는 꽃의 주인공은 회사를 그만두더라는 것이다. 회사를 그만두겠다는 마음이 생기면 주위의 모든 것에 흥미를 잃게 되고, 결국 키우던 꽃에도 무심해지게 되니 그럴 수 있겠다는 생각이 들었다. 반대로 생각하면 이 말은 직원의 갑작스런 퇴직을 막을 수도 있다는 뜻이다.

이 방법을 조금 업그레이드하면 푯말에 자기가 이루고 싶은 꿈을 적는 것도 좋다. 푯말에는 나의 꿈(비전)을 적어도 되고, 나의 다짐(핵심가치)을 적어도 된다. 리더라면 직원들에 대한 사명감(미션)을 적으면 좋겠다. 가치관경영을 하는 기업이라면 따라해보면 좋을 방법이다.

인생에 대해 고민할 시간조차 없이 바쁘게 살아온 직원들에게 '개인 가치관'에 대해 생각해볼 기회를 제공하는 것은 매우 의미 있는 일이다. 또 개인의 가치관 없이는 조직의 가치관에 대해 들어도 가슴 설레지 않기 때문에 개인 가치관에 대해 생각해보는 것은 중요하다. 그렇다면 개인의 가치관은 어떻게 만들까? 직원들에게 가슴 뛰는 삶을 위한 아래 3가지 질문에 각자 답을 찾으라고 하면 된다.

1. 나는 왜 사는가? (당신이 존재하는 이유는 무엇인가?)
2. 나의 꿈은 무엇인가? (당신은 궁극적으로 어떤 모습이 되고 싶은가?)
3. 나는 어떻게 살 것인가? (내 삶에서 무엇이 중요한가?)

개인 가치관을 찾기 위한 3가지 질문에는 각자 의미가 있다. 첫 번째는 '나의 미션'이다. 내가 사는 의미와 존재이유에 대한 진정한 답이다. 미션은 내가 세상에 주는 가치를 말한다. 여기에는 내가 가진 남들과 차별화된 능력, 내가 영향력을 미치는 범위, 그리고 내가 진정으로 주는 가치를 표현한다. 작성 방법은 '나는 (무엇)을 바탕으로 (누구)에게 (가치)를 주기 위해 존재한다'를 참고해 쓰면 된다. 예를 들면 "나는 신뢰와 믿음을 바탕으로 내 가족과 사회의 발전에 보탬이 되기 위해 존재한다"라고 미션을 정할 수 있다.

두 번째는 '나의 비전'이다. 비전은 내가 이루고 싶은 미래상, 내 가슴을 뛰게 하는 멋진 꿈이다. 현재와는 다른, 상상만 해도 기분 좋고 미소 지을 수 있는 미래다. 여기에는 분야나 대상, 내가 가진 남들과 차별화된 능력, 내가 이룰 것을 표현한다. 기본 작성 방법은 '나는 (시기)에 (분야나 대상)에서 (능력)을 통해 (꿈)가 된다'를 참고해 쓰면 된다. 기본 작성법을 참고해 써보면 "나는 60세에 은퇴해 뜻을 함께하는 사람들과 사회복지재단을 만들어 사회적 약자들이 보다 나은 삶을 살 수 있도록 돕겠다"라고 비전을 세울 수 있다.

세 번째는 '나의 핵심가치'다. 핵심가치는 인생을 살면서 내가 중요하게 생각하는 원칙과 기준이다. '나에게 우선순위가 높은 5가지 가치'를 한번 생각해보자. 현재 자신이 가장 중요하다고 생각하는 가치 5가지를 표에서 찾아 써보길 바란다. 표에서 찾을 수 없다면 다른 가치를 적어도 된다. 가정의 화목, 행복, 건강은 모두에게 우선순위가 높은 가치이므로 제외한다.

리더들에게는 리더의 업무가치 수립을 지원해 리더로서의 나의 미션과 비전을 생각해볼 기회를 줘야 한다. 첫 번째, 리더(파트너, 부하, 상사)로서 자신의 미션을 찾아보는 것이다. 예로 "조직의 리더로서 직원들의 성장을 지원하고, 회사의 발전에 주도적 역할을 다하며, 경쟁

나에게 우선순위가 높은 5가지 가치									
가정의 화목	행복	건강	감사	감성	겸손	결단	경제적 안정	공정	공헌
관계	관대함	관용	권위	권력	교육	균형	긍정	긍정적 태도	끈기
기술	나눔	다양성	단순	도전	리더십	마음의 평화	모험	목표	믿음
발전	배려	변화	부유함	사랑	성공	성실	성장	성취감	소통
스피드	신념	신뢰	신실함	신앙	아름다움	안정	외모	열정	영성
영향력	완벽	예의	용기	용서	우정	유머	윤리	의지력	인내
인정	자비	자유	자율	자존감	전문성	절제	정서적 안정	정의	정직
존경	즐거운 삶	지식	지혜	진실성	직업적 성취	창의	책임	충성	탁월성
팀워크	쾌활함	평판	평화	품질	프로 정신	학습	혁신	헌신	효과성

력에 어려움을 겪는 기업과 자기성장과 성과창출에 고민하는 개인들을 위하여 나의 재능을 아낌없이 나눌 것이다"라는 미션을 생각해볼 수 있다.

두 번째는 리더로서 자신의 비전을 찾아보는 것이다. '나는 어떤 리더로 기억되기를 바라는가?', '무엇을 이루고 싶은가?'에 대한 답을 찾도록 한다. 예를 들면 '후배들에게 인생의 멘토로 기억되는 사람' 또는 '100년 기업의 디딤돌이 되는 임원이 되겠다' 등의 비전을 세워볼 수 있다.

2. 기업 역사를 통해 가치관을 공유하라

'과거는 현재를 비추는 거울'이라 하듯이 역사는 우리에게 미래를 여는 해답을 제시한다. 나는 가치관 내재화 교육을 진행할 때 그 기업의 역사를 통해 미션과 핵심가치의 의미를 설명한다.

역사는 긍정적인 역사를 말한다. 생존마저 위협받는 힘든 경영환경에서 우리 회사가 현재까지 남아 있다는 것은 기업에 긍정성이 많이 있었다는 의미다. 먼저 "우리 역사 중 가장 기억나는 사건은?", "가장 큰 성취와 위기의 순간은?", "어떻게 위기를 극복했습니까?"라는 질문을 통해 긍정적 사례를 찾는다. 그리고 우리의 미션과 관련된 주요 사례들을 정리해 타임라인을 그린 후 공유한다. 핵심가치 역시 긍정적 역사 속에서 찾아내 공유한다. 그렇게 되면 구성원들은 기업의 역사 속 사례이기 때문에 실제적인 것이라고 여기고, 성공적인 역사를 이룬 가치이기 때문에 긍정적으로 바라보게 된다.

단순히 "우리 회사의 창업정신은 '건강사회건설'입니다"라고 말하는 것과 창업정신을 지켜온 역사를 통해 우리 회사의 미션이나 핵심가치를 설명하는 것, 둘 중 어느 쪽이 직원들에게 더욱 진심으로 다가올지는 답하지 않아도 알 수 있다. 우리 회사의 지나온 발자취에서 사회에 제공해온 가치를 인식하고, 그를 통해 조직원들에게 자부심을 심어주는 것은 가치관 내재화 단계에서 충분한 공감을 불러일으킬 것이다.

대한민국 건강사회건설의 꿈, 한국야쿠르트

한국야쿠르트는 50년 역사의 기업이다. 50여 년 역사 속에서 많은 제품이 출시되었고, 소비자들의 꾸준한 사랑을 받았다.

1969년 5월, 청계천 7가 작은 평수의 임시 사무실에서 우리나라 낙농업을 발전시키고 국민보건에 이바지하겠다는 원대한 꿈이 시작되었다. 그해 12월 발효유 생산을 위한 공장 건설이 시작되었고, 우리나라 최초의 유산균 발효유 야쿠르트가 만들어졌다.

1970년대 들어 한국야쿠르트의 성공을 지켜본 해태, 남양, 빙그레, 매일 등 유가공업체들이 발효유 시장에 뛰어들며 시장이 급속히 커졌고, 그중 시장을 이끌어온 한국야쿠르트는 시장점유율 70%를 유지하며 단일 종목으로는 최고의 신장률을 기록한다.

1980년대 들어 한국야쿠르트는 야쿠르트 음료를 넘어 떠먹는 야쿠르트 슈퍼100을 발매한다. 이 또한 몸에 좋은 유산균을 많은 사람들이 먹고 건강해질 수 있도록 고민하고 노력한 결과다. 88올림픽 때는 88올림픽 공식발효유 공급회사로 올림픽 후원사가 되기도 했다.

1990년대 들어 기존의 단순한 제품군을 다양화하는 노력이 전개되어 야쿠르트 에이스, 마쪼니, 메치니코프 등 다양한 유제품이 출시되었다.

2000년대 들어 다양한 유제품 출시를 넘어 윌, 쿠피스 등 발효유의 고급화와 함께 식품이지만 질병을 억제하고 위장 기능 활성화를 돕는 건강기능식품이 본격적으로 출시되었다.

2010년대에는 고도의 기술력이 바탕이 된 고기능성 새로운 발효유 시장을 개척하고 있다. 여기까지가 한국야쿠르트 제품의 변천사다.

한국야쿠르트는 식품회사로서 창업부터 현재에 이르기까지 오로지 건강에 도움되는 제품만을 만들어왔다. 이는 한국야쿠르트가 '건강사회건설'이라는 창업정신을 변함없이 유지 발전시켜 왔다는 것을 보여준다.

3. 실천 사례를 지속적으로 발굴하고 공유하라

직원들이 가치관을 공감하게 하려면 우리 회사의 가치관 실천 사례를 지속적으로 발굴하고 직원들과 공유해야 한다. 2012년에 가치관을 수립한 KCTC는 매년 '핵심가치 내재화 실천 사례(집)'을 만들고 있다. 각 부서별로 실천 사례를 취합하고 책으로 만들어 전 직원이 공유하는 것이다. 이 활동은 직원들이 가치관을 현장에서 꾸준히 실천하고 자신들의 문화로 만들어 나가는 데 기폭제가 된다. 칭찬과 상을 더하면 더 큰 동기부여가 된다. 또 다른 기업으로 대원CTS의 경우 '핵심가치 스타상'을 만들어 시상하고 실천 사례를 공유하고 있다.

기업의 발전과 성취를 이끈 강력한 엔진은 직원들의 노력과 열정이다. 우리 회사 내에서 공유되지 않았지만 숨어 있는 성공 스토리는 무수히 많다. 직원들의 자랑스러운 스토리를 발굴하고 공유하자. 그리고 칭찬하자. 이렇게 하면 직원들의 공감과 자발적 실천을 긍정적으로 이끌어낼 수 있다.

'할 수 있다', '불가능은 없다'는 단석인의 열정이 만든 10일간의 기적

2013년 단석산업이 발칵 뒤집히는 사건이 발생했다. 폐배터리에서 납을 생산하는데, 갑작스럽게 폐배터리의 수급 부족으로 공장이 멈출 위기에 처했다. 이 회사에 원료를 가장 많이 공급하는 일본과 두바이에서 동시에 변수가 발생한 것이다. 일본의 경우 돌발적으로 폐배터리 양이 줄어들어 물량 공급이 어려워졌다. 엎친 데 덮친 격으로 두바이에서 들어오기로 한 물량은 아랍에미레이트 환경청의 허가 실수로 3개월 후에나 들어온다고 했다.

동시에 2건의 돌발적인 상황에 노출되면서 폐배터리 재고가 급격하게 줄기 시작했다. 당시 단석산업은 정상적인 공장 가동을 위해 국내 물량을 월간 1,200톤 수준으로 조달하고 있었다. 하지만 문제가 생긴 해외 물량을 메꾸기 위해서는 추가적으로 2,500톤을 조달해야 하는 상황이었다. 그것도 단 10일 만에 추가 물량을 조달해야만 했다. 현실적으로 이 도전은 불가능해 보였다. 대부분의 공급업체는 기존에 거래하던 회사가 아닌 다른 회사와 별도의 계약을 맺는 것을 꺼리기 때문이다.

하지만 이대로 포기할 수는 없었다. 구매팀 박 차장과 내수 폐배터리 담당자인 김 과장은 공장 가동을 멈추는 일만은 막아야 한다는 각오로 그 즉시 긴급 조달을 위한 출장길에 올랐다. 예상대로 과정은 쉽지 않았다. 원래 거래하던 업체들은 그나마 수월했다. '이 기업이 어려울 때 도와주면 내가 어려울 때 도와줄 것이다'라는 믿음이 있었기에 최대한 도와주려고 했다.

하지만 신규업체들은 달랐다. 대부분의 업체 사장들에게 전화하면 "오지 마라"며 거절했고, 직접 찾아가도 거래하는 곳이 있다며 문전박대하기 일쑤였다. 하지만 박 차장과 김 과장은 포기하지 않았다. "전국 모든 업체를 다 돌아다닐 각오로 일에 임하면 목표한 물량을 충분히 채울 수 있을 거야"라고 말하며 서로 힘을 북돋아 주었다. 안 될 거라는 부정적인 생각은 버렸다.

차 안에서 쪽잠을 자며 전국을 돌아다니다 보니 조금씩 길이 보이기 시작했다. 큰 거래처, 중간 거래처, 작은 거래처 가리지 않고 열정적으로 찾아다닌 결과 물량이 조금씩 채워지기 시작했다. 문전박대하던 사장님들도 두 번, 세 번 계속 찾아갔다. 일례로 700톤 규모의 한 업체 사장님은 소주를 좋아한다는 정보를 듣고 직접 소주를 들고 찾아갔다. 각 2병 마시면 그 다음날 컨테이너 2대가 들어오고, 각 3병 마시면 그 다음날 컨테이너 3대가 들어오는 에피소드도 생겼다. 8일째 되는 날이었다. 두 사람은 기적처럼 목표한 2,500톤을 모두 수급했다. 두 사람의 열정이 결국 기적을 만들어낸 것이다.

단석산업의 3대 핵심가치는 신뢰, 소통, 열정이다. 그리고 이 이야기는 핵심가치 '열정'으로 만들어낸 자랑스러운 성공 스토리다. 단석산업의 모든 직원들은 스스로 수립한 '핵심가치'에 따라 생각하고 행동한다. 이것이 바로 단석산업의 진정한 성공 요인이다.

여기서 하나 더! 직원들의 공감을 불러일으킬 수 있는 가치관 내재화 이벤트를 하나 소개하겠다. 현대자동차그룹에서 4개국 12개 사업장에서 진행한 '출근길 이정표 이벤트'를 한번 시도해보라. '출근길 이정표 이벤트'에 대해 짧게 설명하면 이렇다. 무표정한 얼굴로 회사 정문을 통과하려는 즈음, 반대 방향을 가리키는 두 개의 화살표 모양의 이정표가 놓여 있다. 한쪽은 'Good', 다른 한쪽은 'Great'라고 쓰여 있다. 당신은 어디로 가겠는가?

이런 상황에 놓였을 때 아무 생각 없이 한쪽을 택하는 사람은 없다. 아주 순간적이지만 생각하고 판단하고 행동으로 옮긴다. 이정표 이벤트는 기대 이상의 효과가 있었다. 우선 어디를 선택했는지 데이터가 나온다. 여기에 직원 인터뷰를 통해 왜 선택했는지에 대한 이유를 들을 수 있다.

가치관경영을 하는 이유는 짐 콜린스가 쓴 책의 제목처럼 '좋은 기업을 넘어 위대한 기업'이 되자는 것이다. 'Great'는 반드시 좋고 'Good'은 문제가 있는 것이 아니다. 직원들이 제시한 이유를 들어보면 직원들의 현재 생각도 알 수 있다. 게다가 이정표 이벤트는 "당신은 어디로 들어왔어?"라는 대화의 촉발제가 되고, 서로 이유까지 공유하게 된다. 이러한 전체적인 과정을 잘 정리해 직원들에게 공유하라. 그리고 여기에 기업의 가치관 메시지를 담으면 된다. 직원들이 스스로 생각하고 판단하고 선택해서 행동한 과정이라 효과가 크다. "우리 회사는 들어가는 입구가 좁아서 양쪽으로 갈 수가 없다"라고 말하기도 한다.

탁구공을 2개의 통에 넣어 뽑는 방법도 있고, '꽝 없는 이벤트'라는 이름으로 경품행사를 할 수도 있다. 다양하고 재미있는 아이디어를 내면 된다. 이정표 주제는 너무 자주 진행하면 식상해질 수 있으니 1년에 2~3번 정도면 적당하고, 회사의 조직문화 이슈에 맞는 것을 골라서 하면 된다.

- 일하는 방식 혁신 vs 일하는 방식 개선
- 일과 가정의 양립 vs 일과 가정의 균형
- 부서 간 협력 vs 부서 간 협업
- 즐거운 일터 vs 행복한 직원

당신은 무엇을 선택할 것인가? 엄밀하게 따지면 답이 있을 수도 있고, 답이 없는 이정표이기도 하다. 중요한 것은 직원들이 어느 한쪽을 다수 택하게 된다는 것이다. 그리고 이유도 들을 수 있다. 앞에서 설명한 'Good vs Great' 이벤트처럼 정리해보라. 무엇보다 직원들의 입에서 입으로 회자되는 효과가 크다.

가치관 내재화 3단계. 실행

회사의 가치관, 어떻게 실천하게 할까

가치관 내재화의 마지막 단계다. 직원들의 실행을 이끌기 위해서는 3가지가 필요하다. 바로 조직화, 제도화, 지표화하는 것이다.

1. 조직화: 안정적 실행조직을 구축하라

가치관 내재화를 실행하기 위한 첫 번째 단계는 기업의 변화추진조직을 만들어 '조직화'하는 것이다. 전사 차원의 경영혁신 과제를 수행하려면 전사 부서 단위에서 인력을 선발해 '변화추진조직'을 만든다. 일반적으로 현업 부서장에게 좋은 직원을 추천하게 하는데, 중요한 과제를 수행할 담당자이기 때문에 핵심인재급 직원이 선발되는 게 중요하다.

문제는 부서장이 누구를 시킬까 고민하다가 부서원 중 제일 한가한 직원이나 소위 막내직원을 지명한다는 것이다. 핵심인재를 모아야 하는데 전사 단위의 저성과자들이 선발되는 이상한 상황이 벌어진다. 요즘 얘기가 아니라 예전에는 그랬다. 이런 영향 때문인지 요즘도 변화추진조직에 선발되면 당사자들은 '대체 뭘 하는 거지? 잘 될까? 왜 나지?'라는 생각을 한다. 어떻게 이 조직을 운영해야 할까?

먼저 명칭부터 정리해야 한다. '변화추진조직'은 풀어서 표현하면 '전사 경영혁신 과제수행을 위한 비정규 변화추진조직'이다. 과거에 가장 일반적으로 사용하던 표현은 '체인지에이전트(Change Agent, CA)'였는데, 요즘은 명칭이 다양하다. 가치관 내재화위원회, 가치관추진위원회, 조직문화추진단, 조직문화혁신협의회, 주니어보드 등 위원회, 팀, 그룹 등 다양한 명칭을 사용한다. 여기에서는 '변화추진조직'이라고 부르기로 하겠다.

나는 변화추진조직 행사에 외부 전문가로 참여해 자주 특강을 한다. 얼마 전 어느 기업의 변화추진조직 발대식에 참여해 특강을 했다. 5년차 변화추진조직을 운영해서인지 행사가 물 흐르듯 매끄럽게 잘 진행되었다. 60여 명의 멤버들과 그들의 팀장까지 100여 명이 함께 참여한 성대한 강의였다.

발대식에서는 경영진에게만 보고된 조직진단 결과가 공유되었고 올해 추진계획도 발표되었다. 월 활동비로 40만 원이 제공되었고, 임원과 1:1 정기적인 미팅을 하며, 다양한 교육 기회도 부여되었다. 심지어 인사평가에도 가점을 부여해주었다. 100여 명 참석자 가운데 조는 사람은 한 명도 없었고, 강의에 집중한 후 궁금한 사항을 질문하는 모습은 진지하고 활기차 보였다. 멤버들은 서약서를 작성하고, 팀장들이 응원과 격려 메시지를 하는 모습도 인상적이었다. 행사 후에는 경영진과 임원들이 참여해 성대하게 만찬을 진행했다. 그 자리에 참석하는 것이 영광스럽고 자부심을 갖기에 충분해 보였다.

하지만 현재 많은 기업의 변화추진조직 운영이 이처럼 성공적이지만은 않다. 변화추진조직 행사나 교육은 미리 공지를 했음에도 많은 이들이 자신의 업무를 이유로 불참한다. 참석했다 하더라도 행사나 교육 진행 중에 임원이나 팀장이 전화를 해서 수시로 불러낸다. 그러다 보니 "여기 참석하는 게 팀장이나 임원의 눈치가 보인다"라고 이야기하는 이들도 있다. 어떤 이는 "해야 하는 업무도 많은데 추가적인 업무까지 하나 더 맡아 부담만 느낀다"라고 말하고, "내가 팀장한테 밉보여서 여기에 있는 것 같다"라며 자조적으로 이야기하는 경우도 있다.

한마디로 직장생활에 도움은커녕 방해만 된다는 말이다. 이런 멤버들이 모여 전사 경영혁신 과제를 제대로 수행할 수 있을까? 설령 전사 과제는 다른 직원들이 잘하겠지만, 이 사람이 소속된 부서에서는 아무것도 기대할 게 없지 않을까 싶다.

이런 어려움이 생기지 않으려면 변화추진조직이 처음부터 잘 꾸려져야 한다. 따라서 변화추진조직이 제대로 운영되기 위한 다음의 5가지 필요사항을 반드시 숙지해야 한다.

첫째, 최고의 인재를 모아라. 애사심, 커뮤니케이션 능력, 업무수행 능력, 평판을 모두 갖춘 핵심인재로 구성하라. 어떤 사람이 모여 있는지 보면 그 조직의 성격을 알 수 있다. 역량이 안 되거나 문제가 있는 사람이 있다면 재빨리 교체하라. 그대로 두면 두고두고 문제를 일으켜 전사 과제를 망칠 수 있다.

둘째, 최고의 인재들에 걸맞은 형식을 갖춰라. 임명장을 주어 정식으로 발령을 내고, 발대식에는 경영진과 임원, 팀장들이 참여해 격려하고 지원을 약속하게 하라. 그리고 모임 일정이나 결과를 리더들에게도 공유하라.

셋째, 변화추진조직을 이용하려 하지 말고 이들을 성장시키는 데 중점을 둬라. 변화추진조직은 현업의 협조를 얻어 주관부서를 돕는 자원봉사자들이 아니다. 이들이 조직의 변화추진과제를 앞장서서 수행하도록 충분한 역량 강화를 지원해주어야 한다. 이들에게는 일반직원보다 강화되고 심화된 교육을 실시해 역량을 향상시키는 것이 중요하다. 회사의 가치관, 조직문화, 변화 이슈에 대해 충분한 교육을 제공해야 한다.

넷째, 변화추진조직 멤버들을 파격적으로 지원하라. 교육수당은 물론 해당 부서에서 활동하기 위한 활동비를 지원하고, 임원, 팀장과의 정기적인 미팅, 인사평가에서의 가점 부여 등 최대한의 지원을 하라.

다섯째, 정확한 목표를 설정하고 과제를 완수하게 하라. 반드시 프로젝트를 성공시켜 조직에 기여하고 성취감을 갖게 하라. 사기가 높고 자부심이 강한 핵심인재들인 만큼 중요한 과제를 제시해 스스로 최고의 결과를 만들어내도록 해야 한다.

여섯째, 변화추진조직의 성공은 멤버들이 과제를 흥미 있어 하고 좋아해야 한다. '음식 장사의 신'이라 불리는 백종원 대표가 진행하는 〈백종원의 골목식당〉이라는 TV프로그램이 있다. 망해가는 동네식당을 대상으로 백종원 대표가 요리와 서비스 혁신을 구체적으로 도와주어 성공적인 식당으로 변모시키는 프로그램이다.

역대 출연자 중 압도적인 비호감 사례가 있었다. 필동 멸치국수집이다. 국수집 사장은 백종원 대표의 조언을 전혀 들으려 하지 않고 자기 고집만 부렸다. 그러고는 모두를 깜짝 놀라게 하는 말을 했다. "저는 멸치국수를 안 좋아하거든요. 국수 자체를 좋아하지 않아요. 그렇지만 내가 만든 육수에 대해 자부심은 있어요."

'이 일을 좋아하지는 않지만 자부심은 있어요'라는 것은 말도 안 되는 말이다. '애사심은 없는데 회사에 대한 자부심은 있어요'라는 말도 같은 이치다. 변화추진조직 멤버들이 그 조직의 과제를 누구보다 좋아하고 흥미 있어 하지 않으면 자부심은 헛된 얘기다. 한때 큰 위기를 겪었지만 변화추진조직을 구성해 튼튼한 뿌리를 준비한 '명지병원'의 사례를 소개한다.

우리 조직의 미래를 여는 명지병원의 밸류특공대 이야기

경기도 고양시에 위치한 '명지병원'은 '대한민국 병원 혁신'의 아이콘으로 불린다. 하지만 불과 10여 년 전인 2009년에만 해도 수백억 원의 부채와 매월 5억 원의 적자에 허덕였다. 그러던 명지병원은 2018년 매출액 60배, 의사 수 50배, 병상 수 30배인 가장 혁신적이고 창의적이며 글로벌한 병원으로 성장했다.

명지병원은 국내 최초로 '환자 경험'을 기반으로 한 혁신활동을 펼친 병원이다. 반개방형 3무(3無: 쇠창살, 감금, 편견) 정신과 병동인 '해마루'와 숲을 품은 검진센터 '숲마루', 놀이동산처럼 꾸며진 '소아전용 응급센터', 그리고 가족사진 및 음악, 조명 등을 원하는 대로 맞춰주는 '항암치료센터' 등 명지병원이 이룩한 최초의 혁신은 셀 수 없이 많다. 이 같은 혁신을 지속하게 한 것은 '환자 제일주의'라는 가치관과 '병원문화혁신추진본부' 조직이 뒷받침됐기 때문이다.

2009년 명지병원은 미션과 비전을 선포하고, 환자 경험을 최우선 과제로 삼으며 매 회의, 행사, 그리고 주간 원내 소식지 〈명지파발〉을 통해 병원 가치관의 중요성을 구성원들에게 인식시키고자 많은 노력을 기울였다. 이와 함께 '환자의 경험이 곧 혁신입니다'라는 슬로건을 걸고 다양한 병원문화혁신운동을 진행했다.

하지만 그것으로는 충분치 않았다. 조직에 아무리 멋있는 가치관이 있다 한들 구성원들의 마음속에 녹아들지 않으면 아무 소용이 없다. 몇 년간의 꾸준한 외침 끝에 '환자제일주의'라는 말은 직원들 머릿속에 각인되어 있었지만, 그 의미를 정확히 인식하고 중요성에 공감하는 직원은 많지 않았다. '환자 경험'을 실제 업무에 실천하는 직원은 더 적었다. 물론 일부 부서에서 환자 경험을 향상시키기 위한 노력과 성공 사례가 몇 건 있었지만, 그것만으로 전체 조직을 변화시키기는 역부족이었다.

그보다는 부정적인 목소리가 더 컸다. "지금까지도 열심히 해왔는데 뭘 더 어쩌라는 거지? 경영진이 우리를 못마땅하게 여기는 것 같아", "우리 병원은 365일 공사하고 행사가 너무 많아, 정신없어 죽겠어" 등 여기저기서 볼멘소리와 불만이 터져 나왔다. 혁신을 위해 하기로 한 일은 따르고 지켰지만, 조직 내부에 폐쇄적이고 부정적인 분위기는 쉽사리 사라지지 않았다.

이런 상황에서 지금까지 명지병원 역사상 가장 큰 사건이 터졌다. 2012년 관동대 학교법인 명지학원이 계열사인 명지건설 부도로 재정난을 겪자 명지전문대와 관동대를 매각한 것이다. 그 여파로 '명지병원과 관동대 의대의 결별'이라는 뼈아픈 이별을 겪게 됐다. 이 사실이 발표되자, 병원에는 그야말로 살얼음판을 방불케 할 정도로 냉랭한 기운이 감돌았다. 관동대 의대 교수로 오랜 관계를 맺고 있던 10~15년 이상 경력의 의사들을 주축으로 한 일부 의료진이 경영진과 대립하게 되었다.

결국 그해 12월 말, 125명의 의료진 중 58명이 병원을 떠났다. 한날 한시에 절반 가까운 의사가 사라진 것이다. 우리 회사에서 임원, 팀장이 동시에 절반가량 퇴사하는 상황을 생각해보라. 이 정도면 '존폐 위기'라는 표현이 맞을 것이다. 일반 기업도 이럴진대 병원은 의사와 환자의 신뢰관계가 중요한 곳이다. 의사들이 떠나니 일부 환자들도 명지병원을 떠났다. 결국 환자가 30% 이상 줄었고 수입은 반토막이 났다. 병원 밖에서는 '명지병원의 몰락', '부도 위기' 등 각종 루머가 떠돌기 시작했다.

이에 남아 있는 내부직원들까지도 술렁거리기 시작했다. "우리 병원 곧 문 닫겠구나", "다음 달 급여는 나올까?", "우리 이대로 앉아 있어도 돼? 우리도 나가야 하는 거 아니야?"라는 흉흉한 말들과 부정적인 분위기가 바이러스처럼 빠르게 전파되었다. 그야말로 명지병원 역사상 가장 큰 위기이자 총체적 난국이었다.

뿌리가 깊고 튼튼한 조직도 바람에 흔들릴 때가 있다. 하지만 뿌리째 뽑히지 않으니 바람이 멈추면 다시 꼿꼿이 일어선다. 이왕준 이사장은 "지금이야말로 흔들리지 않는 뿌리같이 조직의 신념을 직원들 마음속에 깊이 심어주고, 이를 통해 함께 위기를 극복하고 재도약할 힘을 모아야 한다"라며 함께 극복하자고 직원들을 독려했다. 그리고 "직원들의 열정과 공감 없이는 명지병원의 미래도 없다"라며 가치 있는 일을 위해 고통을 이겨내고 에너지를 쏟는 '열정'과 한 단계 더 나아가 다른 사람들에게 공유하고 전파하는 '공감'으로 새롭게 미래를 향한 항해를 계속해 나가겠다고 다짐했다. 튼튼한 뿌리를 준비하기 시작한 것이다.

흔히 '2대 8의 법칙'이라 불리는 '파레토 법칙'이 있다. 이탈리아 통계학자 파레토가 이탈리아 인구의 20%가 전체 부富의 80%를 점유한다는 연구결과를 발표하면서 따온 이름이다. 파레토 법칙은 경제적인 현상뿐 아니라 조직관리에서도 입증되었다. 즉 전체를 변화시키기 위해서는 20%를 먼저 변화시켜야 한다는 것인데, 20%를 통해 나머지 80%의 변화를 이끌어야 한다. 병원의 상위그룹에 있는 교수와 의료진이 대거 이탈한 상황에서 전체 조직의 변화를 이끌기 위해서는 병원의 가치관을 공유하고 미래를 함께 이끌어갈 '새로운 중간리더십의 육성'이 절실했다.

2013년 2월 5일, 마침내 명지병원의 밸류특공대인 '장미특공대Rose Commando'가 출범하게 되었다. '장미특공대'라는 독특한 네이밍은 열정을 상징하는 꽃 '장미'와 조직문화 혁신의 특별한 임무를 맡은 '특공대'를 조합해 탄생했다. '장미특공대'는 명지병원의 중간관리자 그룹이자 조직문화혁신을 위한 중간간부 역량 강화 교육과정이다. 이른바 병원에 긍정적인 그룹을 만들고, 이들의 긍정적인 에너지로 병원 전체의 조직문화를 긍정적, 열정적으로 바꾸기 위한 의식개조 활동이었다. 또한 이러한 활동을 통해 병원에서의 환자 경험이 좋은 방향으로 향상될 수 있다는 믿음에서 시작되었다.

그룹은 1명의 장미특공대장과 기수별 33인의 특공대원으로 조직되었다. 특공대장은 조직의 가치를 가장 잘 이해하고 솔선수범의 자세로 직원들로부터 존경을 받는 병동간호과장을 임명했다. 멤버 구성도 중요한 역할을 하기 때문에 부서별로 긍정적인 성향을 가진 직원들을 추천 받아 특공대원으로 선별했다.

나쁜 에너지는 더 빠르게 전염된다. 따라서 조직에 에너지를 불어넣으려고 할 때는 어떤 사람을 뽑느냐가 중요하다. '장미특공대'와 같은 내부조직을 구성할 때 인재를 선별하는 기준은 다음과 같다.

첫째, 회사에 대한 애사심이 강한 직원이어야 한다. 애사심이 없는 사람이 어떻게 다른 직원의 애사심을 불러일으킬 수 있겠는가. 둘째, 조직 내에서 평판이 좋은 사람이다. 혁신을 이끌어갈 사람이 평판이 나쁘면 어느 누구도 그와 함께하고 싶어 하지 않을 것이다. 셋째, 업무능력이 뛰어난 사람이어야 한다. 사람은 좋은데 일은 못하는 사람은 좋은 평판을 받기 어렵다. 끝으로 추천을 받아 선발되더라도 본인의 의지가 있어야 한다. 억지로 업무를 맡은 사람을 자발적인 사람으로 변화시키는 것은 엄청난 에너지가 소요되는 일이다.

장미특공대의 경우 교육과정은 주 1회 8주 과정(총 32시간)으로 교육과 워크숍을 실시했다. 병원은 항상 사람이 모자라는 구조다. 게다가 관동대 의대 결별로 상당히 어려운 상황에 처한 병원이 2개월 동안 매

주 1회 4시간씩 핵심인재를 빼서 교육과 워크숍을 진행하는 것은 대단히 큰 투자였다. 과정 진행은 크게 4개의 모듈로 가치관 정립, 환자경험 및 서비스디자인, 자기인식 및 변화 훈련, 창조적 문제해결 과정으로 구성되었다. 미션과 비전을 공유하고, 소통 방법을 배우며, 환자 공감에 대해 알아가는 시간으로 진행되었다.

"이사장님, 창문에 얼룩이 보이기 시작했어요. 5년 넘게 다닌 길인데 창문에 얼룩이 있는 줄 처음 알았어요." 장미특공대 교육 프로그램을 이수한 특공대원이 한 말이다. 대원들의 변화된 태도를 보여주는 대표적인 사례다. 대원들은 교육 이수 후 애사심을 바탕으로 조직변화에 앞장섰다. 조직에서도 이러한 마음가짐과 실천이 유지될 수 있는 환경을 조성했다.

명지병원이 장미특공대를 통해 이룬 가장 큰 성과는 '서로 눈치 보며 튀지 않기 위해 침묵하던 직원들이 환자 만족을 위한 다양한 생각을 공유하면서 조직 전체의 분위기까지 바꾸고 있다'는 것이다. 조직의 변화는 Top-down으로 절대 가능한 것이 아니고, 직원들의 희생만 강조해서도 불가능하다. 환자중심 병원을 만들기 위해서는 직원들이 자발적으로 참여할 수 있도록 지속적으로 환경을 조성해주고 지원을 아끼지 말아야 한다는 사실을 새삼 확인할 수 있는 기회였다.

2. 제도화: 핵심가치를 기준으로 채용하고 평가하라

가치관 내재화를 실행하기 위한 두 번째 단계는 '제도화'다. 다양한

HR 제도에 가치관을 연계시키는 것이다. 가치에 맞는 사람을 뽑고 가치관에 근거해서 평가하고 관리해야 한다. '제도화'하기 위해서는 몇 가지 방법이 있다.

첫째, 채용 제도에 핵심가치를 반영한다.

조직에서는 사람이 가장 중요하다. 그래서 기업은 사람을 잘 뽑고 잘 육성하고 잘 평가하고 보상해서 좋은 인재를 유지하고 싶어 한다. 그런데 과연 좋은 인재를 유지하기 위해서는 잘 뽑는 게 중요할까, 잘 키우는 게 중요할까? 이 질문은 명확한 답이 있다. 앞서 소개했듯이 짐 콜린스는 사람의 중요성에 대해 이렇게 말한 바 있다.

"좋은 회사에서 위대한 회사로의 전환에 불을 붙인 경영자들은 버스를 어디로 몰고 갈지 먼저 생각하고 난 다음에 사람들을 태우지 않았다. 반대로 버스에 적합한 사람들을 먼저 태우고(부적합한 사람들은 버스에서 내리게 하고) 난 다음에 버스를 어디로 몰고 갈지 생각했다." 즉 잘 뽑는 게 중요하다는 말이다.

그렇다면 어떻게 뽑아야 할까? 기업의 가치관에 맞는 사람을 뽑아야 한다. 우리 회사의 존재의미에 충실할 수 있는 사람, 기업의 꿈을 이루며 함께할 사람, 기업의 우선순위, 원칙과 기준을 유지 발전시킬 수 있는 사람을 뽑아야 한다. 이런 사람을 찾아내는 것은 물론 어렵다. 그렇다고 회사를 망칠 사람을 대충 뽑아서야 되겠는가.

세계 맥주시장의 양대 산맥 하이네켄의 신입사원 채용 동영상은 많은 이들에게 감동을 주었다. 하이네켄은 같은 질문, 정해진 대답을 하는 뻔한 면접을 거부한다. 2013년 하이네켄 채용에 지원한 사람은 1,734명이었다. 많은 지원자들 중 진짜 인재를 찾기 위해 하이네켄은 엉뚱한 면접을 시도했다. 면접 중 3가지 엉뚱한 상황을 설정하고 지원자들의 반응을 보는 것이었다. 첫 번째 테스트는 이렇다. 면접실로 안내하는 직원이 대뜸 지원자의 손을 잡는다. 지원자의 친밀감과 유쾌함을 보는 것이다. 두 번째 테스트에서는 갑자기 면접관이 쓰러진다. 지원자의 대응능력과 배려하는 모습을 확인하는 것이다. 세 번째 테스트에서는 갑자기 비상벨이 울리고 지원자들에게 탈출하라고 한다. 누군가 자살을 하는 급박한 상황에서 소방대원이 탈출한 지원자들에게 도움을 요청한다. 이것은 열정과 헌신을 확인하려는 것이다.

하이네켄은 이 모습들을 영상에 담았다. 그리고 가장 훌륭한 지원자 3명을 뽑아 회사 홈페이지에 올렸다. 최종 합격자는 직원들이 직접 뽑았다. 드디어 최종합격자를 발표하는 날, 하이네켄은 엉뚱한 면접만큼 놀랄 만한 이벤트를 준비했다. 그들은 1등으로 뽑힌 사람에게 마지막 테스트가 있으니 유벤투스 스타디움으로 오라고 했다. 엄청난 관중이 환호하는 유벤투스 스타디움에서 갑자기 음악이 흐르며 영상이 나왔다. 면접 모습과 현장의 모습이 나란히 상영되며 자막이 나타났다. “합격을 축하합니다.”

하이네켄 홈페이지에는 그들의 가치관이 잘 정리되어 있다. 하이네켄의 가치관은 ‘자신감 있는’, ‘세련된’, ‘열정과 열린 마인드’를 직원들의 우선순위이자 일하는 원칙과 기준으로 제시하고 있다. 이런 모습을 통해 세상과 고객에게 ‘즐거움’과 ‘놀라움’의 상징으로 각인되기를 바란다. 이런 노력 덕분에 하이네켄은 2005년부터 현재까지 전 세계 1억5,000만 명 이상이 생방송으로 시청하는 유럽축구연맹 챔피언스리그 공식 파트너이자, 2010년에는 잉글랜드 프리미어리그 맨체스터

시티와 공식 파트너십을 체결하기도 했다.

하이네켄에는 어떤 인재가 필요할까? '자신감', '세련됨', '열정과 열린 마인드'에 바탕을 한 '헌신'은 배움을 통해 기를 수 있을까? 쉽지 않다. 그래서 그들은 면접부터 자신들의 가치관과 인재상에 맞는 사람을 어렵게 뽑고, 어렵게 뽑은 사람에게 감동을 안겨주는 채용방식을 적용했다.

중소기업들은 '인재 채용이 얼마나 어려운 줄 아느냐?'라고 볼멘소리를 한다. 그렇다고 아무나 뽑을 것인가? 우리 회사의 가치관(미션, 비전, 핵심가치)을 정하고 그 가치관에 가장 맞는 인재를 뽑는 게 성장의 첫걸음이다.

둘째, 핵심가치를 기준으로 평가한다.

땅주인이 일당 5만 원을 주고 밭을 갈게 했다. 한 일꾼은 하루에 5고랑을 파고, 다른 일꾼은 하루에 3고랑을 팠다. 땅주인은 3고랑을 판 일꾼에게 왜 그거밖에 못했냐고 꾸중을 했다. 일꾼은 "이 땡볕에 내가 얼마나 힘들었는지 아느냐?"라며 "허리도 아프고 팔도 아프다"고 말한다. 하루는 지나가던 행인이 5고랑을 판 일꾼에게 이렇게 말한다. "대충하세요. 똑같은 일당 받는데 굳이 열심히 할 필요 있겠어요?"

과거에는 3고랑 파는 일꾼과 5고랑 파는 일꾼은 각자 일을 했고, 땅주인만 어느 정도 일하는지 알고 있었다. 그래서 5고랑 일꾼이 불평을 하면 1만 원을 더 줬고, 3고랑 일꾼이 계속 3고랑을 파면 해고했다. 이제는 3고랑 일꾼과 5고랑 일꾼이 서로 얼마만큼 일하는지 잘 알고 있다. 3고랑 일꾼은 5고랑 일꾼을 멍청하다고 생각했고, 5고랑 일꾼은 자기만 더 많이 일한다고 불평했다. 고민하던 땅주인은 비밀연봉제를 만들어 서로 연봉을 모르게 만들었다. 하지만 이런 불투명한 조직 운영은 모두를 불만스럽게 만들었고, 결국 조직에서는 평가제도를 운영하기 시작했다.

그러나 평가제도에 대해 직원들은 불만이 많다. 평가의 객관성에 대해 64.7%가 의구심을 가지고 있고, 평가 결과에 대한 불만은 56.8%다. 기업의 평가제도에 대해 절반 넘는 사람들이 불만이 있다는 것이다. 평가는 '성과 평가'와 '태도 평가'로 나눌 수 있다. 성과 평가는 객관적 지표를 만들어 적용하면 되지만, 태도 평가는 제도 만들기나 평가 결과에 대해 객관성을 확보하기가 어렵다. 어떻게 하면 좋을까?

첫째, 공정성을 확보하라. 평가를 할 때는 기준을 정해야 하는데, 그 기준은 직원들이 정하거나 합의하는 것이 좋다.

둘째, 태도 평가는 핵심가치로 일관성을 확보하라. 핵심가치와 모순된 평가 기준은 좋은 조직문화를 만들지 못한다.

셋째, 자기평가를 도입하고 평가 결과를 공개하라. 그러려면 객관적 지표를 만들어 평가자와 피평가자가 평가 결과를 가지고 코칭이나 면담에 활용할 수 있어야 한다. 참고할 만한 사례로 세계적인 혁신기업 알리바바닷컴을 들 수 있다. 이 회사는 성과 평가 50%, 태도 평가(핵심가치 평가) 50%를 적용한다. 핵심가치 평가는 6개 핵심가치별로 5개의 기준으로 점수를 산정하는데, 단순하고 명쾌하다. 한국에도 핵심가치 평가를 하는 기업이 있다. 중소기업인 벤터코리아, 코씰, 우원테크놀로지 등은 제도화 방법으로 핵심가치 평가 기준을 만들어 평가하고 있다.

3. 지표화: 간단한 지표를 통해 인식, 공감, 실행을 관리하라

각 조직이 답을 찾지 못하고 고민하는 부분이 실행 여부의 측정이다. 실행 여부의 측정은 쉬운 지표를 만들어 인식, 공감, 실행 수준을 측정해야 한다. 지속적 관리를 위해서는 지표 관리가 필요하다.

아래는 기업 가치체계를 '우리의 정신, 우리의 가치, 우리의 약속'으로 정립한 한국야쿠르트의 사례를 바탕으로 가치관 내재화 진단 문항을 만들어본 것이다. 진단 문항은 '인식' 질문, '공감' 질문, '실천' 질문의 3가지 영역으로 정리했다. 이 정도 문항이면 거의 완벽하게 가치관 내재화 진단이 가능하다. 이를 기준으로 질문 문항을 각 기업에 맞게 수정하고 10개 정도로 압축하면 된다.

한국야쿠르트의 가치관 내재화 진단 문항

	질문	매우 그렇다 (5점)	그렇다 (4점)	보통이다 (3점)	아니다 (2점)	전혀 아니다 (1점)	점수
인식 질문							
1	한국야쿠르트 기업 가치(정신/가치/약속)의 의미에 대해 이해하고 있습니까?						
2	한국야쿠르트의 7가지 행동원칙에 대해 숙지하고 있습니까?						
3	한국야쿠르트의 기업 가치와 행동원칙이 나의 회사생활과 밀접한 연관성이 있다고 생각하십니까?						

공감 질문							
4	한국야쿠르트의 '건강사회건설'이 우리 회사의 중요한 정신임을 공감하십니까?						
5	한국야쿠르트의 '건강한 습관'이 우리 회사의 중요한 가치임을 공감하십니까?						
6	한국야쿠르트의 '기본을 지키는 정직한 사람들'이 우리 직원이 실천해야 할 중요한 약속임을 공감하십니까?						
실행 질문							
7	업무 시 기업 가치와 행동원칙을 기반으로 판단하고 실행하고 있습니까?						
8	우리의 약속 중 '기본을 지키는'을 얼마나 잘 지키고 있습니까?						
9	우리의 약속 중 '정직한 사람들'을 얼마나 잘 지키고 있습니까?						
10	한국야쿠르트의 7가지 행동원칙을 얼마나 잘 지키고 있습니까?						
종합 질문							
11	기업 가치체계 선포 후 우리의 생각과 행동은 변화되었습니까?						
12	변화가 부족했다면 그 이유는 무엇이라고 생각하십니까?(문항 : 가치관 공감대 형성 부족, 개인의 실천 부족, 리더들의 실천 의지 부족, 수동적인 조직문화, 기업 가치와 기업 현실의 괴리, 기타)						
13	가치관경영이 성공하고 성과창출로 이어지기 위한 제안을 부탁드립니다.						

* 가치관 내재화 진단에서 중요한 수치는 긍정비율이다. '매우 그렇다'와 '그렇다'의 비중을 백분률로 하여 인식/공감/실행을 측정한다. 50% 이하면 낮은 수준, 70% 내외는 보통 수준, 80% 이상이면 높은 수준으로 볼 수 있다.

가치관경영이란 '기업이 100년 기업으로 향하는 길'이다. 물론 그 길이 순탄하지만은 않다. 100년 동안 그 길을 걸어가면서 매년 가치관을 성장 발전시킬 수는 없다. 100년 동안 오르락내리락하는 과정을 반복할 것이다.

문제는 내리막길을 걷다가 어느 정도 선에 가면 멈추지 않고 추락해버리는 경우다. 이는 가치관이 조직에서 사라지는 것을 의미한다. 이를 막기 위해서는 우리 회사의 가치관에 대한 인식, 공감, 실행 수준을 매년 점검하고 부족한 부분을 찾아서 보완해 나가야 한다. 리더들은 "우리 직원들이 가치관을 제대로 인식하고 이에 공감하는가?", "업무 시 가치관을 잘 실천하고 있는가?", "가치관 실행에서 어려운 점은 무엇인가?"를 지속적으로 점검하고 직원들을 이끌어주어야 한다. 직원들도 스스로 가치관을 실천하고 동료들을 독려할 수 있어야 한다. 이렇게 서로 밀어주고 끌어주며 다 함께 한 방향으로 한 발씩 걷다 보면 어느 순간 100년 기업의 꿈이 현실이 되어가는 순간을 맞이하게 될 것이다.

핵심가치 실천을 위한 조직의 고민과 질문

"소장님, 안녕하세요. 소장님과의 인연 덕분에 한 해 동안 예정된 핵심가치 일상화 교육을 어제로 모두 무사히 잘 마쳤습니다. 참여했던 직원들 중에는 우리 회사가 자랑스럽고, 더 사랑하게 됐다는 피드백도 많이 있었습니다. 하지만 무엇보다 교육에 참여한 500명의 직원들이 핵심가치를 통해 한마음으로 나아갈 수 있는 기회를 가졌다는 데 큰 의미가 있었던 것 같습니다. 물론 내년에도 추가 내용에 대한 교육이 남아 있으니 지속적으로 잘 끌고 가야겠다는 다짐도 했습니다. 올 한 해 동안 핵심가치 일상화 프로젝트를 진행하면서 궁금한 것이 있어 질문 드립니다. 답변 부탁 드리겠습니다."

'핵심가치 일상화(내재화) 프로젝트'를 적극적으로 진행하고 있는 NGO 조직 실무 담당자가 보내온 메일이다. 아래 3가지 고민은 비단 한 조직만의 문제가 아닌 가치관 내재화를 진행하고 있는 많은 기업들이 고민하고 있는 공통된 문제다. 따라서 이 글을 통해 궁금증을 해결하는 데 도움을 주고자 한다.

첫 번째 고민. 실천이 안 되는 행동약속은 어떻게 해야 하는가

Q. 직원들이 함께 만든 행동약속 7가지를 실천하기 위해 1년 동안 이벤트도 하고 잘 지켜보자며 힘을 모았습니다. 그런데 조사를 해보니 지켜지고 있는 행동약속도 있지만, 몇 가지 행동약속은 잘 지켜지고 않았습니다. 그 결과는 1년 동안 큰 변화 없이 그대로 지속되고 있습니다. 그렇다면 잘 지켜지는 행동약속과 그렇지 않은 행동약속 각각에 대해 어떤 개입을 하는 것이 적절할까요? 인사이트를 주실 만한 사례가 있다면 듣고 싶습니다.

A. 여러 이유가 있겠지만 한 가지만 언급하겠습니다. 지금까지 무수한 조직을 만나고 관찰한 결과 핵심가치와 행동약속이 지켜지지 않는 가장 결정적인 이유는 리더들이 별 관심을 기울이지 않기 때문입니다. 직원들이 아무리 가치중심적이어도 업무 지시를 하고 평가를 하는 리더가 중요하게 생각하지 않는 것을 열심히 할 이유는 없습니다. 특히 리더가 대놓고 행동약속을 지키지 않으니 직원들 입장에서는 '행동약속은 말뿐이고 현실은 아니군' 하고 생각할 수 있습니다.

확실하게 실천하게 하는 방법은 리더들이 실천을 독려하는 것입니다. 가장 좋은 방법은 일상에서 리더들이 핵심가치와 행동약속으로 직원들을 칭찬하고 질책하는 것입니다. 리더들에게 앞으로 한 달만 확실히 실천해달라고 요구하고 그 후에 점검해보세요. 잘 지켜지는 행동약속은 이미 정착되었으니 별도로 강조할 필요는 없습니다.

두 번째 고민. 행동약속 교체 주기는 어느 정도인가

Q. 위의 질문과 같은 맥락에서 잘 지켜진 행동약속에 한해 어느 시점에서는 행동약속 리스트에서 제외시키는 것은 어떨까요? 잘 지켜지지 않는 행동약속은 유지하면서 새로운 행동약속을 추가로 선정해 운영하는 방법도 가능한지 궁금합니다.

A. 좋은 질문입니다. 행동약속은 말 그대로 직원들이 '우리 이 행동을 함께 해보자'라고 정한 것입니다. 이 말은 행동약속을 합의하고 실천하고, 새로운 것을 합의하고 실천하고를 반복하는 것입니다. 그런데 행동약속을 미션처럼 고정불변으로 하는 경우가 있는데, 이는 성의가 없는 행동입니다. 행동약속을 비전처럼 5년 동안 그대로 유지하는 경우도 마찬가지입니다. 행동약속(행동규범)은 보통 2~3년 정도가 수명이라고 할 수 있기 때문입니다. 가치중심적인 조직이라면 실천 정도에 따라 1년에 한 번도 교체 가능합니다. 이미 잘 실천하고 있는 것을 제외하는 것보다는

전체적으로 어느 정도 실천되면 동시에 바꾸는 것이 좋습니다.

세 번째 고민. 핵심가치에 맞게 여러 개의 행동약속을 가지고 있어야 하는가

Q. 일상에서 핵심가치를 실천할 수 있는 구체적인 행동 방법이 행동약속이라 한다면, 우리가 올 초에 정한 행동약속은 일부 핵심가치에 치중하고 있습니다. 따라서 행동약속에 담기지 않은 핵심가치가 존재하는 상황입니다. 모든 핵심가치를 일상에서 실천하는 문화를 만들기 위해서는 핵심가치별로 행동약속을 몇 개씩 가지고 있어야 하는 게 아닌가 하는 생각이 들었습니다. 이에 대한 소장님의 생각을 듣고 싶습니다.

A. 가치관이나 가치관 내재화는 답이 정해져 있지 않습니다. 조직의 특성에 맞게 가장 좋은 방법론을 찾으면 됩니다. 다만 행동약속이 핵심가치별로 3~5개씩으로 너무 많으면 외우기도 힘듭니다. 모르는데 실천하기는 더욱 어렵겠지요? 앞서 말했듯이 우선 현재의 행동약속을 앞으로 1년 정도 실천해본 후에 빠진 부분을 포함해 재개정을 하는 것이 좋습니다. 그리고 이와는 별개로 매년 핵심가치 중 1~2개를 집중적으로 실천해가는 것이 좋습니다. 6개를 동시에 강조하면 집중도가 떨어지고 흐름을 만들지 못하기 때문입니다. 예를 들어 내년에는 '소통'이나 '혁신' 테마로 1년 동안 집중적으로 여러 가지 활동을 전개하고 그 결과를 평가한 후, 다음 해에는 다른 테마를 잡아 1년 동안 집중적으로 실천하는 식입니다.

PART 7

어떻게 해야 열린 조직문화를 만들 수 있을까 - 조직문화

사람중심의 열린 조직문화가 필요하다

사람을 중심으로 사람의 몰입을 관리하는 사람중심경영 기업에 반드시 필요한 것이 열린 조직문화다. 꽉 막힌 닫힌 조직문화의 반대가 열린 조직문화다. 상명하복 군대문화, 장유유서 가족문화, 폭력폭언 조폭문화와 같은 시시까까(시키면 시키는 대로 까라면 까라) 닫힌 조직문화의 시대는 끝났다.

물론 아직도 닫힌 조직문화의 끝자락을 부여잡고 조직을 이끄는 리더들이 있다. 하지만 이런 회사들은 실적도 내리막길이고 직원들의 이직도 많으며 회사 분위기도 안 좋다. 평소에는 절간처럼 조용하다가도 자신들과 이해관계가 생기면 큰소리가 나고 폭력적인 방법으로 문제를 해결하려 한다. 이런 회사에서는 가치적 몰입은 고사하고 적극적 몰입도 안 된다.

이런 회사에서는 경영자나 리더, 직원들도 조직문화가 문제라고 한 목소리로 말한다. 그래서 어떤 조직문화가 문제인지를 물어보았다. "소통이 안 된다." "조직 분위기가 강압적이다." "직원들을 존중하지 않는다." "세대차이가 심하다." "옛날 스타일의 경영이다." "의사결정이 늦다." "남녀차별이 심하다." 조직문화에 관한 수많은 문제점들이 쏟아졌다. 그들에게 "조직문화가 무엇인가요?"라고 물어보았다. 그런데 조직문화의 문제점을 이야기하던 이들이 이 단순한 질문에 바로 답하지 못했다.

조직문화가 문제이고 조직문화를 바꿔야 한다면 조직문화가 무엇인지부터 알아야 한다. 나는 조직문화를 '직원들의 일반적인 행동과 조직의 전반적 분위기'라고 정의한다. 더 단순히 표현하면 '직원들의 행동과 조직의 분위기'라 할 수 있다. 더 간단하게는 '행동과 분위기'가 바로 조직문화다. 그런데 '직원들의 일반적인 행동과 조직의 전반적 분위기'라는 조직문화의 정의는 가치중립적이다. 여기에는 의미를 부여하는 수식어가 필요하다. 예를 들면 열린 조직문화 또는 닫힌 조직문화, 수평적 조직문화 아니면 수직적 조직문화, 자율적 조직문화 혹은 강압적 조직문화 같은 식이다. 결국 좋은 조직문화냐 나쁜 조직문화냐를 말한다.

좋은 조직문화를 만들고 싶다면 조직문화의 중요성을 구성원들이 공감해야 한다. 조직문화가 기업 경영에서 중요하다는 것을 부정하는 사람은 없다. 직원들의 행동과 조직 분위기(조직문화)가 성과에 직접적인 영향을 미치기 때문이다.

축구의 페널티킥을 통해 이에 대해 더 자세히 알아보자. 페널티킥은 골문 중앙으로부터 11미터 지점에서 가로 7.32미터, 높이 2.44미터, 17.86평방미터의 골대 안으로 공을 넣거나 막아내는 것이다. 키커가 찬 공이 골문에 도달하는 데 0.4초, 키퍼가 동시에 반응하는 속도는 0.6초로 키퍼가 막아낼 확률보다 골이 들어갈 확률이 높다. 2014년 브라질 월드컵에서는 13개 페널티킥 중 12개가 성공했다(92.3%). VR판독이 도입되어 페널티킥이 많았던 2018년 러시아 월드컵에서는 29개 페널티킥 중 22개가 성공했다(75.9%). 평균적으로 10개 중 8~9개가 들어가고 1~2개가 실패한다.

수치상으로는 그렇지만 페널티킥은 사실 공을 넣어야 하는 키커나 공을 막아야 하는 키퍼 모두에게 엄청난 부담감을 준다. 공을 넣거나 공을 막는 것을 기업 활동에서는 성과라고 할 수 있다. 흥미로운 사실은 어떻게 하면 페널티킥을 성공시키거나 막을 수 있는지에 대한 명확한 통계가 있음에도 선수들은 성과와 무관하게 움직인다는 점이다. 성과가 나는 방식이 분명 있는데 성과가 나지 않는 방식으로 대응한다는 것이다.

먼저 키커 입장에서 골을 넣으려면 어떻게 해야 할까? 미하엘 바렐리Michael Bareli라는 심리학자가 286개의 페널티킥을 분석한 결과 좌우 골포스트 상단 구석으로 찬 공은 100% 들어갔다. 객관적으로 키퍼가 막을 수 없는 곳이다. 그런데 이곳으로 공을 찬 키커는 13%에 불과했다. 가장 많은 골은 키퍼가 막기 쉬운 바닥 쪽으로 들어왔다. 왜 키커는 100% 성공할 수 있는 곳으로 골을 차지 않은 것일까? 이유는 공을 넣어야 하는 부담감이 있는 상태에서 실축할 경우 듣게 될 비난에 대한 두려움 때문이다. 프로 축구선수가 페널티킥도 못 넣었다는 비난을 받느니 차라리 키퍼의 선방에 막혔다는 말이 덜 부담스럽기 때문이다.

그렇다면 키퍼 입장에서 골을 막으려면 어떻게 해야 할까? 키커가 공을 찬 방향을 삼등분해 빈도를 측정해보니 좌, 우, 중간의 비율이 3분의 1씩 균등했다. 키퍼가 골문 중앙에 가만히 서서 중앙으로 오는 공을 막아내기만 해도 선방 확률은 3분의 1이다. 그런데 키퍼 대부분은 공을 차기도 전에 중앙을 벗어나 좌우로 다이빙을 했다. 이스라엘 심리학자들이 311개의 페널티킥을 분석한 결과 무려 94%의 골키퍼가 공이 오기도 전에 오른쪽이나 왼쪽으로 다이빙을 했다. 왜 키퍼는 3개 중 1개를 막을 수 있는 선택을 하지 않는 것일까? 키퍼 입장에서는 키퍼가 공을 막아낼 노력도 하지 않고 너무 무성의한 것 아니냐는 비난을 듣느니 차라리 키커가 잘 찼다는 얘기가 덜 부담스럽기 때문이다. 결국 성과에 대한 부담감이 있을 때는 조금 더 성과를 내는 것보다는 비난을 덜 받는 쪽을 선택하게 된다는 것이다.

기업에서 직원들이 성과를 내기 위해서는 끊임없이 개선하고 혁신하는 시도가 필요하다. 그런데 조직에 속한 직원들은 변화보다는 기존 방식을 고수하는 경향이 있다. 이 또한 실패에 대해 비난받을 수 있다는 두려움과 연관이 깊다. 앞서 축구의 상황을 조직문화의 정의에 대입해보면 축구선수를 둘러싼 전반적 분위기가 선수의 행동에 직접적인 영향을 미친다고 할 수 있다. 결국 '직원들의 일반적인 행동과 조직의 전반적 분위기'가 기업 성과에 직접적인 영향을 미친다.

이를 증명이라도 하듯 2012년부터 2015년 여름까지 구글에서는 특별한 프로젝트를 시행했다. '최고의 성과를 내는 팀'의 특성을 분석하는 '아리스토텔레스 프로젝트Project Aristotle'를 시행한 것이다. 구글은 세계 최고의 인재를 선발해 최고의 역량으로 성장시키고 최고의 대우와 최고의 환경을 제공하는 세계 최강의 조직이다. 하지만 이런 구글에도 최고 팀이 있고 최하 팀이 있다. 구글은 최고의 성과를 내는 180여 개의 팀을 다각도로 관찰하면서 그 특성을 분석했다.

그 결과 구글은 최고의 팀이 가진 5가지의 성공 요인을 밝혀냈다. 그중 가장 중요한 성공 요인은 놀랍게도 '심리적 안전감Psychological Safety' 이었다. 심리적 안전감이 있는 조직에서는 구성원 상호간에 어떤 이야기를 하든 비판이나 비난을 받지 않고 자유롭게 말할 수 있다. 현재의 문제점에 대해 자유롭게 말할 수 있기 때문에 문제를 신속하게 개선할 수 있고, 미래의 과제에 대해서도 빠르게 혁신을 시도할 수 있다. '심리적 안전감'은 개선과 혁신에 가장 중요한 요소라는 뜻이다.

구글이 아리스토텔레스 프로젝트를 통해 밝혀낸 5가지 요인은 ① '심리적 안전감'을 기반으로 ②신뢰성(Dependability, 일을 믿고 맡길 수 있는가), ③조직구조와 투명성(Structure&Clarity, 구성원 각자의 역할과 계획, 목표가 분명한가), ④일의 의미(Meaning, 구성원 각자가 하고 있는 일이 자신뿐만 아니라 다른 팀원들에게 얼마나 중요한지 알고 있는가), ⑤일의 영향력(Impact,내가 하는 일이 회사와 사회에 어떤 영향을 주고 어떤 변화를 가져오는지 알고 있는가)이었다. 이 프로젝트에서도 알 수 있듯이 '심리적 안전감'이 작동하는 조직문화가 성과에 가장 결정적 요인이었다는 사실은 시사점이 크다.

맥락 없는 조직문화 활동에 직원들 마음 멍든다

"맥락도 없고 꾸준하지도 않고 일관성도 없는 조직문화 활동은 안 된다." 요즘 들어 많은 조직들이 유난히 고민하는 주제가 바로 '좋은 조직문화 구축'이다. 기업뿐 아니라 NGO, 정부기관 등 모든 조직들이 조직문화 구축에 대해 관심을 넘어 다양한 시도를 하고 있다.

하지만 안타깝게도 성과창출과 직원행복을 만들어내는 조직문화를 구축하기란 쉽지 않다. 특히 다른 조직이 하는 것을 흉내 내서 이벤트처럼 하는 경우가 그렇다. 해봤지만 효과도 없고, 직원들이 귀찮아하는 것은 물론 반발하기도 해서 결국 돈만 썼다고 말한다. 그런 다음 다시 과거로 회귀한다. 조직에서 반드시 필요한 활동이 직원들의 피로감만 부추기는 꼴이 되는 것이다. 도대체 무엇이 문제일까? 이유는 '왜 하는지, 무엇을 해야 하는지, 어떻게 해야 하는지'에 대한 맥락이 공유되지 않았기 때문이다.

어느 회사의 즐거운 일터 만들기 프로젝트

강의를 마치고 강사료를 돌려주고 싶은 회사가 있었다. 성수동 공단지역에 위치한 광고물제작 중소기업이었는데, 직원 수가 100여 명 정도인 회사였다. 회사 내에 주차가 안 된다고 해서 공영주차장에 차를 세우고, 좁은 골목길과 어수선하게 밀집된 공장 사이를 지나 한참을 걸었다. 회사는 공단지역에서 흔히 볼 수 있는 빨간색 벽돌의 4층짜리 건물이었다. 둘러보니 좁은 골목에 주차할 공간이라곤 없었다. 11시 강의였는데 10시부터 행사가 있으니 10시까지 와달라고 요청했다. 이런 환경 때문에 강사료를 돌려주고 싶었던 게 아니다.

회사에 들어서는데 입구부터 예사롭지 않았다. 화사하게 활짝 웃는 사람들의 대형사진과 강한 컬러의 감각적인 부착물, 그리고 세련돼 보이는 유니폼을 입은 100여 명의 직원들이 모여 행사를 시작했다. 한 달에 한 번 있는 즐거운 일터 만들기 프로젝트 '해피 레인보우 데이 Happy Rainbow Day'였는데, 오전 10시 출근과 함께 시작한다고 했다. 그러니까 출근이 10시다.

직원들은 하나같이 밝아 보였고 시끌벅적한 게 자유로워 보였다. 임원들이 매월 돌아가면서 사회를 보는데, 사회를 맡은 임원이 나와서 한 첫 멘트는 "지난달 실적을 반영해 이번 달 행사 비용은 163만 원입니다. 지난달보다 25만 원이 올라간 풍족한 행사입니다"였다.

사회자의 말이 끝나자 직원들은 박수와 함께 환호성을 질렀다. 행사는 매일 아침 진행하는 1분간 박장대소 타임으로 시작되었다. 두 사람씩 마주 보고 양손바닥을 계속 마주치면서 박장대소를 하는 시간이었다. 나도 같이 참여했는데, 전체 참석자 중에서 제일 어색해했던 것 같다. 이어지는 행사는 축하 세션이었다. 이달에 생일을 맞는 직원, 결혼기념일이 있는 직원을 모두 나오게 한 다음, 다 같이 생일축하 노래와 결혼축하 노래를 불러주었다. 축하금으로 10만 원도 전해주었다.

뒤이어 각종 시상이 이어졌다. 칭찬상, 스마일상, 인사잘한상, 전화친절상 등 여러 직원들을 표창하고 축하금까지 전달했다. 중간에 신규 입사자도 앞으로 불러 함께 축하해주고 포부도 들었다. 마지막으로 이달의 공지사항과 회사의 바뀌는 정책에 대한 설명이 있었는데 퀴즈쇼로 진행되었다. 물론 정답을 맞히는 사람에게는 선물로 상품권을 주었다. 누가 사장님인지 알 수 없어서 물어보았더니 사장님은 직원들에게 상을 전달해주고 함께 사진만 찍을 뿐 1시간 행사 내내 훈시나 연설 따위는 하지 않았다.

젊은 직원과 여성 직원이 적지 않은 숫자였지만 아주 젊은 직원만 있는 회사도 아니었다. 1993년에 세운 회사는 24년 된 중견회사였고 임원들은 40대 후반에서 50대였다. 주문형 광고물제작 기업인데, 100명이 안 되는 직원에 매출액이 250억 원 정도라니 인당 생산성도 훌륭한 회사였다.

말도 안 되는 이야기라 할 수도 있겠지만, 강사료를 돌려주고 싶었던 이유는 열악한 환경에서도 직원행복을 추구하며 좋은 실적을 내는 중소기업을 발견한 기쁨 때문이었다. 경영자의 철학과 의지, 리더들의 적극적인 동참, 직원들의 자발적 참여가 만들어낸 멋진 작품을 만들어가고 있는 회사였다. (종합광고물제작 전문기업 애드맨 www.adman.

co.kr)

애드맨에 다녀온 후 나는 여러 조직에서 강의할 때면 이 회사를 소개했다. 그리고 그곳에서 진행했던 박장대소 타임을 실제로 해보았다. 잘할 수 있을까 걱정했는데, 시도해본 회사의 직원들은 모두 재미있게 따라했다. 전부 좋아하고 즐거워하는 시간이었다. 이런 식으로라도 회사에서 웃는 소리가 나면 좋을 것 같아 강의 때마다 박장대소 타임을 가질 생각이다.

요즘 기업이 가장 주목하는 2가지 주제는 '소통'과 '변화, 혁신, 도전, 열정'과 같은 계열이다. 유연한 조직문화, 활기찬 조직문화, 협력적인 조직문화는 현대의 모든 기업들이 원하는 조직문화다. 대기업, 중소·중견기업 구분이 필요 없다. 하면 좋다는 선택이 아니라 필수요소로 생각하고 있다.

300명 미만의 중소·중견기업의 예를 들어보겠다. 사장님이 직원들에게 맛있고 비싼 고급음식점에서 같이 식사를 하고 비싼 기념품도 사준다. 회식비를 늘리고 직원들의 휴식을 겸한 워크숍도 개최한다. 산행과 체육대회를 개최하고 뮤지컬, 음악회, 영화관람 등 행사도 진행한다. 이런 활동들은 나름 직원들과 소통하고 잘해주고 싶다는 표현이다. 그런데 직원들 반응이 별로다.

비싼 음식점에서 식사를 하고 나서 집에 가서 라면을 먹었다느니, 사장님과의 식사자리 후에 직원들끼리 소주에 삼겹살을 먹었다고 말한다. "피곤하기만 했다"는 이도 있고, "그렇게 쓸 돈이라면 차라리 돈으로 주지"라고 말하는 직원도 있다. 경영자와 함께 조직문화 활동을 진행하는 부서는 지친다. 오로지 돈만 원하는 거냐며 배신감도 느낀다. 그런 다음 다시 예전 방식으로 회귀한다. 배신감이 더해진 상태로 말이다. 그러고는 "직원들에게 잘해줘 봤자 아무 소용없다"라고 말한다. 도대체 무엇이 문제일까? 목표도 없고, 맥락도 없고, 친절하지도 않은, 직원들 기분만 나쁘게 하는 돈 낭비이자 역량 낭비였다.

조직문화 활동은 '왜' 하는가

기업에서는 유연하고 활기차며 협력적인 조직문화를 만들기 위해 여러 가지 활동을 한다. 그런데 왜 하는 것일까? "이직률이 높아졌어요", "직원들이 지쳐 있어요", "회사가 절간 같아요", "회사에 갈등이 많아요" 등 좋은 조직문화가 필요하다고 말한다. 하지만 조직문화만으로 이 모든 문제들이 해결되는 것은 아니다.

조직문화는 거시적인 '목적'이 분명해야 한다. 우리 기업이 생각하는 기업의 존재목적과 경영활동은 무엇인지를 돌아봐야 한다. 기업은 '성과창출'과 '직원행복'이라는 2가지 경영의 축이 있다. 우리 회사가 합의하는 경영의 목적은 무엇인지 생각해보라. '성과창출'은 합의된 것이라면 '직원행복'은 합의되었는가? '직원행복'이 합의되지 않은 경영자의 돈쓰기는 시혜적인 활동일 뿐이다. 그러다 보니 직원들은 비싼 음식 안 먹어도 되고, 차라리 그 시간에 쉬거나 가족들과 보내는 게 더 낫다고 말한다.

조직문화 활동에서는 '무엇'이 중요한가

직원들에 대한 경영자들의 고민과 정성을 폄훼할 생각은 없다. 문제는 자기가 경험한 범위에서만 고민하고 노력한다는 것이다. 기성세대인 경영자들은 돈 많이 주고, 맛있는 음식 사주고, 좋은 선물 주는 것을 호의를 베푸는 것이라 생각한다. 하지만 젊은 세대들이 생각하는 즐겁고 재미있는 것은 다르다.

직원들에게 잘해주고 싶다면 그들이 원하는 것을 해주어야 한다. 다양성이 있어야 한다는 점과 무엇보다 중요한 것은 '맥락'이다. 회사에서 정성스럽게 준비한 여러 가지 행사 중에서 지속적으로 이어지는 행사는 얼마나 되는가? 오래 지속되지 않고 하다 마는 활동들은 직원들에게 아쉬움과 혼란만 남겨준다.

맥락이라 함은 유연성이나 활기, 협력 등의 큰 맥락을 만들어 이를 바탕으로 전개해 나가야 직원들도 헷갈리지 않고 조직에도 성과가 남게 된다는 것이다. 조직문화 활동이 어떤 기준도 없이 기분 내키는 대로 진행되어서는 절대 안 된다. 직원행복과 성과창출을 위한 적응적 성과를 높이는 식으로, 목적을 분명히 하면서 즐거운 일터 만들기를 내세우는 것도 좋은 맥락이 된다.

조직문화 활동은 '어떻게' 해야 하는가

목적도 불분명하고 맥락도 없으면서 친절하지도 않은 조직문화 활동은 정확히 실패한다. 이번에 이야기할 '어떻게'란 친절하게 알려주는 것을 말한다. 회사에 돈이 많아서 고급음식점에서 밥을 사주는 건지, 시간이 남아서 밥을 사는 건지, 직원들에게 밥을 사주면서 훈시를 하겠다는 건지도 모른 채 밥을 먹는데 좋은 반응이 안 나오는 건 당연하다.

가족과 시간을 보내라는 의미의 '가정의 날'도 마찬가지다. 다른 회사에서 하니까 따라하는 건지, 가족에게 잘 보이려고 하는 건지, 가정의 날에도 일하는 직원을 찾으려고 하는 건지 직원들은 모른 채 일단 퇴근한다. 워크숍, 체육대회, 영화관람, 심지어 특별 보너스도 회사에서 알려주지 않았기에 직원들은 왜 하는지, 왜 받는지 잘 모른다.

결국 조직문화 활동은 '목적'과 '맥락', 그리고 '친절한 설명' 3가지가 제대로 인식되고 공감되지 않으면 원하는 성과를 거둘 수 없다. 이럴 경우 원하는 조직문화는커녕 이상한 조직문화가 만들어질 수도 있다. 잘해주려 하는데 받아들이지 못하고, 고마운 일인데 고마워하지 않는 '이기적인 조직문화' 같은 것 말이다. 그래서 기업 가치관은 조직문화 활동에서 매우 중요한 위치를 차지한다. 기업 가치관이야말로 조직문화 활동의 방향성을 보여주기 때문이다. 조직문화 활동을 통해 미션, 비전과 목표, 핵심가치가 실천되고 달성되기 때문이다.

기업 가치관이 없으면 회사의 수많은 노력에도 불구하고 성과로 이어지기 힘들다. 가치관은 있지만 조직문화와 연결되지 않으면 이 또한 성과로 이어지기 어렵다. 가치관에 기반을 둔 조직문화 구축이 반드시 필요한 이유다.

마지막으로 제프리 페퍼Jeffrey Pfeffer 교수의 말로 기업 가치관의 중요성을 다시 한 번 강조해본다.

“기업의 근본적인 정신과 가치를 진심으로 받아들이고 실천하려고 노력하지 않으면 결코 성공을 모방할 수 없다.”

기업에서 '존중'이 중요한 이유

2003년경 일하면서 만난 사회 선배가 있는데 정말 많은 도움을 받았다. 나보다 6살 많은 선배였는데, 2년여 동안 같은 회사에서 상사와 부하로 일한 경험까지 있는 인연 깊은 사이였다. 명석하면서도 친절하고 따뜻한 사람이고, 집도 가까워 자주 만났다. 선배를 만난 지 벌써 15년이나 지났는데도 항상 내 직책을 불러주며 존중해주었다. 깍듯한 존칭까지는 아니어도 동등한 위치에서 대해주었다. 워낙 역량이 뛰어나 항상 신세지고 도움을 받지만 선배 앞에서는 내가 열등한 사람이라는 생각이 든 적 없었다. 오히려 항상 존중받는다는 느낌이 들었고, 그런 마음씀씀이가 늘 고맙고 좋았다.

기업은 사람들이 일을 하면서 삶을 함께 하는 조직체다. 함께 한다는 의미에서 공동체이고, 사람처럼 생로병사와 희로애락이 있기에 운명체다. 기업은 공동운명체인가, 운명공동체인가? 구성원들이 기업을 어떻게 생각하느냐에 따라 그들의 행동도 달라진다. 기업은 어떤 조직체인지 답하려면 차이를 알아야 한다. 국립국어원 정의에 따르면 공동운명체란 '공동으로 운명을 함께 하는 조직'이고, 운명공동체란 '운명을 공동으로 함께 하는 조직'이다. 국립어학원은 미세한 차이를 구분하지 않고 같은 의미라고 판단한다.

조직적 관점에서 보면 함께 하는 조직은 같지만 '운명을 선택했느냐' 아니면 '저절로 부여받았느냐'의 차이로 구분할 수 있다. 가족은 운명을 선택한 것이 아니라 저절로 부여받은 것이다. 부부는 가족 구성원이지만, 운명을 저절로 부여받은 것이 아니라 남자와 여자가 아내와 남편으로서의 자격을 선택한 것이다. 반면에 아버지와 어머니의 자격은 선택이 아니라 자녀의 출산으로 저절로 부여받은 것이다. 그래서 가족은 운명공동체, 부부는 공동운명체다.

운명공동체와 공동운명체를 구분하는 결정적인 차이는 '선택'이다. 이러한 차이 때문에 둘 사이에는 가장 중요하게 생각해야 하는 가치도 달라진다. 운명공동체의 중요한 가치는 '책임감'이다. 운명공동체는 선택이 아니라 저절로 부여받았기 때문에 공동체를 받아들이고 유지할 '책임감'이 가장 중요하다. 반면 공동운명체는 구성원 간의 '존중'이 중요한 가치다. 각자의 선택에 의해 함께 할 수도 있고 떠날 수도 있기 때문에 공동체를 유지하기 위해서는 구성원 간에 '존중'이 가장 중요하다. 그래서 부모는 '책임감'이 중요하지만 부부는 '존중'이 무엇보다 중요한 가치가 된다.

그렇다면 기업은 운명공동체인가, 공동운명체인가? 사람들은 스스로 기업을 선택할 수 있다. 입사도 퇴사도 선택 가능하다. 선택할 수 있는 공동운명체의 가장 중요한 가치는 구성원 간의 '존중'이다. 나는 '존중'이라는 키워드를 끌어내기 위해 '공동운명체'라는 개념을 가져왔다. 기업이 아무렇게나 일만 해주면 되고 돈만 주고받는 곳이 아니라 구성원이 행복과 성공이라는 운명을 공동으로 개척하는 조직체라는 전제가 필요했다.

공동운명체인 기업에서 가장 중요한 본질은 '사람'이다. 사람의 본질은 수분, 피, 뼈, 가죽과 같은 보이는 것이 아니라 보이지 않는 '생각'이다. 기업의 본질이 사람이기 때문에 구성원이 가진 생각, 즉 기업이 궁극적으로 추구하는 존재목적, 기업이 추구하는 미래상, 기업이 중요하게 생각하는 우선순위와 같이 구성원이 중요하게 여기는 생각(가치)이 기업의 본질이다.

현대 기업에서 소통이 중요한 이유는 생각을 맞추는 과정에서 소통이 없으면 안 되기 때문이다. 현대 기업들이 소통을 절대적으로 중요하게 생각하는 이유는 소통하지 않으면 같은 생각을 하는지 확인할 수 없어서다. 소통 없이 일만 하면 어디선가 암 덩어리가 자라서 결국 기업을 병들어 죽게 만들 수 있다.

존중은 소통하는 조직의 가장 중요한 가치다. 사전적 의미를 살펴보면 '높이어 귀중하게 대한다'라는 의미다. 존중에 대해서는 모두 알고 있겠지만, 기업에서는 어떻게 하는 것이 존중인지 지금부터 하나씩 들여다보자.

첫째, 사람에 대한 존중이다. 많은 기업들이 부서별 간담회, 코칭, 회식, CEO와의 대화 등 소통을 위해 다양한 노력을 한다. 하지만 이런 공식화된 자리는 조직원들의 생각을 충분히 소통하는 데 한계가 있다. 그래서 최근 많은 기업에서 시도하는 높은 수준의 소통이 '무기명 게시판'이다. 사업전략, 조직운영, 인사제도 등 기업 활동의 모든 부문에 대해 무기명으로 의견을 제시하게 하고 의견에 댓글도 달 수 있다.

경영진 입장에서는 이런 시도가 매우 위험할 수 있지만, 이런 수준의 노력을 기울이지 않으면 진정한 소통은 어렵다. 문제는 무기명 게시판에 기업의 정체성을 부정하거나 훼손하는 표현이나 특정 인물에 대해 인격적으로 비난하고 폄하하는 경우 어떻게 할 것인지 고민해야 한다는 것이다. 답은 명확하다. 공동운명체인 기업의 정체성과 구성원에 대한 인격을 침해하는 것은 허용할 수 없는 범위다. 직원들이 각자 인격체로서 성별, 나이, 출신지역, 종교, 학력 등 본원적 조건에 의해 무시당하거나 차별받지 않는 것이 사람에 대한 존중이다.

둘째, 일에 대한 존중이다. 기업에서 일은 업무나 직책에 따라 다르다. CEO가 하는 일, 임원이 하는 일, 차부장이 하는 일, 사원이 하는 일은 다르다. 업무에 따라서도 기획부서, 영업부서, 생산부서의 일이 다르다. 그런데 어떤 기업에서는 전략이나 인사에서 일하는 사람은 의사결정에서 중요한 역할을 하며 조직에서 대우나 승진에서 존중받는 반면, 현업부서는 차별받는다는 인상을 주는 경우가 있다. 군림하는 부서가 있고 차별과 피해받는 조직이 공공연하게 있다면 공동체는 힘을 제대로 발휘하지 못한다. 직무와 역할에 따라 차이가 있을 뿐 직무와 역할에 따라 차별받지 않는 것이 일에 대한 존중이다.

셋째, 경제적 존중이다. 사람에 대한 존중, 일에 대한 존중만으로는 부족하다. 경제적 존중이 갖춰질 때 직원들은 존중받는다고 느낀다.

경영자와 임원들은 업계 최상위 연봉을 받으면서 대부분의 직원들은 저임금으로 궁핍한 생활을 하는 경우다. 경영자는 직원들을 인격적으로 존중하고 하는 일에 대해서도 존중한다고 말하지만, 직원들이 느끼는 자괴감은 매우 큰 기업들이 있다. 과거 기업 재무상황이 투명하지 않을 때는 몰라서였지만 현대 기업의 재무상황은 비교적 투명해졌다.

옛말에 "배고픈 것은 참아도 배 아픈 것은 못 참는다"라고 했다. 빠른 경제성장 과정에서 부의 분배가 아직은 공정하지 않은 사회다. 기업에서 공정한 보상이 쉬운 개념은 아니지만, 보다 많은 노력과 직원들의 의견을 반영한 공정한 보상이 이루어지도록 노력해야 한다. 경영자가 아무리 '사람에 대한 존중'과 '일에 대한 존중'을 부르짖어도 직원들이 생각하기에 '경제적 존중'이 없으면 더욱 큰 분노와 실망을 느끼게 된다.

공동운명체인 기업에서 구성원 간의 존중은 가장 중요한 가치다. 다만 '존중'이라는 가치는 조직의 우선순위가 분명할 때 올바르게 구현될 수 있다. 기업의 존재이유, 기업의 꿈과 미래상을 실현하기 위해 필요한 원칙과 기준이 조직의 우선순위이고 핵심가치다. 따라서 핵심가치가 불분명하면 구성원들은 각자의 판단을 우선순위라고 주장하게 되고, 구성원 간에 존중은 설 자리를 잃게 된다. 이런 혼란을 사전에 막기 위해서라도 공동운명체인 기업은 핵심가치를 분명히 세운 기반에서 구성원을 충분히 존중해주어야 한다.

자율과 책임의 조직문화를 만들어라

몇 년 전까지만 해도 휴가를 신청하고 결재 받는 일이 항상 고민이었다. 휴가는 상사의 허락을 받아야 하기 때문이었다. 그래서 한참 전에 돌아가신 외삼촌을 부활시켰다가 다시 돌아가시게 만들거나 휴가를 낼 만한 사유를 일부러 쥐어짜 내는 경우도 있었다.

최근 기업에서는 휴가 사유 기재란을 폐지하는 추세다. 휴가 사유를 묻는 것이 프라이버시 문제라고 생각해 '개인사정', '가사'와 같이 형식적으로 작성한다. 잘 보지도 않고 프라이버시 문제라고 한다면 차라리 쓰지 말자는 뜻이다. 좋은 방향으로 잘 바뀌었다고 생각한다.

넷플릭스는 직원들이 원할 때 원하는 만큼 휴가를 쓰고 아무런 제약 없이 경비를 쓰는 회사다. 1997년 창립한 '세계 최대 온라인 스트리밍 기업'으로, 전 세계 거의 모든 국가에 서비스를 제공하며 1억 명 이상의 가입자를 확보하고 있다. 또한 TV 및 영화 콘텐츠 제작사로서도 여러 상을 거머쥐며 지속적으로 이름을 알리고 있다. 시가총액은 2018년 1,400억 달러(약 151조 원)를 훌쩍 넘기며 95년 역사의 디즈니(1,550억 달러)에 맞먹는다. 컨설팅회사 베인앤컴퍼니에 따르면, 넷플릭스는 업계 평균보다 생산성이 40% 높으며 수익률도 30~50% 높다.

"넷플릭스의 성공 비결은 무엇입니까?"라고 물어보면 이들은 한 치의 망설임도 없이 "자유와 책임의 조직문화"라고 답한다. 2009년 '넷플릭스의 자유와 책임의 문화'라는 문서가 온라인에 공개되었다. 이 문서에는 넷플릭스가 중요하게 생각하는 가치와 기준, 넷플릭스가 일하는 방식과 문화 등이 적혀 있었다.

넷플릭스는 자유를 극대화하기 위해 규율을 간소화하고 있다. 그중 대표적인 것이 바로 '휴가정책 폐지'다. 2004년까지 넷플릭스도 '연간 ○○일'이라는 일반적인 휴가정책이 있었다. 그러던 어느 날 한 직원이 지적했다. "우리는 필요하면 한밤중이나 주말에도 온라인을 통해 일한다. 휴가를 즐기거나 퇴근 후 개인시간 중에도 회사에서 온 이메일에 회신하고 있다. 우리가 하루 또는 주에 몇 시간 일하는지는 따지지 않으면서 왜 연간 휴가 일수는 따지는가?"

넷플릭스 경영진은 직원들이 며칠을 근무했느냐가 아니라 무엇을 해냈느냐에 초점을 맞춰야 한다는 것을 깨닫고 휴가정책을 폐지했다. 누가 연간 며칠이나 휴가를 썼는지 기록조차 하지 않는다. 2015년에는 파격적으로 무제한 출산&육아휴직 제도도 발표했다. 출산을 앞둔 직원들은 자신이 원하는 만큼 아기와 함께 시간을 보낼 수 있다. 복귀 시에도 풀타임이나 파트타임 중 자신이 원하는 근무 형태를 선택할 수 있으며, 중간에 다시 육아휴직을 쓸 수도 있다. 직속 인사권자인 팀장과 협의해 허락을 받으면 된다. 물론 유급이다. 경비정책 폐지도 같은 맥락에서 나왔다.

넷플릭스는 직원들이 불규칙한 규칙과 승인에 얽매이지 않도록 많은 정책을 폐지했다. 어떻게 하면 직원들이 더 창의적이고 자유롭고 행복할 수 있을지를 고민한다. 매우 이상적인 방침이지만 반대로 걱정도 된다. '직원들의 무제한 휴가 사용이 성과에 악영향을 미치는 것은 아닐까?' 혹은 '누군가 제도를 남용해서 회사 돈을 펑펑 써대면 어떡하지?' 하는 우려 말이다. 자문 변호사들 또한 경영진에게 그들의 결정이 재앙으로 되돌아올 수도 있다고 경고했다. 하지만 넷플릭스 경영진들은 "우리는 프로선수들이 모인 팀이지 아이들이 노는 놀이터가 아니다"라고 답했다. 모든 구성원들이 어른답게 행동할 수 있다는 직원들에 대한 믿음과 신뢰가 있다는 것이다.

그러나 반전도 있다. 넷플릭스에서 자유와 책임은 동전의 양면과 같다. 직원들은 최대한 자율성을 누리는 만큼 그에 대한 책임을 져야 한다. 이는 "가장 멋진 일터는 끝내주는 동료들과 함께 하는 것이다"라는 한 문장으로 대변된다. 넷플릭스는 이렇게 말한다. "데이케어, 에스프레소 기계, 건강보험, 일식 점심, 멋진 사무실이나 높은 연봉이 멋진 일터는 아니다. 우리는 멋진 일터를 만들기 위해 최고의 동료들을 끌어오는 데 효과적인 일들만 한다. 따라서 우리는 최고의 성과를 내는 것을 지향한다. 적당한 성과를 내는 사람은 해고된다는 것이 우리와 다른 회사와의 차이점이다."

넷플릭스의 '자유와 책임의 문화'는 성공적인 결과로 이어졌다. 직원들은 넷플릭스가 지향하는 문화를 이해하고 그에 따라 행동하며,

최고의 성과를 내기 위해 노력한다. 그 결과 넷플릭스에는 성장의 기반이 되는 직원들의 창의적이고 자유로운 아이디어가 넘쳐난다. 그리고 넷플릭스의 핵심 문서는 성공을 원하는 실리콘밸리 기업들의 바이블bible이 되고 있다.

자율성은 개인의 성과와 태도에 강력한 영향력을 미치는데, 직원들의 업무 만족도에도 긍정적인 영향을 미친다. 코넬대학교에서 실시한 연구에 따르면, 자율성을 부여한 회사는 직원들에 대한 통제력을 강화한 회사에 비해 4배 높은 성장을 했다고 한다. 반면 이직률은 3분의 1 수준이었다. 직원들의 자율성이 기업의 성과에 좋은 영향을 주었음을 증명하는 결과다.

옥스퍼드대 마틴스쿨의 칼 베네딕트 프레이Carl Benedikt Frey 교수는 서울포럼2018에서 "일자리를 통한 행복감은 업무의 자율성과 관련이 깊다"라고 역설하며 영국의 우버 운전기사들을 대상으로 진행한 연구 결과를 제시했다. 프레이 교수는 "우버 기사들은 저임금 노동자이지만 런던에 거주하는 평균소득 인구와 행복도에서 별 차이가 없었다"면서 "이들이 낮은 소득에도 행복감을 느끼는 것은 업무 자율성이 보장됐기 때문"이라고 주장했다. 그는 "우버 플랫폼에 가입한 운전사들은 정해진 일정이 아니라 자신들의 일정에 맞춰 일을 할 수 있다. 우버 사례는 노동시장에 안정된 고용만 필요한 게 아니며, 자율성이 보장된다면 보다 유연한 근무 형태에 대한 수요도 있다는 것을 보여준다"라고 지적했다.

여전히 대다수의 기업들은 직원들에게 자율권을 주는 것을 두려워한다. 높은 성과를 내려면 통제가 필요하다고 믿기 때문이다. 그러나

이는 착각에 불과하다. 통제 위주의 환경에서 일하는 직원보다 높은 자율성을 부여하는 환경에서 일하는 직원들의 성과가 더 높다는 것은 성공한 기업들의 실제 사례와 과학적 연구를 통해서도 증명되었다. 단, 중요한 것은 '자율'은 어디까지나 '책임'을 전제로 한다는 사실을 직원들에게 인식시키고 '일하는 원칙과 기준'을 세워줘야 한다는 점이다.

직원들에게 선포하라. "자율을 줄 테니 성과를 내라!"

조직문화 구축을 위한 5단계

A기업은 6년 연속 성장해 1,500억 원대 매출액이 3,000억 원이 되었다가 최근 2년간 매출이 급감하면서 다시 1,500억 원이 되어버렸다. 경영자 입장에서 당혹스러운 것은 단순히 매출이 줄고 이익이 줄어들었다는 사실이 아니다. 기업이 성장하다가 급감하는 사이에 직원 수는 2배가 되었고, 최고의 인재를 최고의 대우로 영입했는데 이제는 복지를 줄이고 일이 줄어든 직원들에게 유급휴가를 주고 있는 상황이 되었다는 것이다. 더 큰 문제는 지금이 바닥인지도 확실하지 않다는 점이다. 원인은 원천기술을 기반으로 히트상품을 만들었는데 후속 모델이 나오지 않는 사이 미투제품이 쏟아져 나와 시장을 잠식당했기 때문이다.

B기업은 17년 동안 매출이 떨어진 적 없이 계속 성장했는데 올해는 지난해보다 20% 이상 매출이 급감할 것으로 예상된다. 성장세가 꺾인

것이 문제가 아니다. 영업직군 직원들이 대거 퇴직하면서 지난해 대비 영업직이 절반으로 줄었다. 게다가 퇴직한 직원들은 경쟁사로 이직해서 위협적인 존재가 되고 있다. 원인은 경영진과 임원진의 세대교체 과정에서 새로운 경영진의 잦은 실수와 혼란스런 대처로 조직 분위기가 엉망이 되었기 때문이다.

C기업은 10여 개 계열사를 둔 꽤 규모가 있는 기업이다. 10년 전 이 기업은 비전 달성 축하식을 했다. 무려 3배 성장하겠다는 비전을 초과 달성했기 때문이다. 그리고 10년 동안 6배 성장하겠다며 비전 2020을 다시 선포했다. 비전 기한까지 2년 정도가 남은 2018년 말 비전 목표 달성은 4분의 1 수준이다. 이미 불가능해진 비전이라 직원들은 물론 임원조차 비전 이야기를 꺼내지 않는다. 문제는 거의 10여 년 동안 성장 드라이브를 거느라 임원도 직원도 모두 지쳐버렸다는 것. 조직의 긴장도는 만지면 금방이라도 터질 것 같은 상황이다.

D기업은 신념과 헌신으로 30년을 이어온 가치중심 조직으로 직원 수가 수백 명으로 성장했다. 최근 5년 동안 많은 신입직원을 뽑았고, 그 결과 직원의 절반이 5년 미만이다. 창립 멤버 중 일부는 아직도 임원으로 회사에 재직하고 있다. 이들이 보기에 조직은 엄청나게 커졌는데 각오가 예전의 자기들 같지 않아 보인다. 초심으로 돌아가자고 외쳐보지만 공허한 메아리로 돌아오는 것 같아 안타깝다. 더 큰 문제는 젊은 직원들이 조직 운영과 경영진에 대해 노골적으로 반감을 표시하고 있다는 것이다.

4개의 기업에 발생한 것은 어떤 문제인가? 바로 '조직문화' 문제다. 나는 조직문화를 '조직원의 일반적인 행동과 조직의 전반적인 분위기'

라고 정의했다. 조직문화에 대해서는 여러 가지 정의가 있는데, 너무 복잡해서 간단하게 정의한 것이다.

위 4개 기업의 상황은 우리나라 대부분의 기업들을 표현하고 있다. 이 조직들을 여러 계층, 부서, 세대와의 인터뷰를 통해 세밀하게 들여다보니 공통점을 발견할 수 있었다. 이들은 대부분 성장가도를 달렸고 외부환경의 변화에도 잘 대응했다. 시장과 고객의 요구에도 능동적으로 대응해 신뢰를 얻어 큰 성장을 이루었다. 그러나 외부환경에 빠르게 대응하는 사이에 내부환경, 직원들의 요구와 문화가 변했다. 경영자와 임원들은 직원들의 변화를 몰랐고, 설령 알아챘다 해도 중요하게 생각하지 않고 가볍게 생각했다. 시장과 고객의 빠른 변화에 대응하기도 벅찼기 때문에 내부직원들의 변화에 대응할 여유가 없었다.

그리고 또다시 외부환경에 대응해야 할 과제가 엄청나게 많이 있다. 신사업 발굴과 신시장 개척, 생산시스템, 영업시스템도 혁신해야 하고 업무 프로세스와 시스템도 미래지향적으로 바꿔야 한다. 결국 사람이 움직여야 외부환경에 대응할 수 있는데 너무 지쳐 있다. 지쳤다기보다는 '리더십에 대한 신뢰 상실'이 더 올바른 표현이다. 사람들을 움직일 리더십이라는 동력이 상실된 것이다. 과격하게 표현했지만 대부분의 기업들이 겪고 있는 상황이다.

이럴 때는 의도적으로 조직문화를 개선해야 한다. 조직문화 개선은 위로부터의 혁명이다. 아래에서 직원들이 바텀업으로 하는 것이 아니다. 예전에 센세이션을 일으켰던 책 《블루오션전략》에는 전략수립 방법론으로 제거Eliminate, 감소Reduce, 증가Raise, 창조 또는 도입Create이라는 툴tool이 나온다. 이것은 전략수립에만 유용한 툴이 아니라 조직문화 개선에 활용해도 큰 도움이 된다. 임원, 팀장, 사원 단위에서 우리 회사의 조직문화 특성을 나열해보고 조직문화에서 제거할 것, 감소시킬 것, 증가시킬 것, 도입할 것을 뽑아보는 것이다. 그렇게 하면 상당히 많은 조직문화 개선 과제가 도출될 것이다. 4가지 영역 중 '유지할 것'과 '강화할 것'은 우선순위가 낮다. '감소시킬 것'과 '증가시킬 것'을 떼서 시급하게 해야 할 조직과제를 도출하는 것이 좋다.

지금까지 여러 조직과 조직문화 개선 워크숍을 진행한 결과 시급히 해결할 과제는 '회의'와 '보고'였다. 특히 장시간 계속되는 회의와 '보고를 위한 보고'에 대해 직원들은 많은 불만을 표현했다. 2017년 CJ 그룹이 발표한 조직문화 개선 과제에도 회의와 보고는 핵심이었다. 2016년 삼성그룹이 발표한 '스타트업 삼성' 선언의 핵심도 회의와 보고였다.

긴급 아이디어를 제안한다. 기본 회의시간은 30분! 기본 보고서는 1장! 이것만 적용해도 조직은 혁명적 변화로 느낄 수 있다. 그리고 기억해야 할 사항 중 하나, 과거 방식이 몸에 밴 기성세대(임원)의 경우 선뜻 변화에 동참하기 어렵다. 설득하지 마라. 설득은 논란과 논쟁으로 감정만 상하게 만든다. 캠페인, 제도와 같은 환경을 만들어 행동이 변하게 만드는 것이 가장 좋은 방법이다.

마지막으로 조직문화를 구축하기 위한 5단계를 정리해본다.

1. 현재의 조직문화 특성을 정리하고 정의하라.
2. 외부환경 변화에 대응하는 과정에서 사람이라는 내부환경 변화

에 대응하지 못했음을 인식하라.

3. 현재 조직문화 특성을 제거할 것, 감소시킬 것, 증가시킬 것, 도입할 것으로 분류하라.
4. 제거할 것과 도입할 것으로부터 조직문화 구축 과제를 도출하라.
5. 리더들을 설득하려 하지 말고 캠페인이나 제도 등 단순한 방법론으로 즉시 실행할 수 있는 환경을 만들어라.

일하는 방식을 개선하여 성과를 창출하라

– Work Transformation 3원칙

한꺼번에 변화가 몰려오고 있는 시대다. 어떻게 해야 우리 회사가 변화에 성공해 성과를 창출할 수 있을까? 근로시간이 단축되면서 기업마다 일하는 방식을 개선하기 위해 여러 가지 방법들을 모색하고 있다. 나 역시 최근 여러 기업들을 대상으로 강의한 주제는 '새로운 환경에 맞게 일하는 방식을 개선하자'는 것이었다. 최신 IT 기술을 적극 활용해 새로운 고객 가치를 창출하고 회사의 이익을 극대화하는 디지털 트랜스포메이션Digital Transformation을 일하는 방식에 대입해 '워크 트랜스포메이션Work Transformation'이라고 이름 붙이고, 3원칙을 제시했는데 모두 쉽게 이해하고 공감했다. '워크 트랜스포메이션'의 3원칙은 아래와 같다.

제1원칙. 그라운드룰을 정하고 지키게 하라

기업의 조직문화가 많이 달라졌다. 대표적인 특징은 기성세대와 청년세대 간의 세대차이다. 기성세대와 청년세대는 마인드와 방법론이 다르다. 기성세대는 일반적으로 조직을 중시하고 장기적 관점을 갖고 있으며, 공동체 지향성이 강하고 기업이 어려울 때 기꺼이 희생하겠다는 마인드를 가지고 있다. 반면 청년세대는 개인을 중시하고 단기적 관점을 갖고 있으며, 개성 지향성이 강하며 기업이 어려울 때 헌신하자는 지침을 희생을 강요한다고 받아들인다. 기성세대가 수직, 단편, 일방, 지시적 방식이 익숙하다면 청년세대는 수평, 공유, 심플, 자율을 중시한다. 그렇다 보니 기성세대는 청년세대를 '개인주의'라고 비판하고, 청년세대는 기성세대를 '꼰대'라고 비판한다. 모두가 똑같지는 않지만 세대적 경향성은 분명하다.

어떤 마인드와 방법론이 올바른지 묻는다면 먼저 방법론적으로는 청년세대가 맞다고 답할 수 있다. 기성세대가 가진 방법론은 분업의 시대에 적합한 방법론으로, 협업의 시대에는 맞지 않다. 하지만 마인드 측면에 보면 청년세대의 마인드는 현실을 반영할 뿐 올바르다고 할 수 없다. 조직은 조직의 생존, 성장, 발전을 추구하는 조직 지향의 마인드가 필요하기 때문이다.

그렇다고 기성세대의 마인드는 틀리고 청년세대의 방법론이 옳다고 말하면 편향에 빠질 수 있다. 올바른 마인드와 방법론을 조직에 심는 노력이 필요하다. 그렇다면 마인드와 방법론이 다른 세대가 함께 협업해 조직의 공동 목적과 목표를 달성하려면 무엇이 필요할까?

가치관이 다른 세대 간에 힘이 세거나 인원이 많은 한쪽의 입장을 강조하게 되면 대립과 갈등이 생긴다. 리더들은 갈등을 줄이기 위한 방법으로 '소통'을 제시하는데 바람직한 해결책이 아니다. 상호 간에 소통을 통해 문제를 해결해가는 것은 당연하지만 두리뭉실하게 '소통'이라고 하면 아무것도 해결할 수 없다. '존이구동尊異求同'은 '다름을 인정하고 같은 것을 찾는다'는 것인데, 공동 목적과 목표를 달성하기 위해서는 교집합을 찾아야 한다. 교집합 속에서 일하는 원칙과 기준을 합의하고 그것을 지키는 자세가 필요하다.

기업에서의 그라운드룰ground roll은 행동약속을 말한다. 기업 내에서 문제가 가장 많이 발생하는 경우는 회의와 보고, 소통과 협업, 근태와 몰입 등이다. 매번 발생하는 일에 서로 다른 가치관을 내세우며 갈등하기보다 공통의 행동약속을 정하는 것이 필요하다. 엄격한 그라운드룰을 제외하고 나머지는 청년세대 방법론에 맞게 자율적으로 일하면 된다. 기업에서 행동약속 워크숍을 통해 가장 많이 나오는 10가지 행동약속은 다음과 같다.

우리가 지켜야 할 행동약속 10가지

1. 업무의 기본은 약속을 지키는 것이다.
2. 내가 시작한 일은 내가 마무리한다.
3. 업무시간에는 철저히 업무성과에 집중한다.
4. 하면 좋은 업무가 아니라 꼭 필요한 업무를 시켜라.
5. 시간근태 관리 말고 업무성과를 관리하라.
6. 긴급업무가 아니면 업무시간 외 지시하지 않는다.

7. 명확하게 지시하고 명료하게 보고한다.

8. 상하불문 직원 간 존칭과 경어를 사용한다.

9. 서로 칭찬하고 배려하고 격려한다.

10. 부서 간에 일방적으로 요구하지 말고 협조를 요청한다.

제2원칙. 끊임없이 목표를 점검하고 일치시켜라

근로시간 단축으로 사무실에서 일하는 시간이 줄어들었다. 과거처럼 시내에 있는 오피스빌딩에 밤늦게까지 불 켜진 모습을 보기 어려워졌다. PC셧다운과 소등으로 사무실에서 정규 업무시간 이후에 업무를 볼 수 없는 상황이 된 것이다.

정규시간이 지나면 더 이상 업무를 진행할 수 없다는 것은 직원들에게는 상당한 압박으로 작용한다. 결국 정확한 일처리가 절대적으로 필요한 상황이 되었다. 부하직원은 한 번에 일이 끝나야 하고, 상사 입장에서는 지시한 일이 정확히 끝나야 한다. 그렇지 않은 경우는 이유가 무엇일까? 워크숍을 통해 토론한 결과 공통된 결론에 도달할 수 있었다. 상사가 일을 정확하게 지시하지 않았거나 부하가 일을 잘못 파악했을 때 생긴다는 것이다.

직장인들이 사표를 내고 싶을 때가 언제인지를 묻는 설문에서 1위는 '업무 관련 지시를 번복할 때'였다. 정확하게 지시하지 않은 경우다. 어떤 리더들은 "직원들이 열정이 없어서", "직원들이 일에 즐거움이 없어서", "직원들이 주인의식이 없어서"라며 직원들의 마인드를 지적하는데, 대부분의 리더와 직원들은 그것을 중요한 원인이라고 말하지 않았다. 일을 함께 하는 상사와 부하 당사자 간에 목표에 대한 일치가 무엇보다도 중요하다.

기본이 되는 3W 1H 원칙

What – 무엇을 원하는지 명확하게 말하라.

Why – 이 일을 왜 해야 하는지 정확하게 말하라.

When – 언제까지 완료할 것인지 합의하라.

How – 이 일을 어떻게 해야 잘할 수 있는지 함께 방법을 찾아라.

리더들은 일을 지시할 때 3W 1H 원칙을 기억하면 된다. 업무 지시의 기본이라고 할 수 있는데, 주52시간제 시대에 필수 확인사항이다. 3W 1H 원칙을 아는 리더는 끝 그림을 맞출 줄 아는 훌륭한 리더다. 이런 리더와 일하고 있지 않는 직원은 어떻게 해야 할까? 자신이 3W 1H 원칙에 맞게 잘하고 있는지 확인해야 한다. 이런 식이다.

What – 이것을 하는 게 맞나요?

Why – 이 일의 목적이 이것인가요?

When – 이때까지 하면 될까요?

How – 이런 방법으로 하면 될까요?

리더는 전지전능하지 않다. 리더의 역량이 부족하다면 부하가 부족한 부분을 채우면 일의 완성도가 높아진다.

제3원칙. 지속적으로 불필요한 업무를 제거하라

지금까지 우리나라의 많은 기업들은 장시간 노동시간으로 야근이 일상화되어 왔다. 직원들이 담배 피고 잡담하고 사적인 용무를 보는 등 개인적으로 시간을 낭비한 경우도 있었지만, 리더에 의해 업무가 느슨하게 관리되고 있었던 것이 사실이다. 회의, 업무지시, 보고결재, 문서작성 등 가장 기본이 되는 업무 프로세스에 불필요한 요소가 너무 많았던 것이다. 최근 기업에서 일하는 방식을 개선하기 위해 가장 많이 해야 할 활동을 꼽으라면 '불필요한 업무 제거하기'라고 할 수 있다. 주52시간제 시대에 맞는 일하는 방식은 새로운 방식을 도입하는 것이 아니라 아이러니하게도 '불필요한 업무를 제거하는 것'이다.

불필요한 업무를 제거한 사례로는 대표적으로 '우아한형제들'을 들 수 있다. '우아한형제들'은 외부인들에게 "맨날 놀면서 널널하게 일하는 곳 아냐?"라는 오해를 받을 정도로 파격적인 근무조건과 복지제도를 제공하고 있다. "저렇게 일하면서 어떻게 저런 성과를 내고 끊임없이 성장할 수 있을까?"라는 의문점을 남기기도 한다. 이러한 오해에 우아한형제들의 HR실장은 한국인터넷기업협회가 주최한 한 전문가 초청 토론회에서 "우리는 워라밸을 추구하는 회사가 아니라 대한민국에서 가장 성과를 중시하는 회사다. 비효율적인 시간을 모두 덜어내고 알맹이만 남겼더니 일과 생활의 균형이 자연스럽게 녹아들었다"라며 단호하게 선을 그었다.

2010년 스타트업 모델로 시작한 우아한형제들 역시 여느 스타트업 기업과 마찬가지로 밤낮 없는 야근과 높은 강도가 연일 이어졌다고 한다. 사업이 점차 성장하고 해마다 구성원이 늘어나자 김봉진 대표는 조직문화의 변화가 필요하다고 판단했다. 그리고 구성원들과 복지제도에 대한 의견을 모았다. 매주 수요일 아침은 타 기업에서는 좀처럼 볼 수 없는 특별한 회의가 열린다. 일명 '우수타(우아한 수다타임)'라는 시간이다. 30분 동안 진행되는 이 자리는 복지제도를 논의하고 새로운 복지제도를 발표하는 시간이다. 김 대표가 직접 참여해 구성원들과 의견을 모은다. 또한 새롭게 운영하고자 하는 복지제도의 취지를 설명하고 구성원들과 질의응답 시간을 갖는다. 이후 3~6개월 정도의 시험 운행을 거쳐 제도 유지 여부를 결정한다.

또한 우아한형제들은 '정시퇴근을 하지 못하는 것' 자체를 문제로 인식했다. '우리 직원들이 야근을 하는 이유는 무엇인가?'를 고민하며 이를 해결하려 했다. 비효율적인 회사의 시스템이나 프로세스, 직원들의 역량 부족, 리더십 부족 등 여러 원인이 있었다. 이러한 문제를 해결해 나가는 과정에서 자연스럽게 비효율은 하나둘씩 제거되었다. 그리고 시간이 갈수록 업무시간 내에 일을 끝내고 칼퇴할 수 있는 문화와 환경이 정착되었다. 자연스레 효율적인 시스템이 갖춰지고 직원들의 생산성이 올라가자 여유가 생기기 시작했다. 우아한형제들은 여기서 멈추지 않고 직원들에게 한 시간 반의 점심시간, 기념일 4시 퇴근, 주 4.5일제 근무제도 등 좋은 복지를 제공했다. 이는 구성원들의 회사에 대한 애사심과 책임감을 높여주었고, 인재가 끊임없이 몰려 좋은 성과가 나는 복지와 성장의 선순환 구조로 이어졌다.

많은 회사들은 "지금 우리 회사 상황에선 불가능해", "아직 때가 아니야"라는 말로 근무제도 및 복지제도 개선을 치일피일 미루고 있다.

이는 복지와 성장의 선순환 구조를 제대로 이해하지 못하고 있기 때문이다. 복지와 성장은 관계가 없으며, 복지란 대외적인 이미지나 인재를 끌어들이기 위한 수단이라고 착각하는 것이다. 보여주기 식 복지가 아닌 직원행복과 성과창출을 위해 비효율을 제거하는 관점에서의 복지로 전환시켜야 한다.

'기업에서 불필요한 업무 제거하기' 워크숍에서 가장 많이 나온 사례는 다음과 같다. ① 회의시간 기본 30분, ② 반드시 필요한 사람만 회의 참석, ③ 회의시간과 횟수 절반으로 줄이기, ④ 회의 사전에 주제, 이슈, 정보 제공하기, ⑤ 동일한 내용의 회의 지속 통합, ⑥ PPT 등 보고 형식 없애고 개조식 이메일 보고, ⑦ 정보 보고형 보고서 지양, ⑧ 결재 단계 지속적 축소, ⑨ 업무 줄이기 목표 제시(현대카드의 경우 15% 업무 줄이기에 대해 전 직원들이 1,400개 아이디어 제시), ⑩ 코어타임(10:00~16:00), 집중근무시간제(신세계 오전 오후 2회) 등이 대표적이다.

지속적으로 불필요한 업무를 제거하는 것은 단순히 불필요한 업무만 해당하는 것이 아니다. 하면 좋은 업무지만 지금처럼 노동시간 제한의 압박을 받고 저성장기에 업무성과 압박을 받는 상황에서 도움이 되지 않는 업무를 모두 포함한다.

근로시간 단축은 단기적으로는 최저임금 인상과 함께 노동시간 단축이라는 경영 압박 요인이 된다. 지금까지 해오던 방식과 다르기 때문이다. 하지만 뒤집어 생각해보면 일하는 방식을 개선하는 것이야말로 기업의 생산성 향상(성과창출)과 직원들이 원하는 진정한 워라밸(직원행복)이라는 두 마리 토끼를 잡는 가장 확실하고 필수적 방법이다.

꽃밭을 망치는 방법은 아무것도 하지 않는 것이다

꽃밭을 망치는 방법은 의외로 아주 간단하다. 꽃을 꺾고 화단을 짓밟지 않아도 된다. 아무도 관심을 갖지 않고 아무것도 관리하지 않은 채 그대로 방치해두면 꽃밭은 금세 잡초천지가 된다.

경영자로, 리더로, 직원으로 많은 이들의 노력으로 가꾸어진 '회사'라는 꽃밭도 마찬가지다. 꽃을 꺾고 화단을 짓밟는 외부환경 때문이 아니라 내부 구성원의 무관심과 무신경은 회사를 한순간에 무너뜨릴 수 있다. 아무리 외부 경쟁사가 압박하고 외부환경이 급속도로 바뀌어도 직원들이 생각을 하나로 모으고 똘똘 뭉치면 회사는 앞으로 나아갈 수 있다. 하지만 회사에 대한 관심이나 애정이 없고 성장할 의지조차 없는 구성원들만 있다면 그 조직은 분명 오래가지 못한다. 구성원들이 아무런 노력도 하지 않고 조직을 방치하면 어느 순간 잡초가 무성해지고 회사는 금세 무너진다.

"자세히 보아야 예쁘다.

오래 보아야 사랑스럽다.

너도 그렇다."

나태주 시인의 〈풀꽃〉이라는 시 한 구절에서 우리는 답을 찾을 수 있다. 실적을 달성해 높은 고과를 받는다고 애사심이 생기지 않는다. 우리 회사를 자세히 보아야, 오래 보아야 애사심이 생긴다. 회사의 고난과 성취의 역사를 함께 하고, 회사가 가장 중요하게 생각하는 가치관을 자주 보고 오래 보아야 회사가 '예쁘고 사랑스럽게' 보인다. 그래야 진정한 회사의 주인이 될 수 있다.

동료에 대한 마음도 그렇다. 자세히 보고 오래 보아야 동료애가 생긴다. 자기 업무와 부서 업무만 열심히 한다고 동료애가 저절로 생기는 것이 아니다. 모두가 합의하여 열린 조직문화를 만들어 협력하고 협업하여 함께 어려움을 극복하고 성취를 이루어낼 때 동료를 넘어 진정한 동지가 된다.

이 책을 읽는 모든 조직이 '가치관경영'을 통해 성과창출과 직원행복 두 마리 토끼를 잡길 바란다.

어떻게 해야 일 잘하는 즐거운 일터를 만들 수 있을까

가치관으로 경영하라

1판 1쇄 발행 2019년 3월 11일
1판 5쇄 발행 2024년 1월 4일

지은이. 정진호, 기민경
기획편집. 김은영
마케팅. 이운섭
디자인. mmato
본문조판. 정희정

펴낸곳. 생각지도
출판등록. 제2015-000165호
전화. 02-547-7425
팩스. 0505-333-7425
이메일. thmap@naver.com
블로그. blog.naver.com/thmap
인스타그램. @thmap_books

ISBN 979-11-87875-05-5 (03320)